小團體動力學

林昆輝◎著

序　言

　　這本書記錄著一組思想型態，記錄著一個生於台灣、長於台灣，自認為是一個社會心理學家的台灣人，自認為深植於中國傳統文化並接受西方文明洗禮的中國人，企圖用一組較適當的符號系統，描述人之本體、人之現象及現象與本體間互動轉換的機制。人之在世存有，必須定位在社會心理學的範疇來討論。個體論的心理學觀點，及整體論的社會學觀點，必須由以「小團體」為核心的社會心理學來融合。「人—小團體—社會」，這才是人類在世存有的真相。每個人都存活在不同的幾個小團體中，而與他人和社會（實體）發生連結與互動。所以從小團體動力學的觀點，向前開出「小團體動力學的哲學」，以為人之現象的後設基礎。再往後開出小團體動力學的人格、人際、諮商與團體動力學理論及實務，以茲為人之現象與本體溝通調適的方法。

　　近年來，一面從事教職，一面從事企業管理顧問的工作。八十七年八月十五日高雄縣生命線協會成立，我應聘主任一職。每天面對生死巔際的掙扎，每天面對受困愁城之人的苦痛，越覺生命教育之迫切，越覺人類心理衛生重建之迫切需求。期盼尋找生命價值的人，想要自救、自我成長，想要幫助別人的人，不論是理論的思維或實務的探索，都能經由本書得到一個思考與學習發展的舞台。

　　一個未曾探索生命的全貌，一個未曾鍛鍊專業人格的個體，

單純學習助人行為的理論與技巧，就能夠有效的幫助別人嗎？一個團體的帶領者，不只要學習團體的技術，一個諮商員也不只要學習諮商的技術。本書把不同的學科，結構為一個層級貫穿的系統。每一系統的知識，都以前置之所有層級的知識，作為其後設的基礎。這種環環相扣、層層相套的知識系統，以社會科學的哲學引領社會科學之整合的模式，正是本書致力之所在。著墨成文，深感學力不足、疏漏萬端，祈請前輩先進，不吝賜教。

林昆輝

目　錄

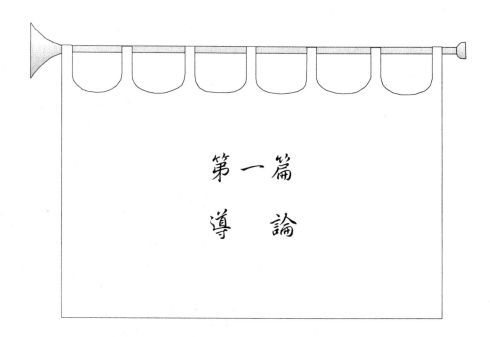

第一篇

導　論

第一章
小團體動力學與社會心理學的論證

———————————

定　位

理論層次

社會心理學的觀點

小團體動力學是指謂：「對於人類潛能的開發以及人格與人際關係之自識與重建的運動。」這個名詞的意涵包括：感受力訓練、訓練團體、會心團體、馬拉松團體、成長團體、治療團體……等。Macolm和Hulda Knowles在《團體動力學導論》一書中，為我們提供了一個較為完整的剖面圖如**圖**1-1。（註一）

　　此一運動經由個體在小團體中的力動現象，把「精神治療—人際關係訓練—社會行動」等層面的研究，串聯成一個相輔相成的系統。從一九三五年Krut　Lewin的發韌，經一九四七年NTL（National Training Laboratories）創立後的努力灌溉，和一九六三年伊色蘭機構所代表的蓬勃發展；以至於今天，小團體動力學已經成為其發源地──美國的一種「文化」。小團體動力學「文化」所揭露的特色：對自我肯定的重視，對人際關係與人際親密的需求，對坦誠地自我表達與獲得會心（encounter）的企盼，

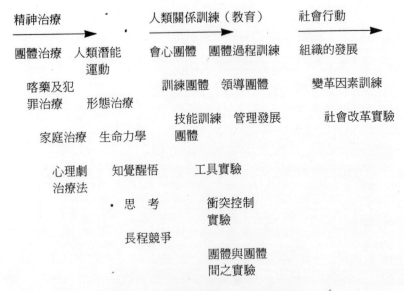

圖1-1　應用團體動力學的現實面

對身體感官經驗的重視，對「存在—人文」此一研究與生活取向的青睞等，強烈地反映出：這些個體對於所處文化中，高度的疏離感——強烈地自我疏離與人際疏離的反動，以及「過分理性」，而趨於機械化、形式化地生活的反抗。小團體動力學的研究者與其數量龐大的參與者，共同發展出一種企求於小團體經驗中，重獲「自我—感性—情愛」的喜悅，和真正人之自由——團體中個體基於彼此間相互關懷與了解所綻放的自由，而非個人主義下的分離的自由；個體基於自我開放、了解與實現所釋放的自由，而非官僚與科技社會中，模式與機械式生活所模塑地自由的「文化」。

因此，當我們接觸西方小團體動力學的理論與技術之時，第一個必須有的警覺即是——這些小團體動力學的理論與技術，較之其他社會與行為科學而言，更具有其強烈的、本位的文化色彩；甚或可以視之為，在其本位的特定文化需求下，所發展的一門學科。其基本概念、理論與技術的背後，已經將其文化所解答的人是什麼？人需要什麼？人有哪些難題？人應如何互助？人與人之間應該有什麼關聯？人與社會的關係？怎樣才是好的生活型態？……等等問題的答案視之為當然 (take it for granted)，而作為其後設的理論基礎。

定　位

對於處在「科技—文化—學術」之世界體系的邊陲地帶的研究者而言，基於我們特定的價值、意義、社會需求及文化處境下，小團體理論與技術的發展，應該考慮哪些條件？採取怎樣的態度？又如何扣緊本身的文化資源，來開拓中國的小團體本土運動（而非本土化運動）呢？（註二）

首先必須對小團體動力學的本質與其既存困境，有充分的認識與了解。緣於理論本質的不明，使得小團體動力學產生了下述三種困境：

・小團體動力學定位不明

　　小團體動力學在諸社會行為學科中，其歸屬與關聯，缺乏明確的「定位」。因為定位不明，導致小團體動力學後設理論及理論與技術的發展，缺乏可資規範的範疇。

・小團體動力學後設理論的缺乏

　　後設理論於小團體動力學的重要性不彰，再加上缺乏範疇的規範，導致小團體動力學理論與技術的發展，缺乏明確的指引與可靠的基礎。

・小團體動力學的理論層次未曾釐清

　　理論層次不夠明朗，不但高估了理論的解釋水準，更使得「評鑑」小團體動力學理論的效果時，因為所欲探究的層次不同，而使兩者間有脫節的現象。

　　以下將透過小團體動力學之本質的探討，來解答上述三個困境，以為研究的起點。

　　人們雖然過著群居的社會生活，但是人與社會之間，卻非一個連接符號「——」所能串聯在一起。社會實體與個人實體本身，都包含了許多的內含變項，而這些內含變項間的因果關聯，也就成為社會與人二者間眾多的中介變項。就人的社會生活言，社會這個名詞所指涉的大團體，並不具有實質的意義。因為個體實質上的生活，是由各個不同的小團體所結構而成。人於不同的時間和空間，與其家人、鄰居、同學、親戚、同仁或朋友，組成形形色色的家庭團體、同輩團體或……團體，這些團體共同的一個特質，就是它們都是一個小團體。就因為團體之「小」，所以個體可以看得見、摸得著；可以感知、參與，可以理解和控制。人的主體性運作，人的主觀意義詮釋與實踐，人的成熟、成長、工作、

娛樂、苦樂與欣厭，也都只具體的發生在其身邊那幾撮人所組成的幾個小團體中。所以就一般大眾而言，只有他周遭的小團體，才具有心理上與生活上直接的價值關聯。社會團體或其他大團體，都只具社會學上的意義，二者間的關聯不但是間接的，更存有相當大的距離，就好像個體在看報紙的社會版一樣，「哼」、「哈」幾句而已。即使少數位居政經要津，身繫社會歷史命脈的菁英份子（elits），也因其所生活之各個小團體，與社會團體具有實質的權力相披，所以才能將其自我與社會團體，在意識與行動上相結合。但是不論如何，這些elits也仍須經由小團體的中介，才能遂行其權力、意志與生活。

對於人之社會生活或社會之人的研究，若只是把「社會vs.人」對立起來，直接探索大團體和小個體之間的價值、意義與行動的關聯，結果必然是失敗的。必須把「社會vs.小團體vs.個體」對立起來，即把小團體當作人與社會二者的中介變項，這樣才有可能掌握人之行動的主觀意義與社會人文價值。上文已強烈地暗示出，社會行為科學方法論的整體論與個體論之間，必然存有某種中介的model（模型）。且此一model身兼整體與個體交互變換的性質，而為融通整體論與個體論的樞紐。由此可知，「小團體」在生活與知識範疇中，所占有的重大地位。

小團體動力學以二至十二人為理想人數，聚集在一起的非自然的目的團體或自然團體（指家庭團體、同輩團體……等）為對象，在結構、半結構或非結構等條件式控制過程中，研究其所發展的動力系統或力動現象，以促成團體中成員的自覺、互覺與成長。期望獲得人在團體中之行為的通則性知識，以運用到對自然小團體之了解與預測。也就是說，自然的小團體在生活上的實質現象（地位），替小團體動力學的研究，在本體論的範疇中，提供了其方法論的保證。而小團體動力學在方法論所占有的地位，則替自然小團體在知識論的範疇中提供了方法論的保證。小團體可

以成為社會學研究的最小單位〔有意義、可觀察的社會實體（social facts）〕，同時也可以成為心理學研究的最大單位〔有意義、可觀察的心理實體（psycho fact）〕。小團體動力學在本體、知識與方法上，兼具二種極端取向特質，使得小團體動力學既不歸屬於社會學，也不歸屬於心理學，而定位於「社會心理學」的學科範疇之中。

　　小團體動力學的研究，如果不能定位於社會心理學的範疇中，則易造成獨立學科的「假象」。而把小團體動力學、社會學、社會心理學與心理學，對立起來而併肩齊立。這種定位上的錯誤，將比把小團體動力學歸屬於心理學或社會學更為嚴重。不僅造成學科間形式關聯的混淆，更造成了學科間內容關聯的衝突。對小團體動力學而言，因為必須「獨立」於社會學、社會心理學與心理學的學科內容之外，導致它本身將無法自我詮釋，其後設理論也將更無立足之地而無法建構。若以「小團體動力學是以社會學、社會心理學、心理學三個個學科為基礎，所發展而成的學科。」此一陳述為其假設，則此三種學科基本概念的混雜運用，將使小團體動力學成為莫衷一是的大雜燴。它將會擁有許多不同的研究觀點和定義，而使它沒有任何觀點甚或定義。且將無法處理基本概念上的衝突，以致無法思考其後設理論，而造成更大的困擾。

理論層次

　　小團體動力學應該定位在什麼理論層次呢？對於這個問題，我們必須後退到「社會科學方法論證」此一位格來探討。首先必須思考：一個學科的建構，必須「選擇性的」滿足下列範疇的哪些條件呢？

- 時空論。
- 知識論。
- 本體論。
- 人性論。

　　為什麼要強調「選擇性」呢？因為，知識之範疇、形式、本質、真假……的討論，應扣緊此知識之構成者——人的主體，以及被構成者——對象之主體，此二者而論。

　　知識之建構者——人，是生活於歷史文化背景下，具意向性、七情六欲與人性的個體。知識的對象，可以是人、物或事件，亦或既有之知識，以及知識所建構之世界。至於知識的目的，則在於描述、了解，甚或預測與控制。但是，不同範疇之知識所能達到的層次，則須視知識之對象及與建構者的關係而定。所以，知識之建構者、對象及目的等，若視之為自變項。那麼，成為依變項之知識，即有不同的範疇與判準。

　　知識建構之後，它就能以自立體（substanz）的位格而存在。當人所面對的知識自立體，是屬於自然科學之對象時，在以原子為極限的範疇裡，世界是「真實」的實體，科學先決條件的「客觀性要求」得以滿足。但在原子本身的量子世界，卻只是某種「可能性」的世界，「觀察者與所觀察的現象，再已不能夠完全分開」（註三）。於是，以知識論來包含本體論，且又以本體論來驗證知識論的自然科學方法論，即於此遭遇了它的困境。

　　當人所面對的「知識自立體」是屬於社會科學的對象時，這些人、事、知識、歷史文化所結構之自立體，不但呈現著量子世界的諸般特性，還具有意向性與power可迴向於知識之建構者。再加上人具有心理層次之苦樂，與精神層次之價值與意義，以致把對象之本體的接觸與掌握，來保證「知識為真」的自然科學方法論，於社會科學的領域裡暴露出其不足。

基於知識之建構者及對象的特性與關係，社會科學知識之方法論的後設命題，即須：基於人性論與時空論的限制下，來完成知識與本體論的合一。於是，基於人性論的要求，心理學即成為社會科學的基礎學科，也成為社會學的預備學科。而文化和人之價值與意義的需求，即構成了社會科學知識論的範疇。基於時空論的要求，歷史內涵即成為社會之「實體」。歷史脈絡之中任一點、線、面、立體切割，則都秉賦「歷史性」的特質與要求。此具歷史性之社會實體，也就構成了社會科學之本體論的範疇。所以，社會科學方法論的範疇即為：在社會文化之歷史脈絡中，尋求具有歷史性的人之價值與意義（註三）。社會科學知識之為真的保證，也就不再限於本體論之檢證或驗證，而在於本體論之範疇的周延──對人之可觀察、可理解的行為，進行歷史性與整體性的批判。但是，人之內在的意義與價值應如何正確地掌握？歷史性與整體性如何能正確地獲得？而二者交融所透發之「意義的適當性」，又有什麼判準來保障呢？這三個問題已成為社會科學方法論的絕大困境，而且此困境之消解，牽涉了方法論在基本概念與技術層面的一次重大革命。這次的革命負有消解主客對立，消解方法論史上整體論與個體論之長久爭議的任務（顯然的，即令 Weber 也未能消解這個困境）。是以，在上述困境尚未解除之下，社會科學知識所能達到的理論層次，也就止於 Noam Chomsky 所謂之衡量程序（evaluation procedure）（註三），限於描述、了解與適當性之比率；而無法完成抉擇程序（decision procedure），甚或制律程序（discovery procedure）的層次，故無法擁有可資預測與控制的一般法則性理論。（註三）

　　循以上論證可知，小團體動力學的理論只停留於「衡量程序」的層次。但是，當吾人對於理論實踐作效果的「評估」時，或者設計評估的程序研究時，總會不知不覺的擺在「制律程序」層次，而導致二者之間，呈現某種排斥而不相容。因此，不論是國外的

大量評估性研究，或者國內零星的評估性研究，其效果總是無法
彰顯。

　　小團體動力學定位於社會心理學的範疇之中，它不僅指謂一
「群」人——具有「集體」的形式。更重要的是，它意涵著群內
「每一個個體」的存在——具有「個體」的內涵本質。小團體中
所展露的，不僅止於人際關係形式的變化與發展；更重要的是，
每一個個體在這群體裡，展露他們行動的價值、感情、意向與生
存的尊嚴，並且彼此交涉融通。若想了解、參與、領導、研究，
甚或控制、導引與預測小團體的力動過程，就必須先行深入地把
握與體現——小團體的人性論與人文取向。由於研究的本質與對
象的特殊性，使得小團體動力學的理論建構與技術的應用，必須
與其後設理論相結合，而凸顯其特殊時空定位之人本哲學的理論
基礎。

　　小團體動力學定位於社會心理學的範疇，小團體動力學的後
設理論，也定位於社會心理學後設理論的範疇中。由於小團體動
力學與社會心理學在研究的本質、對象與方法上，兼具兩極性的
特質，我們可以把小團體動力學視為社會心理學的「群中之群」
（註四）；把小團體動力學的後設理論，視之為社會心理學後設理
論的「自同構」（註五）。由於二者間具有這種關聯，所以小團體
動力學不但包含於社會心理學中，小團體動力學的研究亦為社會
心理學的基礎研究；而小團體力學的後設理論，也將為社會心理
學後設理論提供一個具體而微的縮形——社會心理學觀點的完
成。亦即，小團體動力學的後設理論，必須與社會心理學的後設
理論相結合。社會心理學將提供小團體動力學一個知識論的保
證，宇宙論、本體論與人性論的基礎，以及供其理論馳騁的生命
哲學的內涵。

社會心理學的觀點

　　所謂小團體動力學定位於社會心理學中，並以社會心理學的後設理論為其後設理論的範疇，意即小團體動力學是以社會心理學的觀點為其理論的基礎。亦即，「社會心理學」的觀點，在小團體動力學裡是被視為當然，是自明而不可置疑的基本概念，也就是小團體動力學的後設基礎。「社會心理學的觀點」是什麼？小團體動力學的後設理論，應該包含哪些內容呢？這個問題的解答，將迴向於第一節「定位」所提示的企圖。我們該如何建構小團體動力學的後設理論—理論—技術？經由前文的討論，我們知道技術的發展源於理論的指導，理論的特質又源於後設理論的內涵。既有理論與技術的特質、限制和其困境，都可以經由一個新的周延之後設理論，將之消解於無形。所以，一個理想的，具有Weber之ideal type（理想型）性格的小團體動力學後設理論之形式範疇的建構；以及，「如何」建構此一後設系統，即為本文所關心努力的二大課題。後者將揭示整體論與個體論的歷史論爭，於社會心理學此一學科的創發性反省與嘗試。前者則將小團體動力學的後設理論，相結合於社會心理學觀點之形式與內容的建構。

　　研究小團體動力學一定離不開「人際關係」的探討，要周延地探討人際關係，就必須擁有人格理論的知識，並對人展露於人際所引發的難題，以及難題的救濟方式有充分的體現。事實上，就學術特質的歷史性發展過程而言，小團體動力學可以視為諮商理論的延續（註六）。要想對人格理論有基礎性的了解，就必須深入人性論的範疇中，對人性論有全盤的體認。但是人性論卻又不能割離於整個形上學的系統，單獨地被了解或思考與運用。而且，以上種種又必須以社會心理學的觀點為起始，於社會心理學的範

疇中討論，而成爲社會心理學觀點的內涵。因此，社會心理學之哲學的建構，亦即小團體動力學之哲學的建構，也就成爲小團體動力學後設理論的中堅。

基於以上的論述，小團體動力學之後設理論則有如下的形式結構：以「社會心理學觀點之形式建構」發軔，經「人類行爲的格式塔模式分析」奠基，以「社會心理學」觀點之基礎論題爲續，進入「小團體動力學的哲學」。小團體動力學的哲學則包括：「宇宙論」、「知識論」、「本體論」、「人性論」、「生命論」（生命論包括：愛與家的形上學和愛的原理）。再繼之以「人格理論」與「人際關係」，導引形上的理論內涵，落實於形下的現世實務。而後輔以「諮商理論」和「變態理論」，完成小團體動力學整個後設理論的論述，也結構了社會心理學觀點的實質內涵。

每一個諮商員、小團體領導者或研究者，以及心理學者、社會學者或社會心理學者的心中，幾乎都暗藏著一個零散不全的後設理論，越了解小團體動力學的本質，就越不得不建立其後設理論。在後設理論範疇內，本質一致性的要求下，本書所要展現的，是一個新的思想系統、新的研究取向，並且自限於「評估—實踐—理論—後設理論」這組概念層次的後二者。以及後二者間的關聯與重要性，並提供一個形式範疇以爲參考。

本書的內容並不在於既有理論的排列併比，而是提供一個全新的觀點，全新的方法論，全新的描述系統的建構。並非在既有理論系統內，從事研究分析或檢證，而是建構一個更高層次的巨視理論，使得相關之既有理論系統本身或之間，於此巨視理論系統上獲得明確的定位與新的詮釋，尤其是用一套相同的語言，貫通於不同的學科之間。

本書致力於詮釋「小團體動力學—小團體動力學後設理論—社會心理學的觀點」，此三者間本質的關聯，及其形式範疇的提供。尤其是後設理論所包含的各部分，其間之本質關聯，及形式

範疇的連貫性。至於各形式範疇內，存有之本質的內容性建構，則非本書所欲完成的。本書僅止於提供某些初步的嘗試與概念，並預示繼續發展的方向與可能性。所以在大部分的章節裡，幾乎都可提供相關學科之研究者，在「問題意識—基本概念—基本研究單位—後設理論—理論—技術—實踐—評估—修正與回饋」之中獲得若干insight（頓悟或慧見），而發展出若干理論或研究。這種可能性的開放，將成爲本書之限制與最大特色，以及預期獲得的目標。

註　釋

註一、引自：Malocolm and Hulda Knowles著，鄭基慧譯，《團體動力學導論》，頁51。

註二、本土運動不同於本土化運動。本土化運動對外來理論的反省，通常只及於技術的改良和理論之適用性的反省。本土運動則從後設理論、方法論以至理論和技術，都經過全盤的反省，以創造新的理論體系爲目標，而非在既有的理論範疇內進行改良。身處學術邊陲地帶之研究者，若採本土化運動的觀點，從事續發性思考與研究，則終將疲於奔命，難有迎頭趕上之日。

註三、引自本書附錄㈠拙著《Max Weber社會科學方法論的詮釋之一》，頁3-6。未發表。

註四、參見Irving Adler著，吳英格編譯，《群論易讀》，頁129。

註五、參見前引書，頁109。

註六、個別諮商→團體諮商的發展自不待言，而小團體動力學所處理的對象，較之諮商理論所處理的對象，在心理衛生教育與防治上，即具備連續性的指向，後文會有詳論。

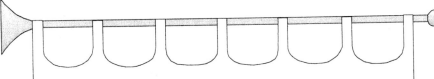

第二篇

小團體動力學之後設理論

在社會心理學的書架上，可以明顯的分成兩個部分，一部分是心理學的社會心理學，另一部分就是社會學的社會心理學。也就是說，社會心理學的研究有二種取向：一是整體論的社會學取向，另一為個體論的心理學取向。晚近的發展，則兼顧這兩種取向，以圖2-1表示。

這種情形暗示著，所謂的「社會心理學」，就是以社會學和心理學的基礎，來研究某些對象。而這些研究對象，是心理學的研究對象，同時也是社會學的研究對象。亦即，社會心理學是指謂從心理學或社會學的觀點，處理這二門學科領域所交集的部分。甚言之，社會學與心理學二者較不科學的研究領域的聯集，就是社會心理學。

社會心理學的定義、對象與基本觀念，到底是什麼呢？它可視為一門「獨立的學科」嗎？它是和社會學、心理學併肩而立呢？還是歸屬於社會學與心理學的次級學科？揆諸社會心理學史，所能獲得的答案是相當悲觀的。本書不想辯爭社會心理學該如何如何……只企圖揭露社會心理學可以發展到怎樣的地步。所以本書將把社會心理學的觀點，予以明確的定位和詮釋，並且把它視之為當然的基礎內涵凸顯出來。尤其是把組成此一基礎的不同學科在本文所建構的符號系統內，取得其貫通的連續性與一致性。

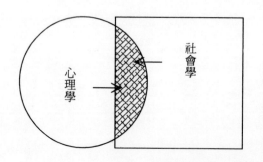

心理學　社會學

⊠ 部分代表社會心理學
→和←代表兩種取向

圖2-1 社會心理學的領域與研究取向

第二章
社會心理學觀點之形式建構

———————●●●●●———————

Gestalt

H-G

〔H-G〕

H-G 與〔H-G〕的對話

每一個人都可分成：個體之內及個體之外二個層面。而後，再與其他個體聯絡，形成個體間的現象與關係。個體之內，是指人之機體結構的總體。在生物學的既存下，肯定了「人類」的存有。在生理學的既存下，肯定了人類生物設計之「生理」層面的存有。在心理學的既存下，肯定了人之「心理」層面的存有。在精神醫學與心靈學的既存下，則肯定了「精神」層面的存有。人類的存有，可由個體之現存予以自證。生理、心理與精神現象的普遍展露與運作，更是每個個體最為切身的體驗。所以個體之內，可再分成生理、心理與精神三個層面。

　　任一個心理因子的發生或展露，都配對有其基礎的、特定的生理結構。在生理與心理緊密結合的本體現象下，如果我們不能把心理絕對抽離於生理，把每一個配對的生理因子（單位）絕對的捨棄，我們就無法對心理學做獨立的研究。生、心兩者之間，若不能予以明確的處理，生理學與心理學就無法各自獨存。精神與心理之間，亦存有上述相同的難題。

　　個體之外的層面，指的是個體自身之外，其他所有個體及世物所形成的現象總體。它代表著社會、文化、制度、組織、家庭、其他認識與不認識的人、事、物……等，所組成的形式與關係內涵，可將之歸屬於社會學的領域。更深一層的指謂則是，個體承受且置身於上述狀態下，所展露於生活場（可被觀察）的現象（理念或行為的形式與內容）。這個領域即為社會學與心理學的交集部分，以及「地盤爭霸戰」之地。同理，社會學與心理學之間，也同樣發生了上述心理學與生理學二者間相同的難題。

　　個體與環境或其他人的互動，塑成了人際間的關係形式與內容。尤其涉入於個體之內且又透出於個體之外，二者之間的轉化與發生歷程，則為社會心理學所關心的主題。因此，心理學與社會學觀點的釐清，則為社會心理學研究的起點。

　　以下，將引進完形心理學派「Gestalt」（格式塔）的概念，作

為社會心理學研究的基本單位。並把Gestalt的特質，當做社會心理學研究的基本運作規則。其次則將Husserl現象學中，「存而不論」（epoche）的方法，在運作程序上予以逆轉，再將此二者與上述的討論結合，以建構社會心理學的觀點。

Gestalt

　　Gestalt是格式塔心理學的基本概念，意指具有形式與個性的現象。Kurt Lewin（1936）解釋為：「Gestalt是一個系統，它的部分互相聯繫；致使一部分的變化，引起其他一切部分的變化，這個統一性可因不同種類的變化而異。」格式塔學派自Max Wertheimer對「Schein beweging」的研究，經Wolfgam Kohler、Kurt KoffKa至Kurt Lewin集大成。其對Gestalt現象的發現與研究，則由自然現象、視覺、感覺、知覺、生理中樞神經系統，以至情緒、意志、思考、人格與心理學的全野（all of the field）。藉著Lewin的社會心理學轉向，更導致後來之「格式塔治療學派」的發展茁壯。使得Gestalt的現象與概念，存在與適用於複雜的社會心理現象與事物，使得其psychophysics isomorphism的信念發揮得淋漓盡致。古典的格式塔學者把Gestalt指謂於具體事物，本文則擷取其形式的意義，（之所以可如此操作，是因為上述Gestalt現象的普遍存在，以及Gestalt概念的普遍運作，前者即為後者知識論上的保證。筆者也同意，將此概念視為本書的預設。）把Gestalt視為一個可資操作的概念———一個「單位」。凡符合Gestalt的性質者，即可定義為：某某Gestalt。並將Gestalt此一概念所包涵的系統特質，與E. Husserl「存而不論」的概念相結合，發展為本書方法論的運作規則。

　　Gestalt概念所指謂的現象與意涵之性質，列之如下（註一）：

- Gestalt是指謂，單元或組合的現象，是一個整體或系統。
- Gestalt內各部分之和不等於全體。
- Gestalt可為其周圍事物影響。
- Gestalt的各部分具有功用上的聯絡。
- Gestalt可成為其他Gestalt的部分。
- 原有的Gestalt的部分可變成他種Gestalt的部分。
- 一個Gestalt或一個部分，當其為全體，與當其為部分時，對外界的關係是大不相同的。
- 同一時空，可有數個Gestalt存在。但Gestalt彼此間有強弱之分，使得弱的Gestalt成為強勢Gestalt的部分，而凸顯出強勢Gestalt。
- 此強勢Gestalt即為「形」（figure），其他弱勢Gestalt則為「基」（ground）。
- Gestalt之內的各部分以及各Gestalt之間，都具有「形—基」（figure-ground）的互換性。
- 形—基的互換性，使得Gestalt具有力動的性質。
- Gestalt有種種顯著的階級，由半明半昧的組織，以至極其完備的現象。
- Gestalt的組織越密切，其各部分之獨立性與其顯著性越少，而全體之勢力越大；反之，則全體之勢力越小。
- 如果Gestalt含有成形的可能性，就會呈現顯著的動態性質，欲把此可能性充分發展出來。
- 實際的Gestalt與組織的趨向恰相符合時，便有一種安定的狀態發生。

　　E. Husserl現象學「存而不論」的方法，替我們提供了一個重要而有用的概念。但是本書卻排除其「本質」與「狹義的現象」的還原程序，而抽離出存而不論的形式歷程，並將其逆轉而行（或

可稱爲存而不論的純粹形式逆轉）。亦即，現象學採用存而不論程序是由混沌而純粹，由外而內，由「表象」而「本質」，一層層地予以存而不論，一層層的往內剝，而後於不可再被剝落的「原點」開始重建的工作（流程以**圖2-2**表之）。

本書所採用的「存而不論」，則順其理反其道而行。先把研究對象，經由Gestalt性質的描述與分類，再把低層次之Gestalt予以存而不論，而後於此基礎上研究高層次之Gestalt。如此這般層層而上，建構出社會心理學觀點的方法論基礎。以**圖2-3**表示。

現象學的存而不論是應用在「溯本」的過程中，社會心理學的「存而不論」，是應用在「發生」的過中。當它與Gestalt的概念相結合時，「存而不論」當作一種動詞使用，「被存而不論者」即後退爲「ground」，而領有Gestalt的性質——成爲背景，而爲某「figure」Gestalt的部分。

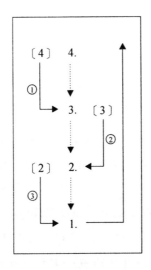

圖2-2　現象學方法論模型

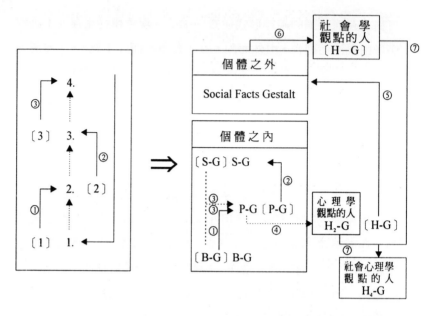

圖2-3　社會心理學的方法論模型　　　**圖2-4　社會心理學觀點的模型**

H-G

　　每一個心理因子的發生，都配對有其特定的生理因子以爲基礎，同時亦受對應之特定精神因子的影響。爲了解析三者之間的個別性、差異性及緊密的連結性，則將各層面之整體各自視爲一個Gestalt，而有生理Gestalt（簡寫爲B-G）、心理Gestalt（簡寫爲P-G）和精神Gestalt（簡寫爲S-G）出現。B-G以個體之生存與生命的延續爲取向（存在或毀滅），P-G以避苦趨樂原則爲取向，S-G以個體所建立的價值系統和意義性爲取向。在發生次序上，則是B-G先於P-G，P-G先於S-G，且前者爲後者發生的基礎。在功能的運作上，則S-G⊃P-G⊃B-G，且三個Gestalt又以部分Gestalt

的位格，整合展露爲人之總體Gestalt—H-G（Human-Gestalt，此時的human指謂的是每一個individual）。

當某心理因子或現象發生時，其所對應之生理因子，即可視之爲個體整個B-G（B-G本身即爲H-G之部分Gestalt）的部分Gestalt（設爲B_1-G），且爲「此時此地」諸部分Gestalt（設爲B_n-G，n＝1,2,3……）之最強者，其他的部分Gestalt成爲此部分Gestalt的部分Gestalt，而後整合爲B-G凸顯而出。因此，任一心理因子或現象的發生，皆可配對以「彼時彼地」的整個B-G，而非若干的生理因子。至於心理因子本身，以及對其涵攝、影響之精神因子，亦如上述過程，而以「彼時彼地」之P-G與S-G的狀態呈現。所以，在每一個here & now，個體H-G之內在歷程，皆爲此時此地B-G、P-G與S-G三個「整體」而「獨立」之系統交互作用的結果。是以H-G（本體論意義下的人）＝｛B-G，P-G，S-G｝。

爲了心理學觀點的建構，必須於整個個體之內，提升出心理層面的主體，亦即必須把生理與精神層面存而不論。當我們把最基礎的B-G予以存而不論（以中括號〔　〕表示存而不論⇨〔B-G〕），就可凸顯出P-G（參見**圖2-4**）；再將P-G存而不論⇨〔P-G〕，就可凸顯出S-G。而後在here & now（此時此地）之B-G與S-G都存而不論的基礎下，以here & now的P-G爲主體（figure），將此二者整合於P-G中，而爲其部分Gestalt（ground），即展露爲心理學觀點的人之狀態——H_2-G。亦即H_2-G＝｛P-G，〔B-G〕，〔S-G〕｝。同其理，生理學觀點爲H_1-G＝｛B-G，〔P-G〕，〔S-G〕｝，精神醫學觀點爲H_3-G＝｛S-G，〔P-G〕，〔B-G〕｝。

當人之機體結構的總體展露爲心理學觀點的H_2-G時，個體之內的狀態是｛P-G，〔B-G〕，〔S-G〕｝。這時候我們必須了解：各Gestalt在存而不論之前與之後有何區別？P-G本身和成爲H-G之主體的P-G，二者之間有何異同？

〔B-G〕不同於B-G，〔S-G〕不同於S-G，而且｛P-G，〔B-G〕，

〔S-G〕} 也不同於P-G。被存而不論〔　〕，代表著轉變成其他Gestalt的部分Gestalt，成為「grourd」而不再占「figure」的主導位置，他無法完全自主的整個展露，而受其他部分Gestalt的影響，尤其是整個Figure Gestalt所控制。

{P-G，〔B-G〕，〔S-G〕} 之不同於P-G，乃在於P-G之Gestalt的容量（capacity）增大，P-G本身的組織越密切，整個P-G的勢力越強。也就是說，主導力增強，能夠包含，甚至影響、控制若干程度的B-G與S-G，而完全自主地整個展露。亦即整個H₂-G中，以P-G為「形」，以〔B-G〕和〔S-G〕為「基」。

〔H-G〕

「社會」是由所有的個體（H-G）與Social Facts Gestalt（SF-G）所組成的一個巨型Gestalt。social facts是指謂世物、制度、組織等自立體。所謂社會學的觀點即為——把握一凸顯SF-G為「形」的社會Gestalt，並將每一個H-G的結合體⇨H-G′，視之為其部分Gestalt，而產生了由SF-G所主導的，缺乏人之個別性的社會學觀點的Social Gestalt＝（SF-G，〔H-G′〕）。以有序對表示——(X,Y)，前者X為形，後者Y為基。社會學觀點下的人即為：〔H-G′〕——person，有別於心理學觀點下的人〔H₂-G〕——individual。且上述將個別的individual，在社會學中結合為一個unit的概念，只存在於其學科的觀點之內，而非實質的結構。事實上，個體是以「每一個」〔H-G〕的位格，成為Social Gestalt的部分Gestalt。就本體論而言，Sosial Gestalt＝{SF-G，〔H-G〕，〔H-G〕，〔H-G〕，〔……〕。亦即，SF-G主導下之人的實存應為：〔H-G〕。所謂人群，只是個體的join或connect，而非unit。所以在討論人之行動的主觀意義的了解，或客觀意義的詮釋

時，應該扣緊其所定位的層次去研究與量度，以免因爲「越位」而導致研究的挫折和理論的混亂。

於是，人之於本體界的存有，以及人之於現象界，尤其是生活場的存在，也就陷於社會學與心理學的吊詭（dilemma）之中。人於心理學觀點的H_2-G位格，或生理學觀點之H_1-G位格，或精神醫學觀點之H_3-G位格的存在之時；同時又在社會學觀點的〔H-G′〕的集體假象籠罩下，以〔H-G〕的位格存在。在H-G之主體性全面展露的同時，不但被Social Facts Gestalt所主導，又被〔H-G′〕的集體性所阻斷，而成爲部分的、限制的、不完全的〔H-G〕。這種入於個體之內而又出於個體之外的處境，個體如何展露其自我呢？這也就成爲社會心理學的主題所在。

社會學的觀點是存在的，但此存在之於時空架構，卻非絕對必然而唯一的。對於整個社會Gestalt而言，其任一部分Gestalt與主導之強勢Gestalt間，具備有「形—基」互換的性質。在社會學觀點下，可以把Social Facts Gestalt，視之爲強勢的、主導的部分Gestalt，來涵攝包容〔H-G〕以展露其整體。但是，就社會與人存有的本質而言，社會學觀點和心理學觀點、生理學觀點、精神醫學觀點是並存的，它們可以是並存的二個不同結構層次（〔H-G〕 vs. H-G），也可以具備時空上的次序性。對社會Gestalt的整體或任一展露的層面而言，Social Facts Gestalt、〔H-G〕以及H-G，都有可能結構爲「形」，而擁有整個社會Gestalt。亦即H-G與〔H-G〕之間的關係，是功能性的、流動的。純粹的社會學觀點，或純粹的心理學觀點的闡釋，對於人之社會生活的全面理解，都是不充分的，且二者之間又呈現「不連續」的狀態，而社會心理學的建構也就定位於此。把心理學觀點之H_2-G所凸顯的人之H-G，及社會學觀點之所凸顯的人之〔H-G〕，作爲二個部分Gestalt所結構而成的H_4-G，即爲社會心理學觀點下所處理——人之在世存有，H_4-G＝{H-G，〔H-G〕}。

H-G與〔H-G〕的對話

　　所謂的社會心理學觀點,即由 {SF-G} ∪ {H-G} ∪ {〔H-G〕}
∪ {〔H-G〕,〔H-G〕,……} ∪ {H-G,H-G,……} 所結構而成。
亦即個體之外的層面,是由社會實體Gestalt和其他所有個體所結
構而成。其他所有的個體,可以結構爲大小不一的各種集合群體。
結構爲群體後,即相對的具有SF-G的性質或位格,且可以和SF-G
或SF-G的部分Gestalt相結合,而成爲SF-G或SF-G的部分Ge-
stalt相結合。當個體之內外Gestalt相接觸時,個體之內的H-G可
成爲外界Gestalt的部分Gestalt,而產生〔H-G〕。個體在團體中
或與其他個體共處時,一定會產生〔H-G〕;但是在〔H-G〕產生
之時,H-G卻不消失而與之共存。或是〔H-G〕爲形,H-G爲基,
以有序對 (〔H-G〕,H-G) 表示;或是H-G爲形,〔H-G〕爲基,
以有序對 (H-G,〔H-G〕) 表示。這種人之社會生活的實存狀態,
即爲社會心理學觀點之人,表示爲H_4-G＝ {H-G,〔H-G〕}＝
{(H-G,〔H-G〕),(〔H-G〕,H-G)}。也就是說,社會心理學的
觀點是指謂:H_4-G與其生活場的互動關係,即H_4-G之內,H-G與
〔H-G〕二個部分Gestalt,在什麼外在條件下,產生什麼樣子的
內在「形—基」互動,而在小團體中展露出如何的行爲。

　　社會心理學的研究,直接涵蓋人之在世存有。在H-G與〔H-G〕
的對話與轉換的歷程中,每一個H-G的B-G均透發出人際間的生
物學關聯,P-G透發出人際關係間的心理學關聯,S-G透發出人際
間的形上學關聯。在Social Facts Gestalt社會學關係 (社會組
織、制度與民俗文化) 的外鑠下,欲討論H_4-G的社會心理內涵,
勢必不能忽視上列諸種關係的存在。生物學的關聯,結構了人際
社會裡最原始 (基礎) 的權力體系,以及人格結構間最原始 (基

礎）的同一（此「同一」爲本質之自然的共相，而非經由抽象作用產生的共相）。形上學的關聯，使得社會中的個人，得以超越生活場中的諸種限制，讓P-G所主導之相對性的社會生活，提升於S-G絕對的意向界中，而後返身涵攝所有的其他關係、其他人而與世物爲一體。

經由以上的論證，已經完成了「社會心理學觀點的形式建構」，成爲社會心理學研究最根本的基石。但是，在進入社會心理學的傳統論題之前，必須把上述傳統社會心理學所未及者，予以確切的處理，以保障社會心理學的建立有其合法的後設基礎與保證。而這種努力一方面完成了社會心理學觀點的實質內涵，同時也完成了小團體動力學後設理論的建構。社會心理學尤其是小團體動力學，之所以爲人本的社會科學，就必須建構其自屬的人格理論。而於人格理論之前，更必須建構其自屬的形上學，以提供其人性論的基礎。社會心理學之小團體動力學的形上學建構，則必須在生物的生理學事實與人本的心理學事實基礎下，透入社會學的觀點，而定位於社會心理學的範疇中。經由動物行爲學的考察之後（註二），藉著第三章「人類行爲的格式塔模式分析」爲前導，及第四章「社會心理學觀點的基礎論題」之中介，即將進入「小團體動力學之哲學」的本題。

註　釋

註一、參見：蕭孝嶸著，《格式塔心理學原理》。即使是一些古典的格式塔學家的著作，也都止於片斷描述，未若蕭著以全書的篇幅進行系統的討論。

註二、本文所揭櫫的社會心理學觀點，允許社會心理學的繼續發展，可以涵攝 Catton & Danlap 所謂 NEP 和 HEP 二個 Paradign 的可能性（NEP指新環境論範型，HEP指人類特殊論範型，譯文詳見：《思與言》19：6, p.539）。但是究竟而言，對於人之整體性與歷史性的了

解，單純的社會心理學研究仍有其不足，我們還必須考慮一個以動物行為演化史為中心的範型。在此範型所指導的研究取向下，人之社會行為與社會結構，都可能在動物行為演化史上，獲得其整體性的定位與歷史性的意義。筆者經由動物與人之社會行為與結構的比較研究，嘗試性地向社會心理學的觀點，提供一個深具生物學向度之歷史意義的參考架構，此即——動物行為演化史的觀點。請參見本書附錄，筆者未發表之〈從動物行為演化史的觀點來看幾個社會的問題〉。希冀經由此文以運作實例來闡明，其於社會心理學研究的參考價值。

第三章
人類行爲的 Gestalt 模式分析

———————•◦●◦•———————

Gestalt 的種類與運作功能
Gestalt 的型態、強度與 H-G 的勢力
G-G vs. H-G vs.〔H-G〕

心理學的「個體行為」（個體獨處時的行為，是個體自我意識內眞正的自我行為。）取向和社會學的「團體行為」（個體於團體中所表現之行為，如社會行為）取向，暴露了人類行為的兩個極端。社會心理學的任務，則包含了兩個極端而展露人類行為之全貌。個體行為（H-G）與團體行為（〔H-G〕）的關係，兩者互動與轉化的過程，正是社會心理學所追求的基本原理。本文將刺激反應（S-R）的外顯現象，融入於Gestalt型態的內在存有，對人類行為作S-R的Gestalt模式分析，以提供建立社會心理學之小團體動力學基本原理的基本知識。

Gestalt的種類與運作功能

　　人之機體結構，包含了生理、心理和精神三個層面。這三層面整合而成的整體，即展露於行為（包含內顯和外顯行為）。將各層面之整體視為一個Gestalt，則有精神Gestalt（S-G）、心理Gestalt（P-G）、生理Gestalt（B-G）。B-G以個體之存在與生命的延續為取向（存在vs.毀滅），P-G以避苦趨樂原則為取向，S-G以個體的價值系統和意義性為取向。S-G⊃P-G⊃B-G，且三個Gestalt又整合為人類行為之整體——H-G。結構圖示如**圖3-1**。

· 接受刺激

　　每一Gestalt都可自生刺激，或經由其他的Gestalt傳遞刺激，或兼而行之。刺激的接受方式，視刺激本質的不同，和個體的主動選擇而定。個體的主動選擇，則視個體各Gestalt的勢力而定。

· 反應

　　每一Gestalt都可自行反應，而為外顯現象；或反應於其他Gestalt，由此Gestalt整合之後，再反應為外顯現象。至於反應的方式，則視刺激的本質、強度，及每一Gestalt勢力的強弱和型態

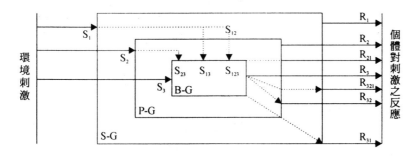

圖3-1 H-G的S-R模式分析

來決定。

　　物種進化的程度不同，其所具備的Gestalt種類也不同。例
如：人具S-G、P-G、B-G。猴子、狗具B-G、P-G，植物具B-G。
又如海星，甚至B-G也不存在，因其生理屬域內之各種勢力（各個
部分），至今仍然無法整合爲一個Gestalt。

　　組成各Gestalt的內在元素和能力，經由遺傳而存在；外在元
素則保存在環境裡。進化的階層越高，整合成Gestalt的成功率越
高，且在某一進化階層，即已保障了某Gestalt的整合。構入某
Gestalt的元素越複雜，則「學習」的時間越長。經由練習可組合
爲Gestalt，而只須「稍」（稍，亦指一次的練習）作練習者都可稱
之爲「本能」。所以學習一詞，於此定義爲：Gestalt的整合與再重
組。

Gestalt的型態、強度與H-G的勢力

　　Gestalt 的 勢 力（force）包 括 了：(1) Gestalt 的 強 度
（strength）；(2)Gestalt的方向（direction）。Gestalt的方向由
Gestalt的型態來決定，是一種功能上的向度或價值上的向度。簡

言之，就個體自身而言，每一個行為在展露的彼時彼地，都是B-G、P-G和S-G三者整個的展露。亦即，行為的意向，同時由B-G、P-G、S-G三者共同表現出來。所謂「勢力大」，即取得成「形」的機率較大。成「形」則又取得整個Gestalt的「動機權」與「操作權」，可運用其他部分Gestalt之功能，來配合或完成行動。以 ｛B-G，〔P-G〕，〔S-G〕｝為例，在其行為展露時，不但由B-G、P-G和S-G所共同完成，且在心理上與精神上都同時支持，此時此地B-G之意向性而彼此不分。

同類的Gestalt（指B-G、P-G、S-G三類Gestalt），因其型態（內涵）的差異，功能也有相當的出入。故其原則取向也同中有異，而有同根的許多分枝。以人為例：人之B-G元素幾乎相同，但為其部分之各小Gestalt的勢力，卻有所不同。可依人種、殘障、神經或肌肉機能的強弱，分成不同型態的B-G。Gestalt的型態，隨著結構為Gestalt時的取捨而定。「取捨」的判準與內容，由組織Gestalt時所接觸的環境（Social Facts Gestalt）而定。在個體發展成熟後，則由環境與H-G所內含之意向性的交互作用決定之。

現以P-G為例：

設：P-G元素＝ ｛1,3,6,1,1,4,2,7,6,9,14,8,11,2,5,……｝

則：甲之P-G＝ ｛1,3,5,7,9,1,2,4｝

乙之P-G＝ ｛1,3,2,4,14｝

丙之P-G＝ ｛5,7,6,8｝

丁之P-G＝ ｛8,7,6,5｝

組成元素之不同，與其元素排列的次序不同，則Gestalt的型態也不同。因此在同類之P-G的大原則下，隨著P-G型態的不同，則結構、功能、取向和勢力的強度，也有不同的差異。

隨著個體的發展和個體間的差異，其所具備之各類型Gestalt

的勢力也有所不同。同一個人於不同的時刻或情境，其各Gestalt間勢力也不同。於不同的情境之下，個體內各類Gestalt的反應取向，某些是相似相輔相成的，某些是相反相牴觸的，但總以各類Gestalt的勢力爲最後抉擇。H-G可結合爲B-G，〔P-G〕，〔S-G〕或P-G，〔G-G〕，〔S-G〕或S-G，〔B-G〕，〔P-G〕。由於各部分Gestalt間功能上的聯絡，以及成「形」之Gestalt的整合（當動詞用），使得不論整合爲H_1-G或H_2-G或H_3-G，其外顯行爲都由三者所共同結構而成。不同的只是整個Gestalt所展露的意向與強度，是源於成「形」之Gestalt的「命令」。例如「薛西佛斯」者（註一），其行爲於B-G、P-G雖爲負向，但其S-G卻視之爲正向。且此時S-G之勢力＞P-G與B-G，S-G之正向包含了P-G、B-G之負向。而以S-G爲形，以〔P-G〕、〔B-G〕爲基，反應爲外顯現象。

個體內各Gestalt勢力的強弱，和Gestalt型態的差異，結構了人之整體Gestalt（H-G）的勢力。

1. 各類Gestalt間勢力的差異越大→H-G越強。故有：

   B-G主體的強勢H-G。

   P-G主體的強勢H-G。

   S-G主體的強勢H-G。

2. 各類Gestalt間的強度差異越小，H-G的勢力則隨事件的不同，視其各類Gestalt的Gestalt型態（原則取向）是否牴觸或和諧而定。

   越和諧→H-G越強。

   牴觸越多→H-G越弱。

3. 優勢Gestalt的型態，越龐大、周密，則包容性越廣、影響力越大→H-G越強大。

4. 各類Gestalt之內，各部分Gestalt之間的勢力差異越大，則此類Gestalt的勢力越強。

5. 各類Gestalt之內，各部分Gestalt之間的強度差異越小，則視其結構的功能和取向是否牴觸或和諧而定。越和諧→此類Gestalt越強，越衝突→此類Gestalt越弱。

H-G勢力越強，則其主體性越高，可茲對抗或支配社會環境。H-G越弱，則其主體性越低，易爲社會環境所影響或支配。故此三大因素：Gestalt型態、強度和H-G勢力，結構了個體的人格、生活樣式及其社會行爲。

G-G vs. H-G vs. 〔H-G〕

同類Gestalt相接近時，會起自然的結合反應（即所謂互動、感動或交感）。一個以上之Gestalt接近時，可結合爲一大Gestalt，稱爲團體Gestalt（G-G）。（接近一詞，可爲具象時空之物理場的接近，也可爲意向性超越時空的接近，此爲Gestalt之接近律、相似律、含義律。）

1. 組織入G-G之各部分Gestalt（H-G），勢力差異越大，越容易有leader產生，則易有極端優越（勢）的Gestalt存在→G-G勢力越大。
2. 若強度相接近，型態相同（原則取向一致）→G-G勢力越大。
3. 若強度相接近，型態相牴觸→G-G強度越小。

個體獨自存在時爲H-G，一旦和他人接近、組成團體或身爲群衆一員時，隨即轉化發生〔H-G〕。使其H-G轉變爲H_4-G，且H_4-G＝{H-G，〔H-G〕}＝{(H-G，〔H-G〕)，(〔H-G〕，H-G)}。{H-G，〔H-G〕}爲個體獨處或思考時，尚未「格式塔化」的混沌

狀態。(H-G，〔H-G〕) 或 (〔H-G〕，H-G)，則為個體「格式塔化」之思考或抉擇的結果，以及其所展露的外顯行為。

當個體處於H-G或 (H-G，〔H-G〕) 狀態時，其所展露之外顯行為，是依個體之主體性要求所指派的。當個體處於 (〔H-G〕，H-G) 狀態時，其所展露之外顯行為，則非其主體性所要求的指令，而是經過扭曲或修改的過程，產生適應性（主動的修改其指令）或妥協性（被動的修改其指令）行為。修改的程度越大，或此修改之「被動」（被迫、不得不）的性格越濃，或修改後的指向（意向）與原來指令的指向越相反，則挫折感也越大。亦即〔H-G〕所指令的行為，可能與H-G的指令不同甚或相反，可是仍保持主體性的指向。〔H-G〕所指令的行為，也可能與H-G的指令差異很小甚或相同，可是卻與原來指令的指向相違背（註二）。

一般而言，個體之各類Gestalt間的勢力與可能發展的型態，在七歲以後即呈現其恒常性。所以，個體之H-G的型態與繼續發展的可能型態，通常會保持其一致性。H-G的勢力則依繼續發展的不同時期，隨其型態的發展而有不同的強度。所以，在社會心理學中的意義，H-G即為所謂自然人的「人格」，而H_4-G即所謂社會人的「人格」。

H-G在團體之中，會隨即轉化為H_4-G。此其中之〔H-G〕的型態則為個體之人格──H-G之型態中，可變的部分或暗藏之底層（某些成「形」機率較小的部分Gestalt）的型態。其勢力的改變，則視H-G、〔H-G〕和G-G的團體效應 (group effect) 而定，並以「Ge」指謂團體效應係數。G-G對個體若有正向（取向相同，勢力增大）的影響，則Ge值為「正數」。G-G對個體若有負向（取向不同，勢力減小）的影響，則Ge值為「負數」。所以H_4-G只能展露為 (H-G，〔H-G〕) 或 (〔H-G〕，H-G)。亦即個體只能「展露」（展露之意即內涵而表之於行為者）為H-G（只見於個體發生之初期，以及高層次冥思之個體）或 (H-G，〔H-G〕) 或 (〔H-G〕，

H-G）三種位格。若只展露爲〔H-G〕，而喪失了H-G爲「基」的功能上聯繫，此個體即進入社會心理學觀點之臨床心理學的領域——此個體則被定義爲：精神病患。

當個體不願接受、認可或肯定其〔H-G〕的存在或展露之時，且對其H-G的型態產生了懷疑或不滿時，其所表現於情緒上的負向反應，和行爲上的困擾，即導引了社會心理學之諮商理論建構的契機。而H_4-G之部分Gestalt在何種外在條件下，產生了什麼樣的形－基關係？尤其是如何導引出個體各種不同的〔H-G〕，而與其H-G相對應，以增進個體對自己之H-G的了解；H-G與〔H-G〕各種關係的認識，及與其他H-G間的關聯。這時候也就在「人類潛能的開發」，及「心理衛生之教育」的層面，經由「H-G vs. (H-G，〔H-G〕) vs. (〔H-G〕，H-G)」的辯證關係，開出了社會心理學之小團體動力學的領域。所以，藉著H_4-G vs. H-G的對話，即已凸顯了一路開出社會心理學之人格理論、諮商理論、變態理論與小團動體力學的軌跡。

〔H-G〕源於H-G，它代表著H-G之重組，或H-G之組織的變弱。亦即〔H-G〕之型態本身的勢力≦H-G型態本身的勢力。並且，(〔H-G〕，H-G) 之勢力＝〔H-G〕之型態的勢力＋團體效應的Ge值。(H-G，〔H-G〕) 之勢力＝H-G之型態的勢力＋Ge值。

個體處於團體中時，H_4-G若以 (〔H-G〕，H-G) 展露，則當 (〔H-G〕，H-G) 的勢力＞H-G時，個體會處於充滿「活力」的狀態，而有「充實」或「驕傲」的感覺。但當此個體回復獨處或思考狀態時之 {H-G，〔H-G〕}，會由「略帶激昂的自勉」趨於「平靜」的感受，甚或產生「空虛」的感覺。當 (〔H-G〕，H-G) 的勢力＜H-G時，個體會處於「無力」狀態，而有「疏離」以至「卑微」的感覺。但當此個體回復獨處或思考狀態之 {H-G，〔H-G〕} 時，會由「自責」趨於「釋然」以至「平靜」的感覺，甚或產生「自勉」的心態。當 (〔H-G〕，H-G) 的勢力＝H-G時，則此個體會有

類似獲得「自證」或「他證」的感覺。這種自我之「肯定」會使個體於回復獨處或思考狀態之 $\{H\text{-}G, [H\text{-}G]\}$ 時，有「平靜」的感受或「輕微的喜悅」與「安定」之感。

　　$H\text{-}G$ vs. $[H\text{-}G]$ vs. $H_4\text{-}G$ vs. $G\text{-}G$ 之間，勢力的影響與消長可依第三節「$G\text{-}G$ vs. $H\text{-}G$ vs. $[H\text{-}G]$」所舉之三種情境，而有如下的現象：

1. 前文1.之情境的leader，其$H\text{-}G$不變，Ge為正值。$[H\text{-}G]$隨$G\text{-}G$的增大而增強，但 $[H\text{-}G] \le H\text{-}G$。$H_4\text{-}G > H\text{-}G$，$H_4\text{-}G \le G\text{-}G$。
   前文1.之情境的menber，其$H\text{-}G$不變，$H_4\text{-}G < G\text{-}G$。$Ge$為正值時，$H_4\text{-}G \ge H\text{-}G$。$Ge$為負值時，$H_4\text{-}G < H\text{-}G$。
2. 前文2.之情境的個體其$H\text{-}G$不變，Ge為正值。$[H\text{-}G] \le H\text{-}G$，$H_4 G \ge H\text{-}G$，$H_4\text{-}G < G\text{-}G$。
3. 前文3.之情境的個體其$H\text{-}G$不變，Ge為負值。$[H\text{-}G] < H\text{-}G$，$H_4\text{-}G < H\text{-}G$，$G\text{-}G > H\text{-}G$。

　　$H\text{-}G$、$[H\text{-}G]$ 的勢力和Ge值，或可表為等比尺度。若於「人格衡鑑」與「團體動力衡鑑」的研究層次上，可以取得量度的方法，則個體於群我之間行為的變化與程序，即可獲得「制律程序」的理論層次，完成本章所預期的「社會心理學基本原理」。本研究雖然尚未完成上項的目標，但此研究取向與努力，卻開放給所有後繼的研究，提供基本的知識與明確的軌跡。

註　釋

註一、薛西佛斯為西洋神話中的一個神祇，代表面對失敗的一種永恆的努力，一種知其不可為而為的精神。詳見卡繆著，《薛西佛斯的神話》，新潮文庫。

註二、舉例言之，個體於脫離群眾或團體情境時，所謂「『我』不願是那樣

的，但當時的『我』卻……」。此句中的第一個「我」所指謂的是H-G。第二個「我」，所指即為〔H-G〕。

第四章
社會心理學觀點的基礎論題

• • • •

智　慧

生理與認知結構

心理與動機

情　緒

主體性與精神

理性與情緒力學

智　慧

一、能思

　　是指謂發展中之思考能力，尤其是發展中之思考的主體。此思考之主體若從最外層來描述，我們所稱謂的是——人的整個機體結構，包括個人的神經、肌肉、器官、腺體……等的成熟、控制與功能。再深入一層的描述，則我們所稱謂的是——腦部的發展、成熟與功能。更深一層的描述，如果有「靈魂」有「心靈」的話，那麼這一個名詞所指稱之「人之生命活動的主宰」，亦即本文所指稱的「能思」。所以，能思在本文中，亦即是人之主體性與精神能力的源頭。

二、所思

　　能思所涵攝的對象，就是所思（或所思的材料）。所思與所思的材料二者，本文於描述時暫不予以分別。狹義而言，所思是指思考的內容。此「內容」則包括，個體所擁有的知性、感性、情緒、行為……等一切知識（本文所講的人之「知識」，與人類學中所謂社會之「文化」，有相似而對應的意義）。人類固然有某些基本的情緒反應，可是發展中的個體，其情緒之刺激與反應的內容，以及上述二者之選擇性接受與反應的樣式，卻也都經由模仿與學習的歷程，成為某種「知識」而攝入（input）個體的認知結構中。故廣義言之，所思之內容（材料），即指謂——人類文明史所累積之知識體系的內容。

　　能思之成長（指其發生），在機體發展上是自然發生的歷程。但是，能思之繼續成長、成熟，以及潛能的充分發揮，則有待外

緣之力。亦即，受到個體所處之環境，所能主動輸入和被攝入之知識刺激的質、量、多寡與速度（亦即所思之內容）限制。

　　智慧的本質包括：能思所思二者。能思，是智慧的本體。所思，是智慧結構的內容。能思的能力，在個體之生物設計的限制之下，提供所思的動力（潛力）來源與範圍。因此，智慧的評鑑就應該包含：能思之能力的大小（發展或運作的程序），以及所思之內容的精博與周延。可是，在同一生物設計的種別之下，智慧的差異，是因為能思的不同，抑或所思的不同呢？

　　智慧之生理結構的具體研究，雖然還無法確定能思之生化與神經結構體的發生、組織與發展的歷程。但是，予以存而不論之後，卻可經由其他層面來探討。同種之生物設計，即保證或提供了某個程度或閾值（吾人不敢確認，智慧之發展有無上限。但是，生理因子的老化，卻是必然發生的事實）的能思之能力或潛能。所以，同種之下生理的個別差異，在非異變（病變）的條件下，對每一個新生個體（新生兒）的能思而言，（可能）並不足以造成顯著的差距。亦即，每一個體所具備之能思的能力或潛能，都保持著相同的基準。因此，智慧之差異，可能是發生在智慧發展的歷程中。亦即，能思之能力或潛能，發展或發揮的程度。

　　所思的內容，可視為能思之發展所必須的「養料」。養料──所思之供應與攝取不夠充分與周延，則能思的發展必然遭受阻滯。所思的內容（材料），即為個體知識體系的內容。由人類所建立的知識體系，本身即有次序的階段性存在，其結構本身即為一而二、二而三、三而四……的進程。（例如：學科之內由簡而繁，由入門到精深的級次劃分。感性也伴隨語言、文字系統的習得，以及事件的閱歷，而越趨細膩、深刻。）所以，攝入為所思的內容以後，所思之內容即有次序的階級性存在。具備同基準之能思，在所思之階級性展露下，其發展之結構則被描述為階級性的成長。因此，能思與所思二者，階級性交互成長的現象之展露，即

稱爲個體此時此地的「智慧」。而所思之內容（質與量）的差異（環境主動）輸入與（個體主動）攝入（由新生兒開始，首先是感性的知識內容，由具體而抽象，由粗而細；而後是知性的知識內容，由具體而抽象，由簡而繁）使得能思有差異的發展，而於生活場和智力測驗上，有不同向度與程度的表現。此即導致了：個體智慧之展露的差異成長。

上述的智慧發展論，在增進智慧之發展與成熟的課題下，提供了相當正向的基礎。如果智慧的高低，完全由天生的能思所控制，勢必導致極爲殘酷的事實。只有在能思與所思交互成長的基礎下，我們才能更合理的、更深入的探討上述的課題。智慧之成長，呈現階級性的進程。階級之次序遞進，即爲智慧之「質」的成長。階級遞變的發生，則遵循階級之內，知識內容之「量」（同質）的「類全有或全無律」。若是input於某階級之知識內容的量，已達此階級的閾值或周延的標準，則可進入更上一層的階級。否則，外界所提供，超越此階級之質的刺激，則無法有效的注意（attention）、攝入或活用。（譬如：操作四則運算之前，必須先習得＋－×÷的單則運算能力。）

階級內所思之知識內容，本身即具備層次分明的階段性。若是代表某智慧階段之某知識內容，未曾周延的完全攝入；則於推理診斷之時，個體會根據彼時彼地不周延的知識內容爲背景和標準，而獲得「錯誤」的判斷。若攝入之知識內容已至周延，而達閾的水準，則完成此階級，而有「正確」的判斷；亦以之爲基礎背景，進入更上一層的階級。（故，兒童把四條腿的動物，都當成「狗狗」的現象，是極爲正常而合理的。）

攝入知識之質，受到階級之次第限制。質的增進，則由同質之量，周延的程度所控制。某階級之質，保證了攝入或輸入某種（新）知識之「數量」與「速度」。階級越高，速度越快，數量也越多。每一階級的遞進，都以其前一階級爲基點。階級越高，結

構越爲擴大（以先前的階級爲基礎結構），功能越爲複雜。因此不同階的個體，同時去學習某種知識內容時，學習的速度和成就就有某些（明顯的）差距出現。愚者越愚，智者越智的現象，也就不足爲怪了。

智慧之本體——能思，雖然還未能直接把握，但是經由所思的肯定，卻可透入智慧之內容，而把握或促進智慧本體的成長。關鍵之處即在於：知識內容的input，不可踰越階級之質。並且在焦注於階級之內同質之量是否周延的基礎下，尋求階級的遞進——智慧之質的增加。

生理與認知結構

初生的生理結構體，可視爲一架「空白」的電腦。個體的認知發展歷程，亦即這架電腦接受訊號、輸入資訊的歷程。認知的歷程，即爲登錄的歷程。個體所認知的刺激內容，不但登錄、保留於個體的生理結構，也使得生理結構發生變化。

每一刺激的認知，都分別登錄在下列二個相聯繫的系統，或只登錄於系統一。

一、系統一：腦部的神經與細胞組織中

登錄與保留的歷程，使得腦部的神經與組織發生累積之生物化學的神經電反應的變化。登錄之後的腦部組織，已非登錄之前的腦部組織。登錄的內容爲：理念的生化model，以及行爲—理念的生化—生物model。

二、系統二：肢體的神經與肌肉組織中

這是指謂：肌肉筋骨與神經之連結、控制，所發生的各種動

作與行為。系統一所傳來的命令（或反射動作），使得組成動作的各個部分，都由神經衝動下的生化刺激，反應、組織為一個特定的系統。操作之動機或目的完成後，此系統立即消徐，可由其他系統任意取代而操作，故以生物物理之神經電反應的model描述之。這些粗細繁簡各種不同的生物的model，就登錄在動作發生之神經—肌肉的組織體中。動作與行為有生熟之別，練習可使動作更加的熟練，原因就在於此。登錄的內容為：動作或行為的生物model。而此種生物model的構成與控制，則登錄在系統一相對應的生化model之中。

基本生理需求——溫飽的滿足，即已提供個體之生理結構體的基本發展。這種基本發展，提供了系統一「能思」的能力或潛力。但是，能思之發展、運作的程度，以及繼續的發展，則需「所思」之內容——即，系統一所登錄之刺激的質與量來促動之。這種基本發展，提供系統二直接而具體的發展動力，促成骨骼、肌肉的發達與成熟。若系統二所登錄的刺激越多，則神經—骨骼系統的發展越好，身體越強壯、四肢越發達。

因為登錄的歷程，所發生之生化與生物神經電反應的變化，即為二種系統之發展，以及繼續發展的動力和結果。所以，個體於發展過程中，所認知—登錄之訊號的質與量，就造成了個體的差異性成長（在既有的生理之個別差異的基礎下）。

1. 若登錄之總量的質，偏向於系統一，則系統一的發展即為所催化。質越精細、量越多，越符合知識之階級性，則系統一發展得越快。
2. 若登錄之總量的質，偏向於系統二，則系統二的發展為所催化。質越精細、量越多，越符合此時此地之生理結構的閾限，則系統二的發展越快。

個體發展歷程中，知識input到生理結構中，則建立了所思的

內容，而成為個體內存的認知體系。事實上，所謂的認知歷程，就是一種「符號轉換」的歷程。由物質與非物質的語言、文字、圖像、標記等符號，轉換為生理結構的符號（就好比語言訊號化為電報，或錄於錄音帶一般），而保留於生理結構中。稱為：生理—認知結構。

所以，社會心理學觀點下的「生理」一詞，已不僅止於：原級的生理結構體──生理結構體。更重要的指謂：次級生理結構體──輸入資訊之後的電腦──生理認知結構體。生理與心理之間，之所以能夠密切地連結，而有交互作用發生，也就根基於此。

生理結構體有其結構之功能，其功能的運作，則在於結構體的繼續存有──個體的生存。即：各器官、組織的聯繫與維持，以及平衡與發展。個體於此，透發出自發的二個運作原則，亦稱「初級的生理動機結構」：

1.原則一：現狀的保持、平衡與生存。
2.原則二：遵循原則一的結構性指向，繼續發展、繼續生存。

認知內容「結構」於（轉化為）生理結構體之後，個體的認知結構，也遵循B-G原則而存在。亦即，個體有聯繫與維持，以及平衡與發展既有之認知內容的傾向。並且遵循此認知結構的向度為指標，而去認知、過濾、攝入新的刺激而繼續發展；此即為Freud型人格（詳見後文：人格理論與人際關係），於生理—認知結構的基礎。也因為Freud型人格，是由生理因子所模塑，所以Freud型人格才會具有泛文化以及泛時空的普遍性。

心理與動機

　　心理機轉是以生理的功能性結構為基礎，發展而成的意識性 Gestalt。心理Gestalt（P-G）有四大功能：意識、取碼、思考和情緒。意識的能力就是能思，但是能思並不等於心理意識。心理的意識能力，只是能思於心理層面的展露。意識的內容，就是所思。認知—生理結構體，只是某種具有初級向度的存在體。它只是存在，好比一架資訊豐富的電腦（一座倉庫）般地存在。至於對此認知結構與內容的意識（自識），input和output的存提；以及output之後的運作（意識的流動過程，即為思考），運作之動機與結果、目的之意識（個體之內的自識或認知），則由P-G來負責。由於個體之外一切現象的訊號刺激，都必須經由個體之生理結構體，轉換為個體之內的生理結構訊號，而登錄於生理認知結構體中。所以，在個體之內，每一個以事件為單位之現象的意識與操作，即為個體之心理機轉。

　　刺激之於生理結構體（B-G），是一種touch的歷程。伴隨touch程度的強弱與深淺，個體之B-G有差異的「興奮」程度。適度的興奮程度，有益於其存在者，B-G即發出「正向」的生理結構訊號。過度或不足的興奮強度，足以導致平衡的破壞、解體、而有害於其存在者，B-G則發出「負向」的生理結構訊號。這訊號經由P-G的意識，即發生「生理的情緒」。而於生理情緒本身，同時具有「避負趨正的動機結構」，即成為B-G的初級動機結構。

　　認知—生理結構與其內容，在P-G的意識下，成為個體內在的次級參考架構（初級參考架構為B-G的初級動機結構），並以Gestalt的型態呈現。它具有整體性的向度，也具有部分性的向度。而各部分之間，則不一定有邏輯關係。更重要的是，P-G對其認知結

構的內容，除了單純的予以意識之外，還可自由攝取而任意連結、切斷或改變。因此，由P-G所展露之理念—行為的現存與發展向度，是以B-G的初級動機結構為基礎，再以認知—生理結構體所透發之知識的次級參考架構為主體，而發生第二級的「心理動機結構」（涵攝了初級的動機結構）。

個體於現象界與生活場的限制之下，如果他人或自己所展露的行為—理念，與其認知結構的向度與內容相合拍（且不違背初級的生理動機結構），則能滿足其心理動機結構，於是有「喜樂」的正向心理—生理結構訊號發生。反之，則有「悲苦」的負向心理—生理結構訊號發生。不同內容、向度與程度的衝突與和諧，則於苦樂二極，分化出繽紛錯雜的各種「心理的情緒」。正向的情緒，保證個體的繼續生存與發展。負向的情緒，則有害於個體的繼續生存和發展。所以，心理情緒本身，同時具備「避負趨正的動機結構」，並與第二級的心理動機結構相結合。

個體之動機的展露，是以語言和行為做媒介。行為所呈現的動作歷程，與其說是某知性內容的完成，毋寧說是伴隨此知性內容之情緒的展露。而人類對語言的運用，更是以情緒的表達為先，再以知性的表達來完成。例如：「ㄛ——好痛哦！踩我的腳幹什麼？」也因此，動機與情緒的關係，除了本體結構的連結之外，實際運作和展露的關係更為密切，而有互動的現象發生。

情　緒

生理結構自發性（週期性或偶發性或外界刺激所引發）的刺激與反應，所引發的情緒稱之為「生理情緒」。源於認知結構與內容之刺激和反應，所引發的情緒稱之為「心理情緒」。生理情緒須於P-G展露，心理情緒須以B-G為結構的基礎。二者之間具有「循

環裝置」，有交互動力發生而具互換性。

生理情緒雖然於P-G展露，但其本質爲生理因子而非心理因子，故與生活場的認知結構與內容無關。當其展露於P-G時，並無特定的對象（事件、理念或某人），而作普遍性的投影（以負向情緒爲例，則：什麼都不對勁，什麼都看不順眼，不知道自己怎樣了，也不知道該如何是好，就只是陷身於某情緒中）。

一、情緒叢結的類型

心理情緒，通常都有其特定的對象。此對象即爲導生此情緒的事件或理念，以**圖4-1**表示。A事件對應有a理念，而有a情緒叢結（a-emotion complex）發生。a理念存於個體的意識層面，但個體卻不一定去意識（或認知）它。a情緒叢結是指謂：由A事件或a理念所引發的情緒。由於這個情緒可爲單一的，也可爲多數的。不論a情緒的成分是單數或複數，皆以Gestalt的方式存在與展露，故以a情緒叢結稱之。（這是指情緒X^2。X^2之前尚有情緒X^1，且各情緒成分各自存在，尚未結合爲情緒叢結。下文詳述，此處不予以區別。）

a情緒發生後，若個體處於a情緒狀態下，則會將a情緒回饋於A事件或a理念或能思之主體（o），而有CaA、Caa和Cao等三個循環裝置出現。CaA（或Caa）是把a情緒與A事件（或a理念），作單純的直接連結，而表現出——一想起A事件（或a理念），就產生a情緒；或是，一出現a情緒，就想起A事件（或a理念）等二種交互循環作用。Cao是把a情緒回饋於能思之主體，而表現出——在A事件或a理念的刺激下（當然上述二者可爲外加的刺激，也可爲能思之主體自發的內含刺激），爲什麼我會有a情緒出現？爲什麼我會必須處於a情緒而不處於b情緒呢？……等正向的狀態。或者——在A事件或a理念下，就我只是這樣（a情緒）！也就只能這樣（a情緒）！我必須是這樣（a情緒）！…等負向狀態。C_a^n

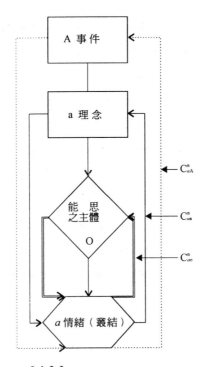

圖中文字：

A 事件

a 理念

能　思
之主體
O

a 情緒（叢結）

C^n_{aA}

C^n_{aa}

C^n_{ao}

n＝0,1,2,3,……
C^n：表循環次數

圖4-1　a認知－情緒單位圖

A、C^n_{aa}與C^n_{ao}循環的次數越多（n值越大），處於C_{aA}、C_{aa}、與C_{ao}的時間越久，則個體處於a情緒的時間也越久。特點是，情緒a只指向於A事件（a理念），或處於A事件（或a理念）之下的能思之主體。而不會指向其他事件、理念或情緒，並與之相連結。更重要的是，n值的增大，循環次數的增多，只代表情緒a對個體本身之時間與空間的繼續占有，並不產生累積加深或轉化的現象。在上述正常心理情緒歷程下，個體有可能發生輕度的情緒困擾（如：sad），卻不會發生嚴重的情緒困擾（如：depression）。

嚴重的情緒困擾，可源於深度的生理情緒，也可源於深度的

心理情緒。深度的生理情緒，除了表現出普遍的對象性之外，更表現出極端強烈的情緒固化。深度的心理情緒，有二類主要的異常情緒歷程。(參見**圖4-2**)

以 d 情緒為例：當 d 情緒呈現自動化的現象，保留其配對的生理結構，卻與其特定對象脫離時，$C^n d\alpha$ 破壞（d 情緒之 CdD、Cdd、Cdo 破壞），$\sum\limits_{n=1}^{\infty} C^n d\bar{\alpha}$(s) 建立（$d$ 情緒與其他認知—情緒單位相連結），而與生理情緒一般，呈現了普遍的事件性，不管遇到什麼事都連結 d 情緒表出，如：CdA、CdE、$CdAE$……等，這是第一類第一種形式。甚且，更擴充 d 情緒叢結，而與其他情緒叢結（a,b,c,e,f……等情緒叢結）直接連結，一出現 d 情緒就跟隨著其他情緒混在一起，如：Cda、Cdb、Cdf、$Cdaf$、$Cdbf$……等，這是第一類的第二種形式（註一）。第一類的第三種形式，則為 $\sum\limits_{n=1}^{\infty} C^n d\bar{o}$，$d$ 情緒的對象性普遍化，看到任何人都發生 d 情緒，甚至認為別人也處於 d 情緒中。第二類第一種形式是：$C^n d\alpha$ 破壞，$\sum\limits_{n=1}^{\infty} C^n d\bar{\alpha}$(s) 也不建立，但是發生了 $\sum\limits_{n=1}^{\infty} C^n dn$（註二）。整個人一直陷於 d 情緒中，情緒歷程呈現自我循環的現象，而產生了 $d_1, d_2, d_3 \cdots d_n$ 情緒。

舉負向情緒言：d 情緒為負向情緒（個體表現痛苦的情緒），個體以 d 情緒為苦則為 d_1 情緒（想到自己是這樣的痛苦而感到痛苦）。這時候，d_1 情緒的對象已非 D 事件或 d 理念，而是 d 情緒。對個體言，他現在已擁有了 d 情緒和 d_1 情緒，並且處於 d_1 情緒中。D 事件（或 d 理念或當事者）只帶給他 d 情緒，但是，他現在卻會以為 $d1$ 情緒是 D 事件（或 d 理念或當事者）所帶來的，而產生了 $\sum\limits_{n=1}^{\infty} C^n dn\alpha$。越以痛苦為痛苦，就越來越痛苦，$d_2$ 比 d_1 更痛苦，d_3 比 d_2 更難捱。每循環一次，情緒就更強烈更深一層，n 值越大，所負荷的情緒就越多越強烈。最值得注意的是，當 n 值大到某個閾值，個體已經痛苦得死去活來之時，他卻仍以為這 dn 的痛苦是 D 事件（或 d 理念或當事者）所帶來的。如果 D 事件（或 d 理念或當事者）是外力所加，他就會覺得外界的壓力巨大，巨大無匹地壓迫著他，以

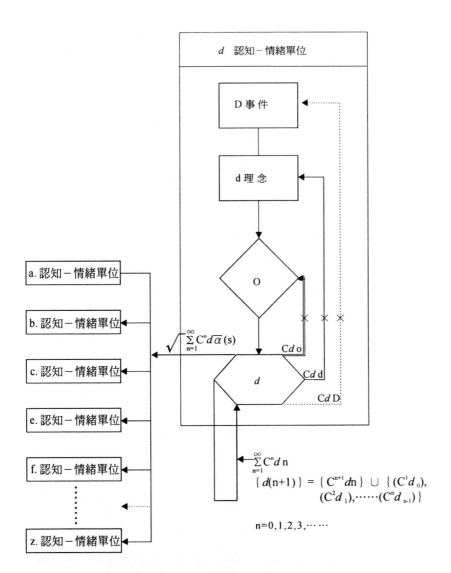

圖4-2　*d*情緒的異常情緒歷程

致他……等。如果D事件（或d理念或當事者）是自發的、自控的，則他又會把dn的痛苦歸因於自己的極端無能、自卑……等。而事實上，D事件（或d理念或當事者）只帶給他d情緒，其餘的一大串$d_2, d_3, ……d_n$情緒，都是他自己尋煩惱所致。D事件與當事者，或許個體無法控制，個體或許也無能選擇d情緒的發生，但是dn情緒的產生，卻是他自己所控制引發的。

第二類的第二種形式，則在第一種形式的基礎下，與第一類的第二種形式相連結。這時候，個體已經處於dn情緒，然後又把dn情緒與其他情緒（如：b情緒或gn情緒或fgn情緒）相連結而為$\sum_{n=1}^{\infty} C^n d n \bar{a} n(s)$。他會說：我已經這麼痛苦了，為什麼還要帶給我這些痛苦？為什麼我一直生活在痛苦裡，一切一切的苦痛都包圍著我，都加在我身上……等，把an情緒和bn, dn……gn情緒搞成一團，情緒叢結越來越複雜、越巨大，於是……導致了悽慘不堪的下場。

上述偏差的情緒歷程，所引起的嚴重情緒困擾，都是對於情緒的缺乏認識，尤其處理情緒時錯誤而不自知的思考方式所導致。情緒心理衛生教育的重要性，由此可見其必須。

二、情緒發生的層級

能思之主體以初級的生理動機結構為原則，以絕對的自我中心定位為基礎，而發生了最原始的情緒X^1。情緒X^1只表現出某種向度，它的內容卻是粗糙的。雖然他也配對有其特定的生理結構基礎，但是卻只有內在的反應，而無外在的行為展露。此時，個體身處某種情緒X^1，但不一定能意識得到。

因為情緒X^1發生後，立即經由S-G的自動濾過系統予以過濾，如**圖4-3**。S-G自動過濾系統的運作，不須經由個體P-G的自識，或動機性、目的性、意向性的控制。此系統包含B-G和P-G的基本原則，於瞬間自動完成過濾的歷程。S-G自動濾過系統，是個

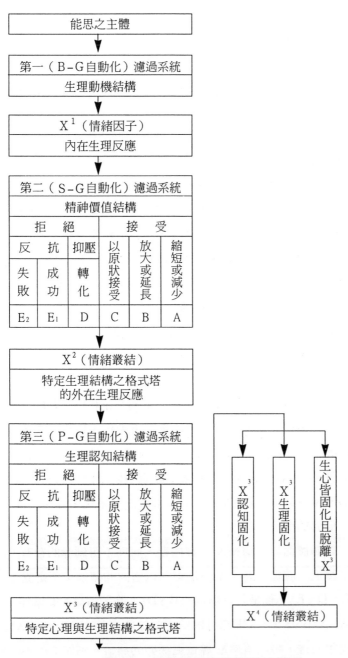

圖4-3　情緒發展與濾過系統模型

體的第二道自動檢查與防衛系統（第一道為生理感覺器官）。任何時空之下，個體與自己或外界或其他個體相接觸時，立即自動操作而完成。過濾的歷程，個體不一定能自識，須於S-G理性層面的精神意識有高度的發展，才能意識得到。濾過之後的結果A～E等現象，才為P-G所意識，而成情緒X^2。

　　除了D之外，情緒X^2和X^1之間，仍保持相當的一致性，但有向度程度的差異。C→保持原狀，A與B→順向的伸縮，E_1→消失，E_2→逆向的擴張（指謂，情緒陷得越深），D→隱藏而以其他情緒Y展露。最原始的情緒，是S-G自動濾過機轉之前的：情緒X^1。但一般人所自識的情緒，則為濾過之後的情緒X^2。這是因為情緒X^2的內容較為細緻，向度也較為具體。情緒X^1只是一個或一個以上的情緒因子，而情緒X^2已經整合為一個整體的情緒叢結，而有明確的外在展露。而且S-G自動濾過系統的非意識性運作過程，使得情緒X^2立即產生，而掩飾了個體對於情緒X^1的意識。

　　情緒X^2，配對有情緒X^2的生理結構Gestalt。情緒X^2發生而為個體所意識之後，必須再經由P-G的第三濾過系統過濾為情緒X^3。第三濾過系統的結構，與第二濾過系統相同。其間的差別在於：第三濾過系統必須在個體的意識下進行。以生活場此時此地P-G狀況（尤其是心理動機結構）為原則，而作動機性、目的性等意向性的控制。情緒X^1為S-G第二濾過系統所排斥的部分，則進入個體的潛意識中。情緒X^2經由P-G第三濾過系統所排斥的部分，則進入個體的前意識領域。

　　對個體而言，情緒X^2已經內存，而為不可剝奪的存有。故於第三濾過系統運作時，不論是順向或逆向的轉換，不是立生煩惱（A、D、E），就是將生煩惱（B、D)。除了情緒X^3C以外，情緒X^3A、X^3B、X^3C、X^3E都可稱為「自尋煩惱」。並且，情緒$X^3_{A.B.D.E}$對個體而言，將此情緒X^2導致更深切的痛苦。例如：以不快樂為痛苦，以痛苦為苦痛，等等現象即是。

情緒X^3，配對有情緒X^3的生理結構Gestalt。當情緒X^3極為強烈，或是頻率甚為密集時，則有下列現象發生：

1. 對情緒X^3的認知固化，而為情緒X^4。
2. 對情緒X^3的認知，以及生理結構的Gestalt都固化，而為情緒X^4。
3. 情緒X^3的生理結構Gestalt固化，而自動化為情緒X^4，並與情緒X^3脫離。

1.、2.與3.，皆以圖4-2的model展露。但1.→為純粹的心理症，2.→為身心症狀，3.→轉化為生理情緒而有較嚴重的異常現象。

情緒X^2發生之後，不論為正向或負向情緒，個體都應該予以積極的肯定和接受。至於深度之情緒困擾的導因：一是上述之生、心情緒歷程如圖4-2之現象所致。另一則為：情緒語文之語義成分的錯誤認知與誤用，使得情緒語文的全稱語義，代替或掩蓋了個體真正的情緒內涵。第一個導因，雖然可經由S-G對P-G與B-G的絕對涵攝，而予以消除。但是，畢竟是B-G和P-G本體的必然限制。第二個導因源自語文系統本身的混淆，以及認知歷程所發生的謬誤，且又極度隱晦，而為個體所不察。因為導因二，使得P-G之知性與感性的結構受到「不白之冤」，總又令人啼笑皆非。

三、情緒教育

心理衛生教育的情緒教育，第一階段首在情緒理論的學習。以了解情緒的本質、情緒的發展歷程，及情緒歷程之思考與處理的正確方法。第二階段在於，個體之自我情緒狀態的觀照。在這個階段裡，個體必須時時刻刻地注意自身的情緒狀態，而與情緒理論相對照。把各個認知—情緒單位，予以分開處理，而不相互混淆。且正確地運用情緒歷程的思考與處理方式，使得每一個認

知—情緒單位，都只停留在a情緒、b情緒的狀態，而不衍生出an或bn的情緒狀態。

第三個階段則在於，主體性的情緒選擇釋義。伴隨個體的發展歷程，個體學得表達情緒的語言與文字，也習得了各種大小粗細的情緒反應模式。上述的情形可以稱之為：客觀（社會）情境釋義之情緒（知識與）模式的習得和運作。就如上述導因二所言，a情緒語文的語義成分假設有甲、乙、丙三種，可是我們往往在處於語義成分之一（甲或乙或丙）時，就以a情緒語文來表示；而認為自己已經處於a情緒狀態中，且展露出a情緒狀態的行為模式。這時候不但誤導了偏差的情緒，也掩蓋了個體自發的真正情緒。客觀社會情境義之情緒（知識與）模式的習得與運作，是每個人都無法避免的。雖然個體間的情緒模式相差頗大，可是這些差異的情緒模式，卻也是個體在不同的社會情境所習得的。所以在上述的情形下，小孩的情緒表現較之於成人，總是更為真實更具主體性。

為了脫離上述生活場上的限制，個體必須發展並運作其主體性的個人釋義之情緒（與知識）模式。當我們割離了圖4-2的種種偏差情緒歷程之後，我們就得到了一個完整的認知—情緒單位（如圖4-1所示之a認知—情緒單位圖）。得到了完整的某認知—情緒單位後，我們就從$\sum_{n=1}^{\infty} C_n^a$o著手。這時候我們可自問：在這種情形，我為什麼會有a情緒出現？我喜不喜歡、願不願意a情緒出現？如果不喜歡、不願意的話，可不可以換另外一種情緒表現？我能思之主體，可否選擇b情緒或h情緒？或者不要那麼快的，自動的表現出a情緒？再仔細的想想看，這a情緒是受過去習得之情緒模式引發而來，抑或是此時此地我能思之主體所真正要表現的？如果不是的話，哪個才是？哪些情緒可能是？在這些情緒裡，我願意選擇哪一個來展露呢？也就是說，讓情緒的引發與展露情緒的方式，不再是「習慣性的」、「自自然然地」、「自動」出現。而能經

由意識性的抉擇，以符合個體主體性之真正需求。

　　更進一步的，個體還可對何謂某情緒，予以「個人的情緒釋義」。在社會文化的情緒釋義下，某情況配對某情緒，某情緒又配對某些情緒成分。可是，個體卻能憑藉本身挫折容忍力的高低，對自己能力與生活型態的理想，對各種情緒的情緒成分重下個人的定義；對情緒事件的配對與情緒的展露型態，重作適宜個人的組配。例如：對別人或以前的自己，某種情況下他會認為已達某情緒（如：痛苦）的閾值。可是，對現在的他而言，卻可認為這還不算什麼，這還未抵達某情緒的閾值，這根本算不上是痛苦。亦即，對於各種情緒閾值，個人主體性的予以提高或降低以及重新定義；而打破了社會文化的情緒釋義，並積極建立起個人主體性的情緒釋義。所以經由上述三個階段的訓練，個體對於情緒事件的處理，即可到達越為真實、成熟，以趨近於絕對的情緒控制，享受更美善的情緒生活。

主體性與精神

　　個體的認知發展，是以「我」為中心，而建構與繼續擴大「我世界」的歷程。在本體界的生物設計與配置之下，個體必須以「自我中心定位」為基礎（原則），並以個體為中心點去認知與學習。最重要的，是在這整個B-G之內，透發出「生理的原級主體性」──我──堅持個體本身的存有（我要活著──求生欲）是不可替代的。

　　回顧兒童的發展過程，我們可以發現：二歲的小孩，「我」、「我的」等觀念，已經極度強烈，領域行為也極為旺盛。由於初級主體性的展露，在尚未學會某動作與行為，或剛學會某動作與行為之時，他就會「頑固」的要求──我自己做，如：自己喝水、

自己灌奶瓶、自己餵飯、自己做某動作或完成某行為。別人若搶著先替他完成操作（包括：說某話與做某事），他就會又嚷又鬧地，自己再重新操作一遍。他會把奶瓶的水倒掉，重新再裝水，雖然可能濺得到處是水。你把他的衣服脫了，他會自己拉扯又穿回去，然後再脫掉；說話亦同。當其主體要求「我自己操作」時，是絕對不可替代的。此與單純的模仿有別，應細察之。

個體認知結構的各種向度之間，則於好壞、苦樂之際，透發出「心理的次級主體性」——快樂的尋求——個體的繼續存在與發展，是不可剝奪、不容取代的。個體不但要追求快樂，還要求——自己追求快樂。因果的歷程間，必須有個體的參與和具體的操作。否則，任何的成果或動機，都將不為個體所接受。因為那不是「我的」；深一層言，那了無「意義」可言。也就於此，個體涉入了「精神（S-G）的三級主體性」。

以B-G為P-G的部分，再以P-G為S-G的部分。S-G就如同四度空間般，「理論」地存有；可以感知甚或操作，卻還未能予以計量分析。S-G以絕對的意義性，作為原則向度。其所透發的第三級主體性，則含了一、二級主體性，使其超越了時空與自我中心定位的限制。換言之，就是在「人」的基點——最高點上，匯聚同化每一個個體（的）——我。把一個獨存個體的「我」（包括了自己和所有人）的生存與繼續生存，提升至「人」（普遍的、共存的）的生存與繼續生存。從每一個體之主體的發揮與展露，來契入人之主體性的完成。

B-G發展過程中，P-G發生而與之交互地成長。P-G發展過程中，S-G發生而與之交互地成長。B-G為P-G的結構基礎，S-G又以P-G和B-G為基礎結構。雖然，S-G涵攝了P-G與B-G，但是，三者的勢力，卻不必B-G小於P-G小於S-G或互等。因為，本體能力的存有，並不一定保證個體之能力的完全操作。存有，自識其存在，以及具體的予以操作或控制，是截然不同的三種層次（或能力）。

這三個Gestalt（B-G、P-G與S-G）整體性的運作，而展露於個體之外，則有個體之外顯語言與行為的整體性展露——H-G的發生。由於個體之內三種Gestalt之內容、型態與勢力的差異，在其主體性的原動力與指導之下，也就造成了個體之間行為—理念的歧異性。

理性與情緒力學

一、理性

理性一詞，是S-G之功能的描述語。S-G的基本運作，是個體之主體性的自動機轉，且不須經由個體的自識，以及心理意識的控制。個體於S-G的高度發展，則逐漸擴展對其S-G的意識與控制。一般所謂的意識，只指謂P-G的心理意識。S-G的高度發展，則有S-G的精神意識發生。心理意識只是能思的展露，精神意識則直抵能思的本體。

在P-G裡，我們可以發現Freud所描述過的——意識、前意識與潛意識三個層面。心理意識的運作只及於意識層面，潛意識層面則無法「意識」到。至於前意識層面，則若即若離而為「過渡區」；必須經由心理意識的積極運作，才能觸及其部分。一般而言，並不是每個個體都能完全的發展，運作其心理意識；也非時時刻都保持著心理意識之積極的運作。所以，由於個體的疏忽與無能，許多屬於意識層面的，並未獲得心理意識的認知（意識），而被個體錯誤的劃歸前意識與潛意識層面。上述可以被意識而未獲意識的，可稱為「未意識」或「無意識」，以有別於潛（下）意識。心理意識的絕對運作，只能開拓未（無）意識層面，對於真正屬於前意識與潛意識的全部，則仍無能為力。精神意識的出現，

把P-G所劃歸於潛意識或前意識的結構、功能與運作過程……等非控制的現象（如：第一濾過系統），提升於S-G層面而予以認知和控制。此精神意識仍以其主體性爲本質，在現象上則以「理性」一詞稱謂之。

人們常把理性和感性相對應，而與知性相混淆，這是對三者定義的誤解所致。當吾人言及知性時，所指的並不是純粹的知識，而是指謂偏向於知識層面之理念認知，以及與此認知之理念所交互配生的情緒。感性雖然與知識也有相關，但是一般提及時，則較偏於與純粹知識無關的直接感官經驗，以及與此認知所交互配生的情緒。知性較偏於富有意義性的情緒，感性則較乏意義性，而爲較純粹的感官經驗。所以，更深入而言，知性是屬於P-G層面，是能思之運作與所思之內容所引發之心理情緒。感性則屬於B-G層面，而爲機體器官對刺激之形成的自動反應，再轉換於P-G層面所形成的生理情緒。感性所涉及的，較偏向於人的「共相」層面。知性則見仁見智，偏向於「殊相」層面。與其說，較高級的感性有待知性的內涵；毋寧說，有待於人之整體性的深度（指修養）。我們也可以注意到，所謂較高級的感性，實際上卻是指：感性的基礎再加上知性的理解。

二、情緒力學

一般所謂感性與知性或理性的衝突，常是指謂純粹的知識或理念，其與純粹的情緒間的衝突。純粹的知識，固然可以排除於情緒之外；但是，每一個情緒都能配對有其知性的理念或感性的內涵，而成爲一個交互連結的整體。二者是共生共死的關聯，只有在異常的情緒困擾下，才會脫離而固化或普遍化。

事實上，發生衝突的是二個（或二個以上）向度不同的認知——情緒單位（或Gestalt）。由於同一時空之際，個體無法同時展露二種或二種以上的情緒，所以P-G會將其結合爲一整體的情緒叢

結，再予以展露。在此情緒叢結中，各認知—情緒單位可以「情緒力線」的形式觀之，而如同力學求取合力的方式，來了解其情緒叢結的情緒合力線。舉極端的例子而言，當兩個認知—情緒單位向度相對立時，P-G則遵循其中強度大者展露之。展露於個體之外時，是以二者強度之差所得的正負（指正向或負向）值（指強度）爲內容；而於個體之內，保留了強度相等而處於對抗狀態中的二個單位。這時候，個體所展露的情緒是不完全的，以致無法滿足情緒乍起之時的原始要求。另方面，個體之內勢均力敵的拉鋸戰，若停留於意識層面，個體必將感受矛盾、衝突的煎熬。若已進入前意識與下意識層面，則個體將莫名而無力的處於衰頹與無能的狀態。若甲單位以＋7的情緒力線表示，乙單位以-9的情緒力線表示。則個體展露於H-G者，爲-2的情緒合力線；個體之內，則同時仍保留有＋7甲情緒力線與-7的乙情緒力線相對抗。情緒合力線的產生之後，原來折衝之情緒力線並未消失而與之共同存在，這是情緒力學相異於物理力學者。

　　每一個認知與情緒狀態，皆爲個體之內既存的存有，若對既存之存有，予以對抗、拒絕或剝奪，則引起個體之內主體性的自動反抗。既存之現象給予絕對肯定與接受之後，則可由上層之S-G的理性予以控制。理性於P-G的運作，在於對P-G之結構、內容與功能，做每一個here & now之運作過程的認知與控制。所以，當P-G之認知—情緒單位相衝突的時候，理性的運作可以消弭上述P-G的困境。先對此時此地，每一認知—情緒單位，予以絕對的接受。在不企圖減縮與剝奪雙方或某方的條件下，予以絕對的控制、抉擇與展露。使得被抉擇之（循上例）認知—情緒單位，得以完全的展露＋7或-9。且在個體的P-G之內，不致發生＋7與-7的對抗。

　　以上所謂「情緒力學」的討論，只是一種借喻以利說明。實質上，個體情緒Gestalt的運作，絕非此種情緒力線的「加、減」

關係所能完全描述。但惜尚無妥善之符號可以計量地表現其運作過程的現象，故於行文上暫爲取代以利說明。

註　釋

註一、$\sum\limits_{n=1}^{\infty} C^n d\bar{\alpha}(s)$是表示：$d$認知情緒單位之正常情緒運作歷程被破壞，$d$情緒任意的與其他認知情緒單位連結，上述的連結可爲複數，以(s)表之。尤其是不同時間所發生的各個連結之循環，對處於每一個here & now的個體言，都產生了累積的效果。須注意的是，Σ符號的運用只是權宜之計。事實上，上述情緒歷程的累積作用，並不是單純的相加。而是指謂在此之前的$C^n d\bar{\alpha}(s)$，並不因爲此時此地之$C^n d\bar{\alpha}(s)$的產生而消失。後者存於意識裡，前者或處於前意識界，或處於意識界而爲後者即形成之Gestalt的部分。亦即指謂d情緒的容積或負荷量（carrying copacicy）任意與無限制的增大，而對個體產生龐大的情緒壓力；但是，並未加深d情緒本身強度。

註二、$\sum\limits_{n=1}^{\infty} C^n dn$只是行文上的方便符號，第二類型的第一種形式應如下表之：$\{d\ (n+1)\} = \{c^{n+1}dn\} \cup \{\{c^1 d_0\}, \{c^2 d_1\} \cdots \{c^n d_{n-1}\}\}$，$n=0,1,2,3\cdots$n值越大，$d$情緒的自我循環越多，$d$情緒的強度也越大。$\Sigma$符號的採用，是爲了表示累積的效果。但其累積的效用並非單純的相加，而應如下列新公式所表示的。假設此時此地的個體是處於d狀態，但d_1, d_2, d_3並不因d_4的產生而消失。d_1、d_2、d_3或進入個體之前意識而存在；或保留於意識界中。而在d_4 Gestalt here & now的強勢狀態下，各自成爲d_4 Gestalt的部分Gestalt，然後凸顯出以d_4 Gestalt爲主體的P-G。這時候個體易於形成$\sum\limits_{n=1}^{\infty} C^n dn\alpha$，即 $\{d\ (n+1)\ \alpha\} = \{c^{n+1}dn\alpha\} \cup \{\{c^2 d_1 d\}\ \{C^2 d_1 D\}\ \{C^2 d_{10}\}\ \{C^3 d_2 d\}\ \{C^3 d_2 D\}\ \{C^3 d_{20}\}\ \{C^4 d_3 d\} \cdots \{c^n d\ (n-1)\ \alpha\}\}$，$n=0,1,2,3\cdots$的假象，$d$情緒的強度累積而加深，但其負荷量並未增大。但在第二類的第二種形式時，負荷量的增大與強度的增強，則會共同存在而交互影響。

第五章
小團體動力學的哲學

宇宙論

知識論

本體論

人性論

在此之前的討論，已為社會心理學的觀點提供了一個明確的形式範疇。以下則將在此形式範疇的規範下，建構社會心理學觀點，亦即小團體動力學之後設理論的內涵本質。小團體動力學的哲學完成之後，即可以之為基礎而繼續開出——小團體動力學之人格、人際關係、諮商與變態等四個學科，而得以完成社會心理學觀點，及小團體動力學後設理論之內涵本質的建構。小團體動力學的哲學（亦即社會心理學之哲學）的重心在人性論，其後置之宇宙論、知識論與本體論的討論，則提供其人性論論證的基礎。最後再以生命論壓軸，將整個小團體動力學之哲學的實踐，歸結於愛與家的具體展露，而貫穿了後繼之人格、人際、變態與小團體動力學。

宇宙論

宇宙的發生與範圍？時間與空間的起源？先有空間抑或先有時間？這些問題，就像人類的起源一樣，至今仍是個謎。這些問題的研究，屬於物理學、天文學和生物學的範圍，形上學的討論理應予以存而不論。許多哲學家不察分際，不站在以人為前提的基礎點去研究時空論，而踰越本分與能力去討論上述課題，以致天文學與物理學發達之後，哲學的宇宙論變成了滿紙的荒唐言。

天文學與物理學所建構之宇宙論的知識，取代了哲學之宇宙論的論述。哲學之宇宙論，只淪為神學的「保證」。只剩下宗教的宇宙觀，在「唯信論」的堅持下生存。小團體動力學宇宙論的範疇，不再焦注於宇宙生成與發展，而在於科學之宇宙論與其知識，相對於人的啟示與運用。當科學之宇宙論知識與人對立起來以後，即開展出社會心理學的宇宙論——人在此科學宇宙論中，領有怎樣的地位與角色？亦即，個人及其生活事件，於宇宙觀下的

定位。

一、定位

　　小團體動力學之宇宙觀，即於個體的日常生活中，凸顯出其重要性。個體若不把「人」的概念和「宇宙」相對立，往往會過度地膨脹人的存在，而忽略了宇宙實體的存有。人之存在的過度膨脹，使得個體以「我」和「生活場」的對立，代替了「人」和「宇宙」的對立。個體的時空範疇，縮減到「我」與「生活場」之中，「我」塞滿了整個生活場，而生活場中的事件，也顯得龐大無匹。宇宙實體的捨棄，使得個體的語言、行為、觀念與思考，萎縮、侷限在狹小的範疇之中。生活場的挫折，變成世界之敵對；我的失敗，變成人生之末路。一切的誇大，都將因誤導而顯得笨拙、可笑，而造成許許多多不必要的苦痛與疏離。

　　小團體動力學之宇宙觀的思考，可以讓個體了解——人只是蒼莽宇宙中的一個微小的微點。個體將知道，對於蒼莽宇宙而言，人所領有的時間與空間，幾乎是短促得不具任何意義。所以個體及其生活場中的事件，也就沒有什麼可以大呼小叫的了。「天行健，君子以自強不息；地履坤，君子以厚德載物。」人與天地的對立不僅在於感知天大、地大，更在於人大的反躬自勉與發韌。有限與無限的對立，在於限制的自識，以及超越無限之可能性的秉持。個人及其生活事件，於宇宙觀之定位，使得個人與其生活事件之關係，獲得一個適度時空意義的安置。使得人不再輕易地呼天搶地，使得個體的語言行為、觀念、思考、關愛與責任，穿透生活場、超越我世界，而及於現象界甚或本體界。

二、時間與空間

　　小團體動力學之哲學的宇宙論，以人—時空的關係為內容。時間與空間，是個體對其生命過程的自覺。對個體而言，時空二

者是相伴隨的存有，個體以自己的時空系統爲基礎，去認知其他個體的時空系統，並接受客觀的時空計量標準〔例：鐘錶式直線形的時間（秒）和度量衡器所規定的空間〕，而確立了時空意識。基於個體生存和人類種族延續的信念，以及自然演化過程之現象的感覺與知覺，個體有了時空無限的概念。

個體死後，其時空系統即隨之毀滅。但文字的記載、語言的傳誦和劇曲的表演，卻保留——停頓了個體的時空體系。當其他的存在體給予認知之後，此時空的體系即又復活，功能性運作並占有（共存）於認知者的時空體系之內。此即所謂「精神不死」的眞相與原理。實則，存在體的精神雖可超越時空，卻須伴隨個體的死亡而消失；不過精神是可以復活的，只要其他存在體給以認知與攝入，已逝個體之精神即可死而復生，甚至「永垂千秋」。

時間與空間都根源於物質的存在，而物質爲能（energy）的凝聚，是以時間與空間爲物質——能——的表現（象）。人的精神、心理、生理Gestalt，可視爲三種不同形式的「能」。能與能之間的交涉互動，則結構了時空。人的主體性的存在，結構了個人的時空系統。時空之於人可分爲：主觀的時空與客觀的時空。以鐘錶的純粹時間和度量衡標準，所定義的爲客觀的時空。主觀的時空則以事件之內容的次序連結，作爲參考座標。客觀的時間，爲去不復返的單向流動，空間變化較爲刻板。主觀的空間隨純粹時間的運作，而不斷地改變。主觀的空間一變，則心理上的情緒、動作，以至對時間的主觀認知，也不停的改變。個體之B-G運作以客觀的時空系統，主觀的時空系統則運作於P-G與S-G。人類的生活則由二種時空系統交互作用，並隨個體之差異，呈現不同的時空體系。

討論時間時，不應抽離於空間；討論空間時，也不可能抽離於時間。因此，人之時空體系可分爲三種時空相位——

- 現在時空
- 過去時空
- 未來時空

簡稱爲：現在、過去、未來。傳統時空論的研究，把現、過、未三相指稱爲時間，而脫離了空間，是傳統三「時」相觀定義上的錯誤。三時相觀三位一體的論法，更爲邏輯上的錯誤。論者把過、現、未三個不同（現在）的時間座標，於其理念上（P-G）主觀的重疊爲一，而妄言三個時相的合一。又如柏拉圖之以爲「瞬間」具超越性故不屬於時間，則忽略了觀察者本身之外的時間體系的存在（人之共同存有）。是以其所謂：理體界永遠的瞬間世界——永恆的現在，當然是錯誤的推理。

永恆並非無時間，而是超越時間；時間的超越，即爲時空體系的自由轉換。客觀時空所描述的時空系統，存在於現象界。主觀時空所描述的時空系統，存在於生活場（S-G）。本質上，除非結構此時空體系的「能」，有了系統性的轉變（例如：速度），否則，時間與空間是不可壓縮、膨脹、轉化或改變的。人類憑其P-G與S-G所運作的主觀時空系統，只能超越時間與空間，而非改變時間與空間。主觀時空於P-G與S-G之自由轉換，只限存於超越界，這是傳統時空論力所未逮之處。所以，對本體界自身而言，並無所謂「時間」或「空間」。時間與空間存在於現象界，個體對現象界的透視而發現了本體界。故時空以本體界爲對象，以現象界爲內容，而以生活場和意向界爲時空之超越界。

時空三相的合而爲一，雖然是否定的。可是，時空內容（事件）的三位一體，以及相互交涉的運作，卻是肯定的，而且在人類生活中扮演極其重要的角色。也因此，我們必須進入知識論的領域，對人之歷史性和整體性作一番深切的探討。

知識論

　　小團體動力學的知識論，企圖以知識心理學和知識形上學的融通，來開闢哲學之知識論的新領域。知識論史上，知識論與本體論的關係，從洛克起就若即若離分合不定；直到康德才以「物自體」，把本體論完全的割離。胡塞爾現象學──存在和本質的Negation，則又轉出海德格於本體論與時空論之融通的努力。這些歷程的啓示，使得小團體動力學的知識論，在整個小團體動力學之哲學的系統裡，成爲小團體動力學宇宙論與本體論會通的樞紐。

一、定位

　　知識，是一種描述（語言、文字、圖像或符號）或理解，以symbol指向其object。知識的建構更代表著，本體界可以「指涉」之「結構」的攝得，爲「人」所攝得。每一個文明人（相對於初民）甫一出世，即已面對著知識的世界。本體論中人與世界的對立，在知識論中可以轉換爲人與知識的對立來討論。

　　圖5-1是知識論的模型，A所討論的是，契入知識之人的條件與內在歷程？如：康德和黑格爾。B所討論的是，何謂眞的知識？條件與歷程？如：邏輯實證者與科學哲學。C所討論的是，人之條件？知識之條件？如……胡賽爾、笛卡兒與洛克。D則代表著，人對知識自立體的發現、重視，及二者關係的探討，如：馬克思與詮釋學派。E所討論的是，知識與社會的交互影響，如：知識社會學。

　　就小團體動力學的知識論而言，所關切的並非人與世界的對立如何建構出知識？知識如何可能？與知識如何爲眞？而是焦注

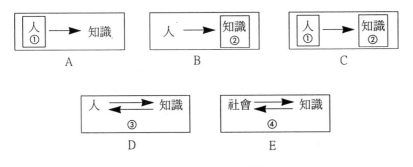

圖5-1　知識論的模型

於人與知識的關係，和二者交涉的本質，並以本體論和時空論的融通，來回答上述的問題。

　　知識所指涉的object，就其本身之整體Gestalt而言，自有其figure-ground的配置，subject的認知（即知識的建構），則可能發生另種figure-ground的配置。且在同一個here & now，相同的object在同一subject不同的層面，可能產生不同的Gestalt，並且二者皆爲眞。例如，認知生理結構體上，所登錄的Ⓐ與Ⓑ，當心理Gestalt將之結構爲ⒶⒷ此一unit時，其認知生理結構體所登錄的，卻只是Ⓐ與Ⓑ的join、connect或combine──Ⓐ Ⓑ。亦即，B-G的1＋1，在P-G可能變成1，在S-G更可能變成∞。必須重視的是，這些都是reality，都是truth。也就是說，社會心理學知識論之知識的reality並非「唯一」，即social　reality和psychology reality二者可以並存。有內外表裡之分與互動之實，是連貫的但屬不同層次，各有不同功能，表象上可爲不同的goal而發生與運作。強求其一致或化約爲任一，都是無所謂的。

　　假設A、B、C三者存在而自我展露，當A自識爲Ⓐ，則A具認識與內省能力，且此能力隨物種而有不同。當B爲Ⓐ所攝入而爲⚠（Ⓐ→⚠），則可稱Ⓐ爲主體，⚠爲客體；且⚠爲客體之現象，B爲客體之本質。客體之存有，提供了材料及形式的可能性。

主體之存在的材料與形式，則選擇或決定了客體的形式（△）。當 C自識為 ◈，則 $\boxed{A}$→◈ 相對於 $\boxed{A}$→⚠，為不同的認知歷程。客體 C之現象（◇）不為 $\boxed{A}$ 所決定或選擇，而自具主體的位格；且 $\boxed{A}$→ ◈ 可發展互為主體性，來保證其客觀性。

　　主體被選擇而成為現象，被攝入為現象而為客體時，其主體本身並未被改變。主動攝入對象之主體，也未曾創造現象；現象仍存在於主體，主體仍包含現象。現象根植於被攝入之主體，且以其部分或某些成分，而存於攝入者之主體。嚴格而論：並非現象不等於本質，導致無法接觸主體，使得知識論無法成立；亦非現象全等於本質，使得知識當然成立。現象之客體是主體之本質的某部分或某些成分，可代表主體卻不能說等於本質。是以，社心知識論的建立，互為主體性之「本體」的接觸，則在於：通過雙方「整體性」和「歷史性」的接觸。因此，知識論的重點就移轉到──個體要以什麼方式，抉取（認知、詮釋與互動）對方的歷史性與整體性呢？

二、事件與歷史

　　人與物作用於時間與空間，即為──事件。在人類的生活裡，「現在」不是指謂個體於客觀時間之現時存有，而是指謂個體於主觀時間之存在。亦即指謂：個體於當前事件（背景）之同時存在。事件占有時空，事件之運作以客觀的時空系統為原則。所以，對事件本體而言，必須遵循客觀時間「去不復返」的單向性，和客觀時空的刻板變化，如**圖5-2**。

　　事件與時空的關係，類似於「串連」。事件之本體，於發生之瞬間隨即滅亡。事件本體是無意義的，不可能停滯保存的。事件的意義，是由人之主體的意向性，在事件之前、後或當時所定義的。事件發生之後，就已消失而無法改變，存在的只有人之主體，對於（賦予）事件的「理念」（事件之理念即為知識之內容）。理

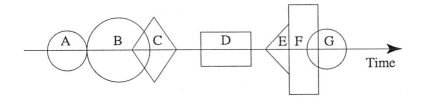

- ·橫軸為時間
- ·事件A、B、C……G以圖形表示並區別
- ·事件A、B、C……G以圖形之體積表示占有之空間

圖5-2　時空的事件模型

念的存在，具有歷史性，而且貫通於過、現、未三個主觀的時空的相位。

　　事件發生之當時，或不能完全掌握於個體；但事件之後，理念的存有型態與內涵，卻完全受個體所主宰。前提為：

- ·個體對此人—事件之本質的認知。
- ·此個體是自己的主人，能運作其主體性。

人之所以可被他人控制或影響，即在於：

　　1.事件之控制。

　　2.理念之控制。

　　1.之於人往往帶有宿命論的色彩，若是人為事件之控制，則易引起個體強烈的反抗；高級的影響力與控制力，都以2.為內涵。也因為2.的存在，理念才可超越時空地「改變」事件。所以人才可能被別人所影響或控制，人與人之間才會有交互作用，團體之內與之間才會有動力產生。

　　隨著個體的成長與客觀時間的進行，事件之理念累積而成為

歷史。歷史的形成與塑造，包括有命定的非選擇的成分，但是其意義與內涵，卻是自由的。人類之偉大，不在於它具有歷史，或它有創造力；而是人類能運用創造力，創造了歷史又賦予自身歷史性。歷史並非由事件所結構，而是由事件之理念所結構。這是歷史哲學，更深層的精義所在。人之歷史，代表著人存有的證明；因此人不可以拋棄歷史，人不可沒有歷史性。從變態行為的觀察可以發現：當一個健忘症（amnesia）的患者，發現自己的歷史消失不見時，他不會承認自己沒有歷史，而「重新」或「繼續」他的生活；他會以焦急的態度，時刻以尋回過去——歷史——為念，而茲茲不忘。

眾多的哲學派別裡，有現在取向者，有過去取向者，也有未來取向者，卻從來不曾深入時空三相位的本質。存在主義者，把事件視為獨立的，並沒有多大的錯誤；但如同卡繆者，視歷史為無意義，以未來存於歷史之外為有意義，卻錯得一塌糊塗。未來取向者，總叫人忘了過去，拋棄歷史，甚至把歷史切割為各自分離的片斷；可是他們卻忽略了，人不可能以「瞬間存在」的方式呈現而生活。

為什麼未來取向論者，那麼的懼怕——過去？「瞬間存有」的純粹客觀時空切割，是為了杜絕歷史（過去）於人之刻板限制。歷史之刻板限制的觀念，根源於其認定「過去」是不可改變的。論者不明歷史性之本質，錯把事件視為歷史的結構者，而不知歷史實為事件之理念所結構。當我們了解人之歷史性的真義——過去是可以改變的，且其意向性指向於將來。歷史於人之刻板限制的觀念，以及人之斷片式存在的方法論，也就可以自動解除。

三、知識的真相

人又如何能經由歷史性，而貫通其整體性呢？人與事件之理念，以及與時空系統的關係，如圖5-3。

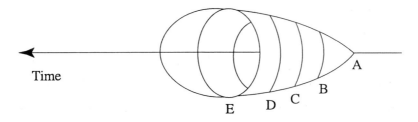

橫軸為時間

不同的圖形（圈圈）為不同的 A、B……事件之理念

事件理念之圖形的體積為占有之空間（三度空間）

圖5-3　人之歷史性的時空模型

　　在人類的生活裡，心理Gestalt 和精神Gestalt，使得人之主體具備有意向性。就如胡賽爾所述，意向性是為意識的中心。此意向性的運作，即為意識的功能。事件之本體並非完全的獨立，可由現、過、未三世所模塑。事件之理念則伴隨意向性之導引，使得事件成為時間與空間之形式，事件之理念即成為時間與空間的內容。隨著客觀時間的前進，每一繼起的事件理念，都包含了前一事件的理念。使得每一事件理念，都包含了歷史性之全部事件的整體。更使得時空體系的三個相位，在每一事件發生之時——here & now——客觀的把時空系統的三個相位（現、過、未）融合為一。所以，主觀時空系統的三位合一，經由here & now的作用，轉化為客觀時空系統的三位合一。

　　here & now——即為人之（生活）意向性的具象展露。here & now，不但貫通於主、客觀時空系統的三個相位，也巧妙完成了人之生活（life & living）中三個時空系統的合一。更把整體性和歷史性，在個體的每一個現在（此時此地）貫穿為一，嚴謹的結構了真正知識論的完成。

　　人占有主觀時空，也占有客觀時空。由於客觀時空對所有人

而言，是一種共相的一致性存有。所以，在世存有的每一個體，其存在地位與意義，都不能爲任一個體所否定或逃避。人之歷史性又以超越時空的方式，整體性地相互作用於P-G & S-G，而經由B-G的媒介，致使人與人之間的Gestalt有交互與結合作用。這種由在此之內的在世存有，到在此之外的獨存，再超昇於無內無外共世存有的過程，不僅只孕育了許多美妙的文哲思維，更是奠定人際互動與社會結構之可能的最基礎原理。

本體論

小團體動力學本體論所處理的「有」，是定位於——人之在世存有的存有。不是抽象的、純粹的「存有」，而是人的有，在世界中之人的存有。也就是說，此「有」如何來面對、建構、自識與運作於世界，以及彼此的關係、方法與型態……等。亦即，我們必須宣稱，小團體動力學之本體論與宇宙論的合一——人與世界關係的凸顯。

一、定位

小團體動力學的本體論，以「人—世界」的關係爲重心。人—世界的模式，包含了人—物，人—人和人—事的關係。此模式的「人」，指謂每一個獨立個體。每一個獨立個體（每個人）甫一出生即領有一個自屬的世界。每一個我，都擁有一個眞實的「我世界」。隨著個體的發展，其自屬之世界則逐漸開展。我世界在本質上，是以自我爲出發點，並以自我成長爲中心。個體發展的過程中，表象上若以他人爲我世界的中心，則會導致個體於我世界之本體予盾與衝突。

「人—世界」，可視爲個體之「我—我世界」Gestalt，與其他

個體「我—我世界」Gestalt的共同存有,而為現象世界之Gestalt的部分 Gestalt。每一個我—我世界Gestalt都是新生的,都重新開始。所以就本體論而言,每一個我—我世界都是獨立的。在現象界裡,有多少個「我」就有多少個不同的「我世界」。此即宣示了人類之「孤獨感」是必然的存有,是不可逃避的。對待以逃避的態度,或企圖剝奪此孤獨感,則變成個體對其存有的自我毀滅。必須先認許其存在的必然性,再於P-G與S-G中,以超越的方法論來解決。

生物學與動物行為學的考察,發現人之本質——生理Gestalt的進化,是相當相當的遲緩。緩慢得人類本身無法覺察,幾乎無法捕捉進化的歷程而予以利用。每一時代的每一個人,所努力與所能努力的,也只是人之現象——文化的進化。前一代人之現象進化,固然可以凝聚為風俗和文化,而以文字、符號和音樂、戲劇、建築……等藝術型態流傳於下一代。當代人之現象的進化,固然可以凝集為潮流與風尚,而由各種傳播媒介影響及於大眾。可是,出現於每一個當代的每一個人,其本質都相同而永保「常新」。文化的進化只能留存於現象界,只能進入人之現象的領域,而無法進入人之本質的內裡。若從現象觀之,人類行為的歷史似乎是進化的。若從本質觀之,人類行為的本質卻是不變的。

人—世界的關係與相對待的過程,無法經由環境現象、他人的經驗或任一個別人所替代的。每一個「我」都只能也必須從個體本身出發,自行建構起自屬的我世界。這種本質上不可替代的過程,透發出人的主體性、責任感與自尊心。所以每一個個體,都不甘為他人所塑造、控制或取代,甚至憑藉此「不甘」,反抗於世界之本體。

人之本質,是宿命的、命定的。人之現象,是進化的、超越的。人之本質於出生後,必然導向毀滅而不復存。人之現象於本質滅度之後,卻可超越時空體系,而留存影響及於「永遠」。每一

個當代，都有奮起之人，力求人之現象的進化——創造更深刻博美的文化。且在人之歷史性，以及現象世界的交融之中，自覺其使命與文化傳承的責任。但是，當其諄諄致力於自詡的「人之改造」時，卻不知其所致力的，只是現象的超越與改造。歷史上每一個奮起之人，都只能致力於人之現象的進化，傳播現象進化的果實給眾生；卻不能明示眾生，人之本質與人之現象的分際，使得兩者混淆爲一。又令人類之行爲，在妄求「本質之超越」，或「現象之宿命」的迷惘之中，蠶繭而不得自由。不但侷迫了人—世界 Gestalt 的成長，也迫使人之現象的進化停滯不前，甚至歪曲退返。（人之本質——B-G 的改造，實爲遺傳工程學、生物學、生理學和醫學的範疇。）

二、四個場界

人—世界之於本體論中，經由人之 B-G、P-G、S-G 的抉擇，可分成四個層面，如**圖5-4**。

對人而言，本體界可思而不可及，可感而不可見。吾人只能「知道它在那裡」，而予以存而不論。哲學的任務，在於明瞭本體與現象界的相隔與限制。至於本體界的生成之理，則爲天文學和物理學的範疇。究竟而言，我們必須承認本體界的存有。不然的話，吾人所生活的現象界，即無立足之處。

本體界經由不同物種之生理 Gestalt 的自動抉擇，而出現各個不同的現象界。魚、狗、鳥、人與昆蟲的現象界，都各不相同。人之現象界大抵相同，但又隨著個體生理 Gestalt 的細微差異，而

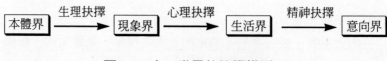

圖5-4　人—世界的抉擇模型

有若干的不同。例：機體（organization）殘障如失聰或失明者，其現象界即與正常人不同。現象雖然受限制於本體界，現象界卻可以改變或進化。因為現象界的內容，是由個體之生理結構所行決定的。不過，更進一層的深究，現象仍是命定的。當我生而為人之時，我就是擁有人之現象界。除非我自殘而為瞎聾啞，以之為對命定的反抗。可是，這又何嘗脫離了本質的命定呢？

人永遠接觸不到本體界，本體界的存有，只能被思維。人類的處境就好比「金手指的國王」。這國王（任一個體）以其手指（個體之生理Gestalt）所接觸的一切（本體），都變成了金的（現象）。甚至於觸及他的女兒——其自體延伸之總合，實即國王自己——也變成了金的。這是人類的自省，反身自我觀照時發現的一大難題。最值得思維又令人痴迷的是，人類的一個天大的窘境——國王敢不敢直接觸摸他自己。這是人類對其自身存有之哲學思維，最大最根本的難題——必然的苦痛。

現象界經由個體（不同的）心理Gestalt的自動抉擇，而呈現給我世界各個不同的生活場。每個人的生活場，彼此間是差異的，或也有些共相。個體自身之生活場，隨著各個苦樂之際的動機、情緒之變化而變化。但是生活場的遞變，卻仍脫離不了現象界的限制。因此，以心理Gestalt為生活中心者，內心的根本意識仍為——人是被限制的。因而陷身於P-G的限制裡，只知道逐樂避苦的過其一生。

生活場經由個體（不同的）精神Gestalt的主體抉擇，而呈現給我世界各個不同的意向界。意向界可凝固留存，也具備超越生活場、現象界和本體界的能力。在人之生活中，占有最高級的指導原則。

人於現象界，以個體之生存為原則，並以個體為中心，開展出各自的宇宙觀——時空體系。所以自我中心式之我世界，和求生存之本能（因為其本質所命定，故稱之為本能），成為人類生活

最原始的根本基礎。

人之於生活場，以避苦趨樂為原則。避苦，是求生存的衍伸。趨樂，為延續生命的衍伸。避苦—趨樂之間的行為轉化過程，即為心理Gestalt的運作功能。佛洛依德所謂「死之本能」，其實是避苦原則於生活場與現象界的命定，所導致的極端反向行為。「人性本懶」和「工作人生」的指標，可說是譏諷卻也是事實。此二者皆為快樂原則，於生活場與現象界之命定限制下，變通式的運作方式。

人之於意向界，以絕對的意義性和衝創意志（創造力）為原則。在人的機體功能結構裡，S-G⊃P-G⊃B-G。意義性之所及，苦樂與存在原則都可棄而不顧。S-G占有時空，又超越時空。衝創意志之所及，即透發出人類的自由性與仁的道德性。

總之，在人—世界的系統裡，最重要的前提是——現象於此四個層次的歸類定位。不論是物種之間行為的比較，或是物種之內行為的研究，都必須在確實的定位之後，才允許繼續探討。否則的話，把四個場界混淆為一，再把欲討論之行為放進去「研究」，當然是衝突、矛盾而錯誤百出了。

三、人與物

中國神話的資料裡，諸神的形象都為人獸之混合。例如：女媧為人首蛇身，神農為牛頭人身，勾芒為人首鳥身，英招神為人面馬身虎紋鳥翼。人與物的關係：有人化為物，例如：女尸化草，塗山女化為石。有物化為物，例如夸父棄杖化為鄧林，蚩尤棄桎化為楓林。有物啟化於人，例如：禹母吞薏苡生禹，舜母感大虹生舜。都暗示了，人物相通的關係。幾乎每個種族，都具有圖騰文化的歷史。圖騰文化所展露的，即為物性→人性的過程。圖騰託生神話的普遍存在，所暗示的不僅是物種→人種的演化觀，也暗示了物性→人性的攝入歷程。就宇宙論和本體論觀之，物與心

皆為能之展露。就現象界而觀之，一為能之凝聚，一為能之凝聚後的功能性運作。「民吾同胞物吾與也」的理念，即為P-G與S-G於其B-G與時空本體的返身觀照。

人與物的關係是極為親密的，所謂「仰則觀象於天，俯則觀法於地，觀鳥獸之文與地之宜，近取諸身，遠取諸物，於是始作八卦，以通神明之德，以類萬物之情。」以「天行健」──物的現象，來促勵人──「君子以自強不息」，當作人類生活的準繩。人類運作其P-G & S-G，在森羅萬物的現象之中，攝取──「天之性」，再與之相合拍。而今，更深入於物的本質之內，一方面增益人類的生活，一方面將人之意向性，指向本體界──「能」的真相。

人與物的相融或對抗，正是中西哲學的分野所在。微視分析和巨視分析的方法論，運作於人之現象（尤其是精神），開發出人之哲學。二種方法差異的分配量和處理對象的重心不同，則有東西方哲學之別。人與物的相融或對抗，誰對誰錯呢？以人類的歷史為實驗過程，實驗的結果會告訴我們答案。

物質科學的高度發展，成為今天人類生活的主流（至少在表象上是如此，且此表象無法逃避，除非個體逃至深山或原始叢林）。人──物的關係，卻逐漸地暴露，而威脅人類的生活。人類可以隨心所欲地買他需要的或不需要的任何東西（物），只要他有錢。也可以隨心所欲地拋棄或打破任何東西，因為：損失的也不過是幾個「錢」而已。人──物的關係，已被人──錢的關係所打破並取代。所以才會有「購物狂」、「疏離的消費者」……等現象出現。垃圾，其實可以不必那麼多的。人與物的疏離，用完即丟的紙杯、紙衣、罐子……，甚或視「物」為「用完」即可「丟」的「廢物」，製造了超量的垃圾。人類面對這些垃圾時，除了為處理的問題煩惱之外，還應該想到些什麼呢？

用完即丟的方法論，使得物變成了垃圾。更嚴重的是，物性→人性的主動攝入，是人類P-G & S-G的運作功能。於是乎，人

與人之間也就產生了用完即丟──人變成垃圾的現象出現。因此，在人─物相對待的基本關係型態上，人─物之對抗已暴露其缺點。或許人類應該在微視分析於物的繼續運作下，將人─物的關係修正為「物吾與也」，人─物相融的東方模式。

四、人與自己

　　人與自己的關係，是本體論自我思考的一大難題。個體凝視鏡子時，除了鏡外能思的我外，還有鏡內形象的我；形象我的瞳孔之內，又有二個無以名之的我（或稱為精神我）凝視而回。再又發現，鏡外的我以及鏡內形象的我，都只是所思的我。我們習用「一」個人，來稱呼自己。可是人於自省之際，卻又發現B-G、P-G與S-G，都各自領有一個「我」。這三個「我」都各自獨立，卻又相互交涉結合為一體。

　　人在本質上，是三位一體的存有。形上學對人之本質的通透認知，是個體自我了解所必經的第一步。所謂「人格解組」，即為人之本質三位一體的破壞。變態行為裡「多重人格」的出現，其於人之本質與形而上的基礎或在於此。若只把自己（人）看成「一個我」，則於人之展露時，這「一個我」所感受的錯綜、矛盾、荒謬不解……等「事實」，也就不可避免了。在「一個我」的前提之下，除非個體不作深刻地自省，否則個體不得不趨向自我矛盾、自我排斥、自我否定甚或自我毀滅的途徑。所以每一個我，於我世界的自省，以及與其他我世界的交涉之時，都必須對人之本質──三位一體的我，有透徹的了解，才不致自誤誤人，而有害於人之現象的演進。

　　事件，為生活場中具體的認知內容。事件本身，是沒有意義的。「空……因緣所生之法，究竟無實體。」這句話來形容人─事件的關係最恰當不過了。事件之所以有影響力，是個體於事件發生之前、之中與之後，對事件認知時所賦予的。人於生活場中對

自己的認知，經由時間性與空間性，可分為三個層次，見圖5-5。

A層次的人以過去事件的經驗，檢規範現在事件處理的原則與成敗的期望。或以未來事件失敗的可能性，來規範現在事件的處理原則與價值。A層次的人，喜歡以過、未二相的因果論，來活在「虛幻」的現在。

B層次的人，是歸因論者。總在事後才依成敗，進行內外在的歸因。事件發生的「現在」，卻大都懵懂無知而隨外力遷動。

C層次的人，不執過、未二相，而當下即是地生活在here & now。了解當下人之H-G與〔H-G〕的對話，才是真實的自己與真正的價值；不先驗於過去歷史之因果，也不歸咎於環境之變遷。C層次的人，觀照與承認每一個當下的我，為自己當下的行為「自負全責」。小團體動力學（例如：T-Group），所能致力之處，首在於三個層次的認知，以及B層次的凸顯與運作。即here & now的self awareness上述本體的對話，則為leader 的職責所在。

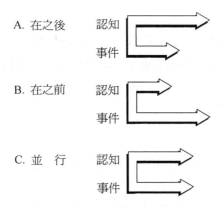

A. 在之後　　認知

　　　　　　事件

B. 在之前　　認知

　　　　　　事件

C. 並　行　　認知

　　　　　　事件

圖5-5　自我認知的時空模型

人性論

　　古今中外的人性論史，不外性善、性惡、有善有惡和無善無惡四大類。這四種論說不是弊於此，就是失於彼而雜沓混亂。總而言之，則爲對人之機體結構，B-G、P-G & S-G的無知與混淆所致。小團體動力學的人性論，先肯定──人之本質爲三位一體的存有，再由B-G、P-G & S-G三個層次出發，在人─世界的本體基礎上，建立一個完整而具體的眞正人性論。

一、定位

　　遵中庸、易傳而生的「天地之性」，循孟子仁義內在而發的「善心之性」，以及由告子而歸流於程朱的「氣質之性」；就如牟宗三先生所論，代表中國人性論的三大主流。其實，這三種論法分則皆誣，合則全善。天地之性，配對S-G而生。善心之性，配對P-G而發。氣質之性，則配對B-G而出，如**圖5-6**。

　　氣質之性植根於現象界，善心之性抽芽於生活場，天地之性則於意向界返涵生活場與現象界。「人心不同各如其面」，這個人

人之整體	天地之性	→S-G＜意義＞＜超越的＞
	善心之性	→P-G＜苦樂＞＜轉換的＞
	氣質之性	→B-G＜生存＞＜基礎的＞

圖5-6　人性的格式塔模型

心指的即為氣質之性。天地之性為物質——「能」的普遍原理，不具差別相。但於人之主動攝取過程，天地之性落實於人之機體結構時，卻因生理結構、優勢Gestalt與其型態的差異，使得氣質之性各具殊相。但這殊相之內，又因人之生物設計的共通性——個體於現象界絕對疏離的基本現象，使得氣質之性以自我的生存——絕對的自我中心定位——為其基本原則。致使人於氣質之性可能相似，卻難以相融互通。人與人之相融互通，只能在天地之性與善心之性完成，所以人之向上提升的過程是為必須。

自我中心定位的思考與生活樣式，是每個個體必然採取的途徑。當自我中心定位消失、混淆或自我擴散於全體時，輕者呈現矛盾、衝突或冷漠、封閉的苦痛；重者則呈現病態異常行為，我世界與人格解組，或人—世界變態地彼此擠壓與圍迫。真正的愛戀裡，個體必然經歷「絕對脫離自我」的過程。此時個體會極易被傷害，而有「自己消失」——「自己在對方之內死去」的感覺：這是我世界之自我中心定位，被對方的自我取代所造成的後果。可見自我中心定位，是人類自我防衛的發源所在。

二、B-G與自卑

人類最普遍、最根本、最原始、影響深遠而又隱藏得最隱密的，也是最初、最後、最內裡、最深層的「自卑」，即起源於氣質之性——個體對自身「機體狀態」（生理機能）之殘缺或無能的自識。初民的社會中，人類的P-G & S-G還無法功能性地運作，所以也還沒有高級的文化出現。此時純以B-G為社會的基質，在爭取自我生存的動力之下，使得人與人之間呈現出「優勝劣敗、物競天擇」的社會律。亦即，以B-G的強度——肌肉能的強弱，模塑出人之社會最原始的權力體系。這種生理權力體系下的個體，其社會行為的表型，則出之以自我防衛和攻擊。每個個體都必須向世界（個體本身之外的一切）展露其能力（肌肉能）——I-Can，以

證明「我是存在的」及「我有存在的能力」。當個體無法展露其能力，或於生理機能的競爭中處於劣勢，被其他個體所打敗而為弱者。此個體的生理Gestalt則呈癱瘓或無能狀，而於心理Gestalt自識為「自卑」──我是不適宜存在的。所以，自卑於形上學而論，實為個體於我世界的破產，以及人──世界關係的瓦解。

只要具備有B-G，就必然存有生理的權力體系，也必然會擁有自卑。人類雖然運作其P-G & S-G，而開展出高級的文化。使得人際社會的權力體系，變得五花八門多彩多姿，例如：金錢、學問、年齡、職級……等尊卑長幼的權力體系。但是，此些文明的權力體系，只是超越性的涵蓋而已，未曾也不能消滅原始的生理權力體系。

對每個繼起的生命而言，世界都重新開始，也和他一起成長。只要B-G存在個體之內，人永遠是自卑的。一個幼兒的成長，必然遵循B-G→P-G→S-G次第而進。所以最原始的（生理的）自卑，必然模塑於兒童的發展過程。而小孩子發展過程中教育的功能，即在於「文明性」權力體系的有效建立。

個體若在發展過程中，有效的建立起文明的權力體系，此權力體系的美稱即價值體系，則個體可將其自卑與生理權力體系，隱蟄於自身的現象界之內。並於生活場中轉化為社會型態出現，且以自身所選定的文明的權力體系（價值體系）為對象，而以之為終生追求的目標。一方面以此權力體系的成功（勝利），自證其存在性與能力。一方面又以之為遮蓋或補償其原始的、內存於個體之內秘密的自卑。

自卑的表現形式相當的繁雜，文明權力體系所產生的各種自卑，都只是次級的、表象的自卑。對個體本身而言，這並不是最重要的，這只是藉口或掩飾。其所最為關注而不為人知的，還是歸結於個體在現象界的原始自卑──生理Gestalt的無能。人們所以會賣命的在文明的權力體系中奮鬥，原因即在於：這是個體存

在於世界的最後競賽與掙扎。

三、競爭

　　個體若在發展過程中，未能建立文明的權力體系，或於文明權力體系中，遭受現象界或生活場中人為或環境的嚴酷逼迫，或是文明的權力體系，已無法解決其所面臨的困擾，則就如：小孩子打架，「不良」成年、青年、少年的暴力行為、黑社會幫派比狠械鬥和世界大戰中人之現象的展露，一概皆以原始的生理權力體系為運作的原則。也因此，於此些現象中的個體或團體，其自卑都暴露得極為明顯。更因為此原始自卑的暴露，使得個體或團體間不接觸則已，一接觸則必然觸及雙方原始的自卑，直接威脅於個體或團體的存在性、安全感與能力，所以易於（必然）導致緊張狀態的崩裂。

　　對於人類行為的調適與生活難題的解決，專業性或非專業性的援助者，不必對其生活場之行為現象或純理念邏輯多作探索。而應直接由here & now出發，深入其自身機體狀態的自我觀念和評價，對其原始生理權力體系的發展狀態，作歷史性和整體性的了解，即可取得「病源」。此病源，通常是個體對「人性中必然的自卑」，無法予以正面肯定和積極地利用（如：結合於愛或孤獨而巧妙地激發出創造力），而予以否定或逃避所致。當然，於上述的助人過程中，個體之間專業或非專業的助人關係之建立，建立穩固而深切之形上學的助人關係(詳述於社會心理學諮商理論)，是必須的先決條件。否則的話，甫接觸即切入對方的存在本體，助人行為必然遭受強大的抗拒，甚或導致其更深一層的自我否定與逃避。

　　個體B-G求生存的能力，所展露於現象界的基本行為，即為防衛與攻擊。人類之表現欲，所要表現的即為個體的能力。個體之B-G與P-G結合，於P-G有表現欲的驅力，使得B-G可以不受限制

且有助力的，表現其能力以自證其存在。肌肉能和傳動器官的強健，爲原級表現欲的內涵。人類演化至今，又於文明中發展出次級表現欲——即所謂的自我實現，並以肌肉能和傳動器官的健美（例如：選美會、健美先生、體育明星、運動會），或P-G & S-G的運作功能（例如：角色、道德、工作、才藝……之成就）爲內涵。

「競爭」的深層意義，是個體間誰具有「更適宜生存之能力」的比較與證明。肌肉能強弱的比較，是最基層最原始的內涵。個體的發展過程，兒童—少年期首先接觸的，即爲這種原始的肌肉能競賽。輸贏之間往往影響及個體的一生，表象上是面子或自尊，而內裡卻是「不如人」——我是不適宜存在的→我沒有存在的能力→我是不存在的。

文明的權力體系建立之後，原級的肌肉能競爭也隱蟄於個體之內，而以社會所允許的次級文明性來競爭。所以運動會、競賽性的遊戲和種種的比賽，或公開或秘密的，存在於人類社會，也爲人們所喜好。這也就是面臨比賽時，個體會部分或整個興奮起來，而有極端「異常」之趨避行爲反應的原因。

（競爭之後）個體爲求繼續生存，而以其他個體爲榜樣，學習自己所沒有的或更好的能力，即爲——模仿；或者其P-G & S-G結合，自行發展新的更有效能的能力，即爲——創造。所以，創造與模仿之爲人性之本能，實爲人之B-G爲延續其生存的結果。

四、P-G與苦樂

B-G只能命定於生存的渴求，而又令生存趨向於必然的毀滅。P-G以B-G爲基礎發展而成，卻於生之本能開出苦樂二個層面，使得個體在苦樂之際得以自由轉換，而對生滅的原則（命定性拘限）有了若干的主體性涉入。更爲重要的是，將苦樂與S-G結合，而於意向界與生活場的交涉中，開發出人的善心之性，又在

意向界中完成了仁的道德性。

　　天地之性（S-G）無所謂善惡，氣質之性（B-G）也無所謂善惡。但是「天地不仁」、「無善無惡心之體」，本體界的天命通過現象界，而落實於生活場之後，卻因爲人之要求生命的存在、延續和快樂，使得個體避免或不願意造成，對生命之存在、快樂與延續有所威脅或破壞的行爲或意識。足以威脅或破壞生命之存在，導致痛苦而無法繼續繁衍生命的行爲或意識，即稱之爲——惡。個體不願爲惡之心，相對性的道德意識與行爲，即爲善心之性。善心之性如何於意向界中，完成仁的道德性呢？這個問題留待其與S-G天地之性交涉處論述。先就善心之性所秉，P-G之苦樂原則詳細討論。快樂和痛苦，幾乎涵蓋了生命的全部歷程。幾千年來古今中外的哲學史中，人性論的發源和人性修養的方法論，都出之於苦樂二字。也因爲對苦樂未能明辨，使得數千年來人類的哲學史，一直矇著眼繞著圈子，無法到達人性之彼岸。

　　個體於母體之內，即有被包容之「子宮感」的誘導性制約學習，此爲出生前先於認知的快感經驗。個體出生後的快感原則，則經由母親長期的主動性親密愛撫、擁抱和哺乳經驗制約而成。痛苦，源出於個體產道的「出生經驗」。源於出生歷程的痛苦，絕非對子宮之快樂經驗的剝奪，而是對個體生命存在的威脅。如果痛苦只是源於對子宮內快樂經驗的剝奪，則痛苦的定義就變成——不是快樂。我問：我們可以講「不是快樂＝痛苦」或「不是痛苦＝快樂」嗎？二者之間還有「不苦不樂」的層次存在，是不容否定的。

　　人之於現象界，必然要求其於世界的存在與繼續存在，這是個體最原始、最根本的動力源頭。痛苦，是對個體生命的威脅，不利於個體的生存。快樂，則有益於生命的存在，並使存在得以延伸者。於是二者之間，遂有避苦趨樂的生活場律存在。避苦—趨樂之間的轉化過程，即爲P-G的運作功能。

我們是爲了什麼目的，而流轉於避苦趨樂之分際呢？

1.爲了追求快樂而追求快樂？

2.爲了追求快樂而逃避痛苦？

3.爲了逃避痛苦而追求快樂？

4.爲了逃避痛苦而逃避痛苦？

循上文的論述而下，避苦趨樂的本質，必然是1.和4.。但是，某些哲學與宗教思維的人性探討者，選擇了2.和3.，即以不快樂＝痛苦爲定義，而使得人性的研究陷於絕境。

避苦趨樂，是人活在生活場的基本設限。人性論的哲學思維，消極上固然在尋求避苦趨樂的眞相；卻更應積極的，提升起苦樂二極的中際，被遺忘、忽略或捨棄的——不苦不樂境界的超升。企求人於生活場的超越，而不自陷於避苦趨樂，心爲形役的反覆追求。

歷來的哲學思維，有從生命之正向入手者，有從生命之負向入手者，——總而言之皆可稱爲：痛苦哲學。此些哲學的實行者，只能一起「一廂情願」地，在意向界獲取意義性與價值感，而得到「快樂」或「欣慰」。其於生活場中，大抵都須痛苦的過日子。在中國、印度和西方哲學裡，都曾出現過少數的快樂學派。只可惜都被當權派的傳統勢力所剷除。

「幸福不是一切，人還有責任。」這句話堂皇的出自卡繆之口。也代表了傳統哲學（有史以來的大多數「正統」）重視人之責任性、意義與價值性的中心思想。可是，當幸福與責任爲雙趨衝突的存在時，人又該如何抉擇呢？傳統哲學把「人之意向性對限制的反抗」，投注在痛苦之上而企圖予以剝奪，以爲生命力趨向建設性的基礎。但是，痛苦是由本體界而現象界而生活場層層而下，所賦予人的系統性基本設限。痛苦之必然性以及不可剝奪性，卻爲論者所未見。對痛苦的反抗與剝奪，就等於對自己本體的反抗

與剝奪，必然遭受個體自身主體性的自動反抗，導致更殘酷的苦痛或自殺式毀滅。所以論者只能抓到苦痛、抓到荒謬，只能經由精神Gestalt轉化爲暗含「無奈」的，「知其不可而爲」，或是薛西佛斯式的「價值、責任與意義」，來加以理由化和自我補償。快樂與幸福也就與其生活脫離，甚至爲所捨棄、唾棄。這種「避苦不趨樂」的思想型態，以沒有痛苦＝最大快樂，作爲最終目標的哲學思維，正是東西方哲學史上一大傳統錯誤。

五、方法論之一——外字訣

　　傳統的哲學流派，都以「外」字訣爲其方法論。莊子，大宗師篇，「……外天下……外物……外生……朝徹……見獨……無古今……不生不死」之論，可爲代表。不是節欲就是寡欲，不是斷欲就是絕欲。這個欲字就是物欲、人欲、即享樂之欲。有史以來的哲學體系，就此暴露其理論的共同錯誤：論者於理念上，先拒絕快樂，視快樂爲短暫、無常，甚或導向墮落的存在。視痛苦爲長久、有常，甚且以之爲超昇向價值與意義之唯一途徑。個體爲求生命的延續，追求更美好的生活，則必須追求快樂，於此卻爲所阻斷。一方面逃避痛苦、拒絕痛苦的存有，另方面卻又以痛苦爲生命之反抗的鏢靶，視痛苦爲意義性的墊腳石。以至於爲了完成個體意義性的追求，苦痛就不得不繼續存在。對個體而言，痛苦本身是第一層的痛苦。痛苦之不可剝奪，而又拒絕其存在，是第二層的痛苦。一面拒絕痛苦，卻又一面抓住痛苦當寶貝不放，是第三層的痛苦。個體面對這些痛苦的交互、結合作用，而以痛苦爲苦痛，則爲第四層的痛苦。至此，論者才「承認」說，爲了追求精神的「最高」滿足，人生最高意義與價值的完成——眞正的脫離苦痛；則在超昇的過程中，必須接受痛苦，而由痛苦的磨礪中超越痛苦，直抵沒有痛苦的境界後，亦即獲取最大的快樂（不痛苦＝快樂）。於是，又有苦修學派的出現。而這些苦行者的生活，

當然並不美滿快樂，也當然都成爲絕子絕孫的獨身者。要談生命的具體延續（創造宇宙繼起的生命），也就無言相對及身而亡了。

傳統哲學的快樂是指沒有痛苦，卻不敢直接去面對痛苦。企求沒有痛苦，已經是致命大傷，卻又爲了拒絕痛苦而死抓住痛苦。始終不敢承認痛苦的必然存有，直到滿身巨創不得不面對痛苦了，還不死心地想「最後」將會沒有痛苦。在整個生命過程中，捨棄了生活場實質的快樂，卻朝夕憧憬著意向界「完全沒有痛苦＝最大的快樂」。於是在世界賦予的人原有苦痛之外，又以苦痛爲痛苦，而使個體主動的招惹許多不必要的痛苦。可恨的是，這些痛苦較之原有的苦痛，更令人痛苦（此所謂：自作孽不可活）。

不能接受必然的痛苦，而以痛苦爲「苦」的結果，則「自製」了另一層更深的「苦痛」。困擾人類最爲深鉅的，一直是P-G與S-G所自製的第二～n層苦痛，而非命定的第一層苦痛。但是，人類卻一直未能醒悟，自以爲是爲了命定的苦痛而受苦。一方面繼續以苦爲苦，而自尋煩惱。一方面又把責任推諸於己身之外，而把本體之自由性與不甘和抗拒，焦注於必然的苦痛與命定的限制。於是，以子之矛攻子之盾；使得有史以來，主流哲學思維所引導的人類行爲，充滿了苦痛和矛盾。

在上述的情況下，快樂之於人，已如多陽般地珍貴、可愛。可是，卻還有人會提醒你「別急」，這快樂有沒有意義？沒有意義的快樂——嗟來食，不吃。這都是對快樂本質與關係的無知，和對人之B-G與P-G的捨棄所致。必須再強調的是，S-G只能超越P-G與B-G，絕對無法毀滅P-G與B-G。精神必須落實於肉體之上，而交互於心理之中。當精神捨了肉體，兀自盤空而上時，已置人於殘缺之境，永遠也無法成就人性之美。

人之於生活場，首先要承認痛苦存在的地位與價值。「呵！（老友）你來了！請進請進，坐，別客氣！」接受痛苦，不爲痛苦而痛苦。而安靜的、好奇的、愛憐的，尤其是喜樂的觀看、欣

賞、撫觸、體會和享受痛苦。人之於必然的苦痛，就好比掉入流沙或繫滿倒刺金鈎的羅網一樣。千萬不可擅動，越動越反抗，則陷入越深受創越劇。老子「無爲」之精義，實在是慧見於此啊！

在確立面對苦痛的態度之後，人們就可以把「人之反抗」從痛苦的身上收回。將此「反抗」直接指向，世界予人之限制的超越，而非指向此限制和（尤其是）造成的「痛苦」，亦即主動性之「衝創意志」直接作用於快樂與幸福的生活。由此，則引申出，「入」字訣的方法論。

六、方法論之二──入字訣

傳統人性論所展開的方法論，談性論獨皆由「外」字訣入手，以奪中和之本，概皆無能觸及原始的深層自卑。小團體動力學形上學的人性論，則以「入」字訣切進，入二極之端以得獨，入極必反而得中和（已獨→謙虛→恭敬→體衆獨→「群」衆獨→和）。於意向界完成人之偉大，而與人之深層自卑相應相成。

人具備P-G & B-G，故展露於現象界與生活場時，不可不著相，也不可無有七情六欲。人之所以爲人，即因人有七情六欲，而運作於過、去、未三相。空心絕相與無情斷欲的方法論實施之後，即使可能，也不再是個人了。或許，不成人之後，眞的有神、佛、基督，或天使、諸魔外道等。但小團體動力學之哲學的人性論，奠基於人之B-G引生P-G，再由S-G之主體性返涵B-G與P-G，而完結於人─世界自身的超越。所以不做人以外，任何抽象的空泛討論。

論者所以主張不著相，是懼怕著相之後，爲過、現、未三世所拘而執於相。可是人之現象的展露，在時空的座標之下，卻必定有過去相、現在相和未來相。解決的方法，已於知識論中詳述，即以here & now之歷史性與整體性的運作功能，貫穿三界以求三世俱現。入一切相，顯一切相；是以明一切相，著一切相；而

不執爲現在相，不拘於過去相，不繫於未來相。（人性必然特化爲人格，人格必定再分爲角色。不固化於角色和人格，而致力於人性的回歸，即爲解決之道。）論者所以主張離情寡欲與無情絕欲，是懼怕逐情墜欲而無法自拔。但是，人之有B-G & P-G就不可無情無欲。「外」字訣離情捨欲的方法論，只能激起個體自身主體性的自動反抗。S-G絕對意義性地高壓之下，也只能迫使個體越加矛盾、痛苦。

中庸之道，明示了「執兩用中」的方法論。可是歷來言中和者，卻都捨棄執兩。不執兩端又怎識得什麼是中和之體呢？更遑論運作中和之體了。此中和之體，亦即爲苦樂二極之際的中間變項——不苦不樂的境界。個體對於苦樂的本質與關係，有深切的了解之後，不以不樂爲苦，且不以苦爲苦。故不避苦而深入於苦，不避樂而深入於樂。不離兩端而入於兩端，身執二相同時並進，則奪得中和之體，以善盡七情六欲而不逐情墜欲。傳統的錯誤在於——偏執一端或二端俱捨，或明執暗捨或暗執明捨，以致中和之道不可得而逐情墜欲。

人性論之方法論「入」、「外」字訣的運作，還須於人—物關係中討論。天行健→君子以自強不息，物性→人性的攝入過程，是個體P-G與S-G的運作功能。天地之性的成就，即由人之S-G的主動攝入而來。天地之性雖然著相於現象界，卻由意向界通過生活場的主動攝入而完成。所以天地之性具有永恆性，除了占有時間與空間之外，還能超越時間與空間，更可以返涵現象界和生活場於意向界。

中國傳統哲學思想裡，人與物並非對立存有，而是融會相通的。人生哲學追索的過程中，中國人也一直希冀著天人合一的理想。中庸之學：誠→盡性→盡人性→盡物性→贊化天地→參天地。這種盡人性而後盡物性的論法，代表著數千年來方法論的指導原則。人——世界先二分爲：人與物。因爲物不迷人，人自迷；

人迷於物，爲物所損，而毀身於物。所以要「去」（「外」字訣）物欲（物欲→樂），而後才能盡人性。很荒謬的，天人合一、物我相融的絕對哲學，卻先從「外」物開始。所「去」的既然是物欲，就該是人之物欲而非物。可是，卻又採行去物，以絕物欲的方法。極端者去了物欲也絕了物，流離爲孤零零的人，自棄於天地而不知樂爲何物。這已不是中國獨有的毛病，而是中外哲學思維的傳統謬誤。（當然這裡也就自然地發生了，「神─人」、「佛─人」、「仙─人」等模式的──化外之人──宗教與人之結合。）

　　人與物的關係，絕不可能於人性裡割離。就算必須先絕物欲，也應該在「存物」於人的前提下；棄絕物欲而不離物，才能說是「盡人性」。假設個體眞的能在盡人性後再盡物性，盡物性後又再天人合一。必須考驗的是，在其如此這般的物我相融之後，是否仍可保存人的本性與主體性？莊周夢蝶以喩物化，蝶乎？人乎？已交融而不可分。莊周夢蝶的寓言，具體的描繪出傳統天人合一的眞相。且爲所謂的「合一」提供了一個註解，亦即物化的「化」字。人可以盡人性、盡物性而物化，人化爲物，而回歸自然的本體。至此，答案也就凸顯而出了。所謂的人物相通，竟是人化物，人與物齊一於物，相合於物。人呢？別人不知道，莊周自個兒也不敢承認：蝶乎？莊周乎？這種視人爲物，與物相齊而諧通於本體界的哲學觀，是抽象的非人本的哲學。本體界於人是不可觸摸的，人只能生活在現象界、生活場與意向界。人的哲學必須是人性的，只有發軔並歸結於現象界、生活場與意向界的哲學，才是眞正的人本哲學。

　　小團體動力學的人性論，是眞正的人本哲學。先肯定人─世界於四個場界的限制和優缺點，再以優點來援救缺點而超越限制。絕非以缺點的割除與限制的毀滅爲目標，而自作孽自招苦痛。所以，採取「入」字訣爲方法論，不避物欲而深入於物，以人入物而非以物觀物（二程之學：明道、伊川，即爲以物觀物）。不離

人性也不離物性，兩端同時並進，則可於人欲—物欲相制衡之巔際，奪得中和之道而不失人之主體。所以會墜逐於物欲，都是因為棄絕物欲之不得，或是逐物忘人之故。在通透地了悟人—物關係的本質之後，不離人、物同時深入於人、物之內，自可達情遂欲而不逐情墜欲。善執苦樂二端，深入人物二極，以奪中和之體，是人性之方法論的第一步功夫。至於第二步功夫，苦樂兩化，人物相感合的超越境界，則於「愛」裡完成。

七、S-G與自由

　　人之B-G於現象界的運作，使得人之自卑為必然的存在。內存於人的深層自卑，只能給予肯定，而不可予以剝奪。自卑的超越，則由S-G於意向界裡返身涵攝而完成。尼采所以躋身人性的巔峰，即因其於人性中提升出意向界的內涵——衝創意志（will to power）和「偉大」。衝創意志即為人之創造力本身，就是「自由」。偉大，亦即為天地人三才裡，身處天大、地大之中的「人大」。二者總括而言，即為印度奧義書中所謂的「我就是梵」，也就是中國佛象的「禪」，更是儒門孔子的「仁」。

　　B-G、P-G與現象界、生活場的相對應，都在本體界的拘限之下，產生了許多的限制，使得每一個人—世界，都無法逃避這些命定的限制。人的S-G卻於意向界裡，經由對物性的攝入，和對現象界及生活場的反身涵攝，而開展出天地之性。天地之性融於意向之流中，則透發出人之主體性的具象展露——衝創意志，即為人之自由性。人就拿這個自由，來超越命定的限制。自由並非打破或消除限制，亦非人之不甘與抗拒限制的過程，而是在世界的限制之下，經由其不甘與抗拒（為必要非充分條件）而成就的人之主體性超越——愛——超越了世界予人命定的限制。這主體性超越本身，即稱之為自由。而這主體性超越本身，唯有也只能落實於「愛」。也因此，我們敢於宣稱人類唯一的自由——愛。

人並非盲目的反抗限制，人要求自由更要求限制。因為沒有了限制，自由也就無從展露了。而自由又必須展露，否則個體無法自證其於世界的存在。因此，人要求控制也要求被控制，要求擁有也要求被擁有。但是，這些理念與行為的展露時，卻須根基於一個基本的前提——愛（主體性超越本身）。愛，也於此透發出其基本的內涵：絕對的自我與絕對的脫離自我。人之B-G的自我中心定位，於P-G與S-G中透發出人之主體性，在行為與理念的具體表現，則成為「絕對的自我」。為求主體性之超越的自由，人又相反相成的主動尋求自由之限制，而透發出「絕對的脫離自我」。此絕對脫離自我，則以愛的對象為其現象界存在的中心定位；以對象之主體性，取代我之主體性。人之機體結構（B-G、P-G & S-G）展露於愛之中，則凸顯為「性」（sex）與「意義性」二大主題。絕對自我與絕對脫離自我，相生而相對的運作——性與意義二個層面，則完成了愛的整個內涵。

人於生活場中，主動要求社會以及他人的限制。他人與社會，也都主動或被動的給予限制。但往往因雙方或某方缺乏愛的基質，而使得人際間欲進不得、欲退不能，痛苦矛盾衝突於焉茲生。

對兒童的我世界而言，父母親就是世界，就是世界之限制本身。所以親子關係之間，對於人—世界中自由與限制之本質的了解，是不可欠缺的。某些反傳統打罵教育的新式教育法，把父（母）—子（女），關係降格而趨於朋友關係，把限制儘量的裁減，已犯了人性本質上的錯誤。等小孩哭喊出「我恨我爸媽，他們從來不打我罵我，我好想讓他們打讓他們罵，可是……」，等到小孩子以自由抗拒「自由」的時候，才來瞠目以對，也就太遲了。親子關係與教育的形上本質，即奠基於此。

天地人三才而人居其中，天大地大人亦大，這是中國傳統生命哲學的睿見。在了悟人與時空的宇宙論，以及人與世界的本體論之後，才能夠真正的知天、知地。在了悟三位一體之人性論與

知識論的本質之後，才能夠眞正的知人。知天知地而知天大地大，這時候人以自卑相對應而渺小如「鬼」──人小。知人以後，人物相通天人合拍而入於天地之內，再超昇於天地（世界）限制之外，才能夠眞正的知人之大。知人（自己）與天地同大之後，才能展露人之大，人之天大，人之地大和人人之大──每一個不平凡的你。能夠展露人人之大的個體，也就是佛家所謂的「成佛」。於是人之偉大，也就在意向界裡完成，而落實於生活場的具體運作之中，且與自卑相對應而超越之。

若以神學和宗教的概念觀之，則意向界中人之偉大，對應於所謂「神」的位格。現象界之自卑，對應於所謂「鬼」的位格。至於生活場中人之限制與「有所待」，則對應於所謂「人」的位格。「神」「鬼」「人」三位合一，而爲眞正的人之整體，是爲宗教於人之本質的完成，所應致力之處與眞正的價值。人之P-G運作於生活場，展露爲善心之性。從自我中心的我世界，推己及人於每一個我世界，再向上提升攝入於天地之性中。在展露以人人之大和愛的精神之流中，使得個體與天地同心，與物人同命，而開創出絕對超越之「仁」的道德性，（牟宗三先生亦言：「以我這幾年來的體悟，孔子的仁，就是『創造性本身』。」）此即「我就是梵」與「禪」的奧義所在。

八、理念與行爲

人性內涵之存有，與行爲外顯之展露，二者之間存有相當差距。精神Gestalt返身涵攝心理Gestalt 和生理Gestalt之後，凝聚於意向之流，而爲個體內存與自識的理念（意志）。這個理念或意志，於生活場的具體展露，即是人之行爲。但是，人之內存理念與外顯行爲之間，卻有不一致性存在。理念與行爲之間，總有部分的差異，甚至有完全相反的現象出現。不但於個體自省時，帶來極大的困惑。人際之間更是誤解叢生，導致許許多多的衝突。

當個體主訴：「我心裡是想……是為了要……。」另一人則斥責以：「你別解釋了。你說是這樣，可是你表現的行為呢？根本就和你所說的相反，你分明是……」或是「不管你心裡怎麼想，大家都看到了，這就是事實。你還要怎麼解釋，還想自圓其說嗎？」上述的現象，在人際交涉的過程中，出現率機達百分之百。公說公有理，婆說婆有理。到底誰對了？誰又錯了呢？如果都是對的，那麼「誰」錯了？如果都是錯的，又是錯在哪裡？為什麼雙方都堅持，他是有理的呢？這個難題已困擾了人類幾千年，而一直無法解決。我們應該相信對方的理念？或是相信對方的行為呢？人類幾千年的行為史，已肯定的證實了：人之理念與行為的不一致性。理念與行為之間，何者才能真正的代表個體呢？這是解開現象之謎的金鑰。

理念是為人所自識的，行為也是為人所看見的。理念→行為之間，卻硬是有差距出現。這個差距的出現，顯示了人之展露的過程中，有人所不知的變項存在。這變項可能間接來自環境，但是此變項絕非環境。環境並不直接作用於行為，環境因子仍須進入人之機體結構，在B-G、P-G & S-G的交涉過程中，凝聚為人之理念再外顯於行為。所以，這變項可能是存在個體之內，且不為個體之here & now所覺知。

個體here & now所自識的理念，並非控制其行為的全部理念。這個here & now所自識的理念，就是個體之「理念我」或「已知我」。個體之內的變項，即為「未知我」。展露於行為，則為「行為我」。個體在其行為欲發而未發，或已發而未至之際，理念常有「瞬間」改變、伸縮或轉化的現象出現。而此瞬間的遞變，卻常不為個體所知覺。因此，未知我涵攝了：(1)不被知的理念我，包括：遺漏的、壓抑的和不被選擇的理念我；(2)未知我。

個體自識的理念我，並不全等於人之存有的整個真面目。但對個體而言，卻以「其所自識的本體狀況」為其「存在」。此「存

在」對外界觀察者言，或只為部分真相的存在。但對個體而言，此「存在」卻是唯一具體而真實的存有。人類於我世界四個場界主體性的運作，即憑藉此自識的理念之意志我。這也就是人類能在動物演化史上，卓然獨立於巔峯的原因。因此，我們必須尊崇人類，自識之意志力的尊嚴。只有自識與意志的我，才是真正的我。

理念我是意志的我，未知我是非意志的我。人類應否對其非意志的我負責呢？就個體之內的自省而言，人應該對其非意志我負責，為的是經由此而超越本體的限制。若於個體之間的交涉時（責人），則不應該要求對方為其非意志我負責。尤其是不可以其非意志我，來接觸、指責甚或否定其意志我。不然的話，人之意志力的尊嚴，以及人之主體性的存在，也就毫無價值了。

已知我和未知我，是人之行為的內在本質。外顯行為，只是人之本質的表象。行為我並不全等於：已知我＋未知我。行為我是已知我和未知我整合而成的Gestalt，所展露於現象界與生活場的表象。行為我不但無能代表人之本質，更且包含了非意志我（不知我）的成分。理所當然，行為我也該予以「存而不論」，絕不可以行為我來否定理念我。所以在人際交涉時，應將對方之行為我存而不論，而承認對方的理念我，並採信為評估與相對待的標準。

一直存於人際間最大的難題是：個體以理念我自取，而以行為我取人。人之意志力的尊嚴，是人類巍峨扶起的殿堂，很堂皇也很脆弱。人們一邊想盡法子，抬舉意志力——存在的象徵。卻一邊兒以自己的理念我，去攝取他人的行為我，再用他人的非意志力，去否定他人意志力的尊嚴，否定他人的真實存在（理念我）。於是每個人都是「我是對的」，每個別人都是「你是錯的」（只有一個例外：就是愛，生活在愛裡的人，即使不知理念—行為的真相，卻也能不論對方的行為如何的改變，都絕無反顧的相信對方的理念我）。

所謂「從本未有自現迷爲境，由無明故執自明爲我。」正是人類於此的最佳寫照。只要對理念—行爲的關係本質，有了通透的了解與認知，人之理念我所犯下的傳統錯誤，也就可迎刃而解。人之現象遭遇的難題，自可消失於無形。必須注意的是，理念我易生偏執，變成先驗、刻板的固定模式，而又變成「故執自明」的我。所以，必須把人之意志我，發展爲here & now的理念我。這樣子個體的理念我，才可能貫通人之歷史性與整體性，才可能察知「瞬間」的理念遞變，而爲眞正主體性的我。

　　未知我和已知我的關係，到底怎樣子呢？筆者的假設圖示見**圖5-7**。

　　亦即：個體於人—世界之自我成長，是由未知我趨向已知我的過程。隨著個體的成長與人類的進化，已知我越多，未知我越少。但是，每一單位的已知我之內，仍配對有一單位的未知我。或許，可以把未知我分成二種，一種是尙未自識的已知我，一種是不可自識的未知我，人類之自我成長，可及於尙未自識的已知我，但能否及於不可自識的未知（不知）我呢？

　　個體深入於本體的形上思維時，他不得不承認，理念我並不絕對眞實，也不絕對完滿。人，還有未知我的存在。他知道不以行爲我否定理念我，也不以理念我否定行爲我。可是，他要如何把握理念我與行爲我的不一致性，而由此透入人之本體的全貌呢？未知我，或許即爲「人之秘密」所在。我們唯一肯定的是，對任一個人而言，於此未知我的探索，都是極端痛苦的經驗。而

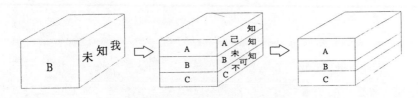

圖5-7　未知我的三合一模型

此痛苦，即源於對理念我的當然否定。以上所謂理念我，即爲
H-G。所謂未知我，即爲〔H-G〕。所謂行爲我，即爲（〔H-G〕，
H-G）或（H-G，〔H-G〕）。爲了行文的方便，故只在此作爲按語，
彰明全文的一致性。

　　爲了完成人—世界最眞切、最根本的超越，任一深入於人之
本體與形上之思維或行動者，都無法自制的，不得不投身於人之
秘密的探索。可是人之秘密接觸的過程，卻是人之存有最根本、
最深刻的苦痛——存在的剝奪。「當下即是」與「here & now」
的方法論，可以幫助我們一窺人之本體的全貌。若要深入其內而
又貫穿其外，把人之秘密的探索變成喜樂的經驗，並眞正具體的
在人—世界之中，完成絕對的超越的話，「愛」是唯一的法寶。

第六章
小團體動力學哲學的實踐

生命論之一：愛與家的形上學

生命論之二：愛的原理

生命論之一：愛與家的形上學

人於我世界中的具體存在，可分為三個位格。第一個位格是「自證」，第二個位格是「他證」，第三個位格是「互證」。「人—世界」的關係中，每個人都必須先「自證其本身的存在」。自證的方法——在B-G層次上，須經由生理的肌肉能的展露。在P-G和S-G層次上，則須透過「給予」和「接受」二種形式，展露其存在的「能力」。我有能力給予，更有能力接受，亦即我有能力存在於世界的保證。

個體「自證其本身的存在」之後，還不足以把人—世界的關係，緊密的結合在日常生活裡，他必須再尋求世界的認證。在世界對其給予（能力）的接受，以及主動的回饋之中（回饋於其接受之能力），經由世界的承諾而證明他的存在，以及存在的價值與必然性。(註一)

一、第一位格

第一位格的存在，是個體自我中心定位的自我展露。一種人之主體性——孤獨的存在，一種由內而外的掙扎與崛起。低層次者，已經陷身此位格，自我中心定位的限制裡；就如所謂「內在引導型」人格，或是所謂「自我中心」的自私自利者。高層次者，可將其意向性焦注於其現象界，使得個體自我展露於其現象界與意向界結合的結合體。高層次者於此位格自我提升的過程，只成就了不假外求的「人大」，而未能成就「人人之大」。不可避免的，必然進入（透入本體之內）人最深層的——孤獨。而此高昂不假外求，毫無所待的孤獨的人大，卻只能存於個體之現象界—意向界結合體。個體若欲進入生活場展露其人大，立即相對的彰顯出

人人之小，必然遭受生活場的強烈排斥。

此一位格，雖可超昇個體進入人之祕密的內裡，自我完成人性中深刻的層面。可是，卻無法自如的進出人之祕密，以及整個的我世界。除非個體願意孤獨一生，將我世界凝縮於其現象界意向界結合體；否則如尼采者，這般偉大的心靈一旦展露於生活場，一旦與他人交涉於生活場中，「露才揚己，怨懟沈江」是無法避免的。歷史上有許多偉大的人物，都自我完成於此位格之內，可是都不得不孤獨終生含恨而去。「天才是寂寞的」，少數人及身而名世，大部分卻只能死後揚名。人於我世界的展露，終須落實於生活場之中。是以，第一位格的存在，終究是不完滿而是「有所待」的。

二、第二位格

第二位格的存在，是人類最普遍也最「具體」的存在。自我落實於生活場之後，才算是自我與我世界的真正結合。為什麼那些自證人大的孤獨者，不願、不能、不敢或沒必要，踏入第二位格的存在——生活場之中呢？深植於自卑、孤獨與人大的苦、難，足以促使人之存在，更真切深刻與肯定。只有美好安樂的生活，才能夠真正肯定人之存在，而延伸生命於永遠。所以，人類必須進入第二位格的存在，於生活場中獲得世界（個體之外的一切人、事、物）對其存在的認可與主動回饋。不被給予而期待接受是痛苦的，不被接受的給予更令人無以自處。個體本身，儘可主體性的去包含世界，向世界宣稱：我給予世界一切，我也接受世界的一切。可是，誰也無法保證（控制），世界是否會回答（被動或主動的回饋）：世界也給予你一切，世界接受你的一切。

當世界所回饋的答案是否定時，個體遭遇的是無窮的苦難。除非「他逃回」其已凝縮的我世界，否則其存在仍然無法延續，甚至為世界所阻斷，而於生活場中帶來極大的困擾——這些困擾

是多麼的（荒謬）無意義啊！唯有世界給予絕對的肯定，被接受也被給予，個體才能獲得生活場中真實而具體的快樂與滿足，才能擁有美好安樂的生活，生命才有繼續延伸的可能。

「偉大的思想家，總是遭到平凡頭腦的反對。」（愛因斯坦）從來沒有一個時代，其在世存有的每一個體，都能成就人大與人人之大。絕大部分的個體，都只停留在人小——自卑之內。而於面對世界之命定限制下，使得天大地大唯人緲小的心態產生，終於墜入宗教中「神」「鬼」對峙的局面。「人大」之人對於「人小」之人而言，是不可思議的、荒謬的，具有魔力、殺滅力、毀傷力，是不可能也不應該存在的。人小之人面對人大之人的時候，他無法抗拒的想去趨近人大之人，卻又「為了感到自己像『處在奴隸狀態』而動怒」。也因此，完成第一位格的人大之人，必然遭受普遍存在於第一位格，尤其第二位格的人小之人所「一起」否定。這些人的否定，雖然不能代表真正的真理；可是，這些人卻代表著生活場——世界。所以，「孤獨的偉人們」，似乎也只能徒呼負負了。

我，是個體自身可以控制的，個體可於第一位格的存在，完成自控的主體性的我，而為自己真正的主人。可是世界呢？世界的主體，是共世存有的、所有的每一個個體。而每一個體，又在自我中心定位之下，焦注於其「我世界」。其他個體的我世界，是不同、不能也不該被控制的。對於他人我世界的控制，必然遭受他人（自識或未識之）主體性的強烈反抗。只有在愛的關係下，才有可能相互關懷對方的我——我世界，而願意把對方的我，定位於我之我世界的中心。

此與身處原始或文明權力體系中，不得不交付出自我或我世界，而為對方所控制，是完全不同的。許多人（尤其是女人）受限於文化條件的影響，常在婚姻中將自己的自我或我世界交付配偶所控制，虛空之代償性價值關聯，終將造成自我之喪失與我世

界之破滅。

可是，人際間的愛與關懷，卻不是一蹴可及的。基於人性之必須的異性愛——愛欲之美的成就已相當的困難，遑論人人之大、「仁」的展露及民胞物與之愛的完成。更何況，有些個體連自愛都無法成就。「四海之內皆兄弟」，人際間的內涵是友愛。友愛以至民胞物與之愛，必須中介於愛欲之美的完成。而愛欲之美，又能於何處發生與實踐呢？答案是——家。

三、第三位格

第一位格的存在與第二位格的存在，都只是「獨一」的存有，只具「一身」而有所待。第三位格的存在，則「身外化身」，一化為二，二又成三。一體三位，三位一體而無所待的存有於世界。在愛——愛欲之美（指男女之愛、戀愛）裡，雙方都以對方為中心，以絕對自我為形，以絕對的脫離自我為基（所以「我的」比「我」更重要），使得對方的主體變成了我的主體。由於相互的主體性，又使得我的主體變成了對方的主體；以我的主體性運作對方的主體，以絕對的自我表現絕對的脫離自我；既化身為對象之主體，而又不失自身的主體性；故「一化而為二」，自由進出於雙方的我——我世界，而又主宰之。相互主體性的具體結合（精神之愛與性愛的具體結合），又使得二個相對的「一化為二」，又絕對的「化而為一」。此「一」，不但不等於原來「一化為二」裡的一或二，更超越此有所待的一或二之上，而為：絕對超越，完滿自得，無內無外，無所待的「三」而存有於世界——完成第三位格的存在。

世界之於人，是可思維、可感受、可觸摸而不可控制的。世界之於人，似乎相當的真實而具體，卻又因太龐大、太真實的命定限制，而無法自由進出其內。個體唯有於人之中抽離出——我，於世界之中抽離出世界的代言人——戀愛的對象（此世界代言人

之選擇，操之於我，而不失個體之主體性），以愛欲之美結合於家庭之中，而成就第三位格的存在。

四、愛與家

這時候，愛與家於形上學的地位，也就凸顯出來了。家成爲人—世界的中途站與結晶，愛則爲家的主體，如圖6-1。

個體於現象界之自我中心定位，透發於生活場中爲絕對的權力欲。「國王」與「王后」是權力欲之自我中心定位，於生活場的最高與最佳展露。個體（異性）經由愛欲之美的結合，而把人—世界凝聚於「家」。每一個家裡面，每一對夫妻或父母，都成爲家裡的「國王」與「王后」。家的子民——任一個人子，則在以愛爲主體的家裡成長。父母不但於家中，滿足了絕對的自我中心定位。又因著血緣的親子之愛（我的孩子——實指「另一個我」，另一個完全是「我的」的我），而將夫妻間的第三位格存在，流注於子女身上。使得一家之內的個體，都存有於第三位格的存在之中——而且人子成長之後又再與另一個人子，結合爲一個新的家。

「家」成爲人與世界之關聯的中介變項，家人成爲世界的代理人。家人對其肯定，即爲世界給予他的肯定，所以人與家關係，就成爲人與世界關係的指標。個體能力展露，在生活場中，可能因他人的拒絕或否定，而使其與世界的關係產生裂痕。但是，只要個體一回到家，由於家之本質——第三位格的流注，又使個體重於人—家的關係中，獲得人—世界關係的滿足。因爲非常奇妙地，人總是「先天」的預期，家「應該」以第三位格的流注爲其

圖6-1　愛與家的形上學模型

本質。倘若家庭中缺乏第三位格的流注，則夫妻與親子間不良的家庭關係，更將導致人—世界間更大的裂痕。

　　只有在愛與家之內，個體才能不加防禦的暴露其最深沈的內裡。也唯有在愛與家之中，個體才有可能深入人性之整體，完成人之祕密的探索。家以愛欲之美爲主體，而愛欲之美包含了愛與性。個體於家之內，以愛迴繞涵攝其現象界、生活場與意向界，超越本體界與人的命定限制，而超越的肯定生命並延續生命。又以性的結合，而子而孫的將其B-G，以生殖細胞的遺傳方式，具體的肯定生命並延續生命（每一個人子，都有一半的人父與人母）。只要後嗣不斷，則個體的生命即可超越而又具體的超昇於人類自身、時空與本體界的限制之外。「誰不是好人家的孩子嘛！」以家爲立足點，於生命之第三位格展露人人之大。推家及家之仁的道德性發揚，世界大同的期望或有可能的一天。

　　人、物、時間、空間和事件，所塑成的人—世界的形上系統。也就由宇宙論、知識論、本體論、人性論，而完成於生命論。愛與家的形上學，把有史以來，被抽離於人之生活的哲學，經由愛與家而涵攝與超越本體界、現象界、生活場與意向界，而具體的落實於生活場之中。不論任一個體有否形上思維的能力或經驗，更不論個體能否或眞正深刻的了解，進出於人—世界的本質。任一個體只要經由愛與家——人性的自然結合。即能眞、善、美的完成，人之哲學——形上而又具體之存有的最高、最深刻的永恆境界。此所以，眞正的人本的生命哲學——小團體動力學（社會心理學）哲學之精義所在——理論與實踐的完全合一。

生命論之二：愛的原理

愛……
美學上不解難題
每個人在這兒解剖自身，
融合一切爲美，
也只有在這裡，
每一個人子才蛻化爲，
獨特而有意義的個體。
於是傳說中，
每一個愛戀，
遂古老而纏綿，
美之又美。

一、愛與美

美就是我，我就是美。

「……美爲『馬那』，爲古人所信仰的自己所稟的性（所得於圖騰的德性），……在民族本源神話中，就是從民族之神所得到的神性。從神羊神話而來的『美』，在我國古代民族文化中，應該是最古老的。後來又轉化爲『物』，如說『精氣爲物』（物與美同音）。古人將稱爲『美』的圖騰畫在旗上，以表示自己的族類。……」（註二）。美，存在於物自體本身。每個人、每件事物，都有他自己獨特的美。當你發現我時，你就發現了自己。美與美相互契合，相互發現的時候，稱之爲——愛。

人的美與所有人（或事）的美（無對象性的，普遍的，比較的，絕對的）相發現、契合時，即為博愛（民胞）。人的美與自然萬物的美相契合、發現時，即為對自然的愛（物與）。人的美與異性的另一人的美（對象性的，唯一的，相生的）相發現、相互契合時，即為戀愛（愛情）。這時候的美稱為愛欲之美，為最高層次的美。仁愛則包括了上述三層次，而以「愛欲之美」為最基礎、最重要也最完滿。

民胞物與二個層次，透過個體以「意義」的關係相衍而來，都可經由「意義」的高度發展而成就。這兩個層次，如超越或捨棄了「意義」，而滲入「性」或以「性」為途徑，則呈變態（如戀物狂）。愛欲之美，卻須把「意義」和「性」，完全的融合而相生，始可成就。而「性」，人之內裡最原始的戰慄，卻如此地桀傲不馴。性對於我們，就如非洲神秘的大森林之於文明。每當咚咚鼓聲自那蠻荒黑暗的內部傳出時，總令我們無由的顫抖、勃起而不知如何以對。愛裡，意義常為性所吞噬，不只無法成就愛欲之美，更且流為淫亂、猥褻……褻瀆了愛。娼妓制度存在的必然性即在於此。娼妓制度經由一性（交）意義──姓（交）的模式（註三）補救了意義喪失和意義與性衝突的危機。當美只成為性的連結時，個體間將呈渲洩的、放鬆的、趨向滿足的短暫關係；雖然觸及了美的心，卻易於與美脫離。而娼妓制度，這與一夫一妻制並駕齊驅，人類史上最偉大的發明，卻巧妙的運用隱藏式地意義連結，以客體的代價補足了主體的缺漏。愛欲之美由於性的加入，使得意義層面得以刻骨銘心，更為深入內裡；也由於意義的加入，使性愛得以延伸，而企求一種永恆的結合。

美是本體性的，戀愛裡由於個體作主體性的「投入」，二個美纏綿滋長合而為一（太極式的「一」），兩個人美之又美是必然的事實（註四）。這與平時於非愛的情境中，個體與自己的美脫離，也沒有投入對方的美，僅以客觀的（社會化的）美的標準來評價

人、事、物的美醜，當然不可相提並論。所以，並不是「情人眼裡出西施」，而是「情人本是西施」；至於「結晶作用」、「種族之靈」、「理性的蒙蔽」、「理想化」等論調，不僅蛇足，且謬誤得太大了。

二、愛的追尋

中國的太極圖，兩魚相抱，乾坤好合而成就一個「圓」，發揮了性愛最完美的境界。也由此，衍生了天人合一之愛，而感天應地，直索生命的本源。

由太極圖**圖6-2**可以看見──陰陽二性，陰中有陽，陽中有陰，同源異質，異質同形。最具特色的是──首尾互銜，首補其尾，尾引其首；其一伸而進（絕對的自我），另一則縮而退（絕對脫離自我）。進不增，退不減，以位格的自由轉換完成功能的種種需求。此所以互生互補，一動一靜皆為一圓（註五）。

從生理學的基礎而言，男性多量的男性性荷爾蒙，是男性陽剛特質的基礎。女性多量的女性性荷爾蒙，是女性陰柔特質的基礎。並且，男性體內有少量的女性性荷爾蒙，女性體內也有少量的男性性荷爾蒙。此與太極圖所示完全吻合。（為了行文上的方便，以九陰一陽為女性所涵，九陽一陰為男性所涵。）

在愛裡，女性往往要求男性有溫柔、體貼的陰柔特質（若無

圖6-2　太極圖

則易被拒，可見九陽一陰裡，一陰之重要性，及其扮演之角色），但是，她更要求男性具有陽剛的男子氣概。男性雖然欣賞女子某些陽剛特質（常用來讚揚她，以爲有別些「一般」女子），但是，最爲注重的還是其陰柔之美的女性特質。男性之陰柔特質和女性之陽剛特質，在平常的生活裡是絕對禁止出現的；只有在愛裡，才會表現得如此突出，並且受到讚許和報償（註六）。因此，我們可以說男、女二性爲了追求自己所缺失的陰、陽特質（如男性爲了追求另九陰以補一陰，另一陽以合九陽；女性反之，以求陰陽交泰）和本身陰陽特質的凸顯而「愛」。同時，也經由愛來交泰陰陽，達成完美的提升、種族的延續和天地交融——人之本質的穿透與回歸。

角色制度化的社會生活裡，社會人根本就沒有實質的平等可言。非愛或非戀愛的人際關係裡，本賦的陰陽特質被削減、剝奪、壓迫，而不能完全的表達，以致焦慮、冷漠、虛無、暴躁和性冷感是必然的事。社會人際關係的折衝、角色地位的爭奪，就男人而言，都以挫折對方的陽剛特質爲原則。而女子在男性中心社會裡埋藏九陰，以其一陽鬥男子的九陽，更與自戕相差無幾。一個男人的自尊受損，實即其陽剛特質受挫。一個女人的自尊受挫，十九是其陰柔特質受損。完整的愛——太極式的戀愛裡，個體不僅不會失掉或壓抑本賦的陰陽特質；反而，更能充分而超越的表現出其本身的陰陽秉賦（註七）。所以，愛—異性愛，爲自自然然必須。

三、愛的二極性

關尹子，二極篇云：「……以我之精，合彼之精，兩精相搏，而神應之，一雌一雄卵生，一牡一牝胎生。形者彼之精，理者彼之神。愛者我之精，觀者我之神。愛爲水，觀爲火。愛執而觀，因之爲木。觀存而愛，攝之爲金。先想乎一元之氣具乎一物。執

愛之，以合彼之形。實觀之，以合彼之理。則象存焉……」（註八）

　　在愛裡，所執所因的是對方的形，所存所攝的是對方的理，經由性的交融，而精搏神應，又如何能不美之又美呢？（這也就是俗稱情侶或夫妻會「看起來」越來越「相像」的原因。）這裡的「因之」，指的是個體「絕對的脫離自我」；「攝之」，指的是個體「絕對的自我」（參見人性論）。對愛人的仿同作用（不自覺的學會對方的小動作、聲調、語句、行為、想法……），是觸目可見的。羅洛‧梅「在戀愛中深懼喪失自身之存在」，卡爾‧史坦「『愛』，意謂著『在另一個人內面死去』，由此才可獲得新生」，以及為所盛讚的，愛裡「極度的謙抑之感」，都源於此一絕對的脫離自我。

　　所愛的，必須是屬於我的。絕對的愛，必須絕對的自我。在戀愛裡，我們會有吞進對方，吃掉對方，把對方擁抱、壓、壓到體內的欲望；也會有成為對方一部分的欲望。奇怪的是，我們只會講，只會希望成為對方的一部分，卻難以講出「把我吞進去」、「把我吃掉」的話來（註九）。聖經約拿書中把愛──我的，描繪得極為精確。約拿為什麼不愛惜尼尼微上萬的人民、牲畜，而只愛惜上帝為他造出來，保他免於日曬的蓖麻呢？因為尼尼微的人畜是上帝的，上帝愛他們而責備約拿是當然。可是，尼尼微的人畜不是約拿的，而蓖麻，上帝給他了當然是他的。他的蓖麻為他遮蔭，上帝剝奪他所愛的──屬於他的蓖麻，約拿自然要生氣。上帝先前把約拿置身魚腹──吞掉了約拿──不更明顯的表明了「你是我的，你當服從我，愛我，愛我所愛」嗎？個體的生活，不但需要絕對的自我，也需要絕對的脫離自我，來提升自我於更高的境界。在愛裡，個體所表現的侵略性和順從性，將衍生為虐待狂和被虐待狂的本質。所以，愛的二極性──絕對的自我和絕對的脫離自我，必須經由比較的相對與絕對的相對，而歸結於「相生的相對」之太極境界。

　　誓言，普遍的存在於每一個愛戀裡。今天的相愛，並不足以

保證，也無法要求對方永久的愛戀於你。相愛的條件在於，雙方有能力主動的成為美，有能力發現對方的美，且有能力以自己的美來激使對方更美，因著美的主體性，使得愛戀無有止境。誓言的積極意義在於——要求今天的我比昨天的我更美，且明天的我也將比今天的更美，使得我永遠是對方身邊最美的個體，最能發現、接受、增進、享受對方之美個體。所以，愛的誓言實即賦予對方——苟日新，日日新，又日新，努力於自我成長（愛欲之美是知性與感性的融一）之實踐的要求和保證。

愛裡，不容許試探和等待，一有試探或等待，主體性的投入即告脫離，而為客體的旁觀。此時，對方如亦主體性脫離，除了怪自己外還能怪誰呢？所以，失戀時是錯之在己，自己的美契合不住對方的美，而非對方移情別戀。戀愛中人或有不敢開口要求對方者，深怕「說了就沒有意思了」，或「看他會不會注意到」……等，而陷於試探和等待。其實如果你敢要求、敢講出來，對方也敢接受，照做出來，且做得比你預期的還要高、還要好（註十），你也敢接受，衷心喜悅的接受；他又由於你心滿意足的接受而欣喜若狂，這才是太極境界的提升，這樣的愛才會提攜個體，互動互生地趨於成熟（註十一）。也因此，在自我探索、自我發現、自我實現和自我提升的行程裡，不可避免的必然導向於愛。

四、愛與被愛

愛的本質在於企求被愛，擁抱即要求被擁抱（註十二）。小時候，是如佛洛姆所說「因為我被愛，所以我愛。」沒錯，成長之後卻是—因為我愛「我被愛」，所以我愛。愛是為了被愛——即要求對方的愛。隨著年齡的增長，我們所得到的，自動而無條件的愛愈來愈少。為了滿足「被愛」，我們必須學習以愛來創造愛。被愛的企求，即為對方主體性投入的保證。唯有在接受到對方投入的愛欲之後（註十三），愛的活動才得以繼續。愛的主體性超越（超

越被愛的原則）始得滋生，並且經由愛的主體性超越，充實與提升了被愛的內涵。

從生理層面我們發現，「給予」只是形式上表面的障眼法。事實上，愛是「被接受」，被愛是「給予」。經由絕對的自我，「給予」可導致快感。但是，如無「被接受」——經由絕對的脫離自我而來的提升，快感將會萎縮而無法達於巔峰。試問，不被接受的給予，有何快感可言。

男女性交時插入和被插入的瞬間感受，是奇妙而神秘的。但就男性而言，性高潮的巔峰在於射精；正確的講應該是，陰莖爲陰道所包含、接受，且女子之陰道及子宮接受其射精。也就是說，男性高潮的巔峰在於被接受、吸收，而非給予。男性的射精動作並不一定要在陰道中，經由手淫和其他的刺激也可射精。但是，陰道外射精的性興奮程度（看著精液射在衣物或馬桶的那種心情），卻與陰道中被包含、被接受的射精有天壤之別。可見，要求性交後再擁抱和再深入，是其來有自的。就女性而言，性興奮的巔峰則在於主體性的，毫無疑慮和阻礙的「接受」。更精確的講，應該是有被接受者被她接受，被她吸收，被她融合。所以，在企求被愛的基本前提下，女性愛的特性在於接受（著重去愛），男性愛的特性在於被接受（著重被愛）。

給予，必須有願意接受的對象。接受，必須有願意被接受的對象。我願意接受妳，也願意被妳接受，這是愛的基本條件。被接受包含著給予，但是，給予並不意謂著被接受。給予性的接受與被接受性的給予，才是愛欲之美所需求的。給予之所以會導致快感，並爲世人所讚揚，就小團體動力學的觀點言，可分二方面來討論：

其一是：個體經由給予，展現並傳遞了知、情、意的認知內容及其精神意向。戀愛中的人，藉著所選擇的特定對象——代表個體之外的整個世界。個體向此對象，亦即其所生存的世界，發

出了「我—能」(I-Can) 的訊號,而自證——「我有生存的能力」。

其二是:個體所發出的訊號被接受和回饋。這個時候,個體經由世界的代言人——個體所選定的對象——接受了他的知情意內容,承認了他存在的能力。亦即,因著被接受,個體獲得了世界的回音——對象的行為回饋——承認了個體的存在,和個體存在的價值。也因著被接受,個體才得以和世界緊密的聯繫在一起,而「我見青山多嫵媚,料青山見我應如是」的有情世界才得以滋生,更進而鳶飛魚躍的洋溢出鮮美的生命力。

當個體愛而不為所愛時的錐心之痛,失戀者淒寂厭世不自容於世間的喪心之苦。除了絕對自我受挫,和絕對脫離自我的頓無所依之外,這世界——其所選定、所愛的對象——否認,拒絕其存在而與其割離,才是主要的原因(註十四)。

五、愛與性

柏拉圖式戀愛,是人類追求意義性之最後悲劇。性是欲最根本的基礎。「意義」雖然可以脫離性的控制,但是一切的意義仍指向於性。語言是意義的符號。性的符號是接觸。「我了解你的觸摸,勝過你無數的語言。」性的存在以「觸覺」為主,由子宮→產道→醫生→護士→裸裎→母親→父親及親屬→同性朋友→異性朋友→妻子→兒女。 └→被窩→衣服→事物→器具→運動。

從出生前到死後,都以觸覺為主要的探索關係。而人際間情感的傳遞,握手→拍肩→牽手→互抱→吻頰→愛撫→作愛,也都以觸覺為主要形式。

我們懷疑,母性行為並沒有生理內分泌基礎(註十五)。在猴子的實驗裡,除了小猴子主動的信號刺激外,經由觸摸而來,性關係的連結,很可能是母性行為發展的基礎(註十六)。人類的母性行為,當然還有意義層面的延伸和角色扮演的影響,可是那種親暱的擁吻、愛撫和絕對自我式的擁有對方,會沒有性的色彩和

生理上的感動嗎？各種愛選擇著不同的性模式來表現，性是愛的興奮劑、強壯劑，性不但是表達愛的最具體形式，更強烈的推動著愛、控制著愛。叔本華所以把生殖器官看成意志的焦點，是很正確的啓示。

「男性比女生易起性反應」，是錯誤的說法。對於同樣的刺激，尤其觸覺刺激，女性較男性易於接受刺激也易於反應。（受刺激並不一定要反應，且反應又可分爲神經內分泌和心理的反應以及外顯行爲的反應。）女性由接受刺激起至性高潮間，其性興奮與程度增加輻度極小，且須長時間的連續刺激，激發全面性的性反應（註十七），才會有性高潮。男性接受刺激和反應的敏感度雖遜於女性，但是男性由接受刺激起，至性高潮間，其性興奮程度的增加輻度卻極大，且只須局部性短暫刺激，即可迅速導致性高潮的出現。男、女之間性反應的差異，在性愛的過程中扮演了重要的角色，也導致了相當的難題。

愛，必須愛得具體。對生命而言，愛不是進入而是穿透。只愛對方的靈魂，而不愛對方的肉體是極其荒謬的。只有經由性愛，才有愛欲之美的可能。

性交，不但滿足了生理的欲求，且可保健、強身和延壽。佛洛依德、艾里士和索羅金所代表的西方文化系統，其對性交所持的態度和認識，若站在中國人的立場，絕對是無法苟同的。中國對性交——房中術的探討，以素女經和玄女經爲代表；其他又有洞房子、喇嘛雙修法、肉蒲團……等。這二本性學醫典不但把性愛的技巧、男女間性生理的和性心理的配合，做了詳細的剖白。且以五常——仁、義、禮、智、信來解釋性，使得性的延伸——成就了道德。把呼吸法、行爲對生理的回饋，融合於性交的姿態裡，更把性行爲和醫哲的學理配合，發展爲療疾和養生的方便法門。因此，不把性交看成單純洩欲，而推廣正確美好的觀念，對於愛欲之美而言，是具有重大意義的。

六、人類唯一的自由——愛

　　人類最初始的掙扎——戀愛，人類最後一次的掙扎——發瘋。人只有成為愛，才能成為自由、享有自由（參見人性論）。成為愛之後，愛與生，愛與憂思，愛與死，人的有限性和世間的無常，時時刻刻地爬行你心。攫住而又被攫住，被包容而又包容。快樂是如此的甜蜜，苦痛是如此的親切。只有在墮入情網之後，我們才面對面的抓住了世界予人的一切限制。愛裡，我們終於撫觸了生命的顫慄。

　　「意義乃是一種心靈的意向」（胡賽爾），「每一種意向皆是一種注意力，而此種注意力乃是我—能」（P. P. Ricoear）。存在不僅是選擇，還必須參與。唯有經由自我實現的超越，才有自由的可能。當「意義」萌芽時，個體不但作了意向性的選擇，且已整個的投身，而與生命的本體交融。

　　意義是對象性的，意義是絕對的自我。「你打我、罵我，我絕不吭聲；可是，絕不可動我所愛一根汗毛、一句粗話，否則我與你拚命。」愛裡我們把對方的生命當成我們的意義，以絕對的自我來表現（鞏固）絕對的脫離自我，把絕對的脫離自我變成絕對的自我的內涵。對方本體變成了我的本體，我的本體變成了對方的本體，企求被愛的本質也因此而提升，水乳交融為對象性的、對方取向的（實即己方取向的）、主體性的愛。

　　愛裡我們所面對的是死亡，必然的死亡。主體性的愛，卻要求無限的延伸。愛不但面對死亡，抉擇了與死亡的關係，更以「知其不可而為之」之勇，超越死亡於永恆的境界。經由愛，我們超越了生物的基本限制。經由愛欲之美，我們更在人與世界之間，建立起一個進退自如（進於「世界」，退於「人」）的中途站，一個活生生的，具體而可觸摸、掌握的——家。中國人的永恆為「傳宗接代」以及「揚宗耀祖」。「祭祖」和「宗祖牌」名位的聯繫，

充分而優美的刻劃出中國人的睿智——永恆的性愛。

七、性與意義的交融

愛欲之美交融了生理層面的「性」和心理層面的「意義」，以相生而相對方式存在。愛雖然以性爲中心，以意義爲其外延；但是，必須再強調的是——對生命而言，愛不是進入而是穿透。只有「穿透」之後，愛才有自由，才可稱爲愛欲之美，見**圖6-3**。

個體進入對方的M^6時，二者的關係純屬意義上的連結，進入M^5S時，二者的關係由五單位的意義和一個單位的性連結。依次累進。

如果把S代表手和肩的接觸（牽手、搭肩），S^2→腰部的接觸（攬腰），S^3→嘴部的接觸（接吻），S^4→胸、腿的接觸（手、嘴對乳房、大腿的吻撫），S^5→性器官的愛撫，S^6→性交。則，M^3S^3爲友情與愛情的分界。隨著S的增加，雙方越趨近對方主體的中心，二個人的關係也越緊密。

M^6，M^6+M^5S，$M^6+M^5S+M^4S^2$爲友情的領域。友情雖然位於個體的外延，卻占有個體極大的區域。由A點以直線的方式進入B點，進入C點，到達D點的友情是淺薄的。由A點繞經A′點再回到A點，把整個M^6繞行一周、二周……直到雙方的M^6都已完全接觸、契合之後，才可進入B點接觸M^5S的領域；這樣子而抵達D點者始稱之爲摯友，才是我們所盛讚的芬芳永遠地友誼。

M^3S^3到MS^5這段區間是所謂的熱戀期。一旦跨入D點，兩人的感情會如火般地燃燒，兩情濃密纏綣，進展迅速。二個人感情很深很好沒錯，意義性很高也沒錯；可是這時候的激情，這時候的愛——強烈的絕對自我和強烈的絕對脫離自我，卻完全是以性爲主體而衍生的。

就如運用語言、文字一般，語表和文字都有它本具的內涵形質。經由語言、文字表達出來的思想，必與運用語言、文字者的

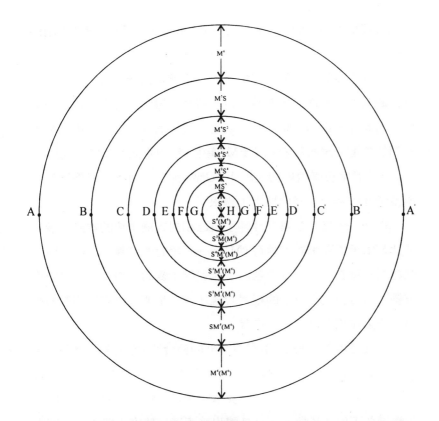

七個由大而小的同心圓。
M代表「意義」，S代表「性」。
1~6代表內涵質量的增加。
七個同心圓的間距是活動的、自由的。

圖6-3　性與意義的互動模型

原意有若干的差異。為了深入而穿透生命的中心，愛必須以性為其途徑；性，卻也有它本具的形質與基本設限。在性裡，你只能進不能退。在性交之前的肉體接觸，必然越來越頻繁，越深入。

　　我們以肉體接觸的行為方式來表達感情。感情越深，情緒越激動，越需要更緊密的肉體接觸。平泛的感情可以握手表達（握

手和緊握雙手即有明顯差距）。大難歸來，擁抱親人，擁抱大地的心情，卻是握握手和摸摸沙土所無法傳達的。

當雙方接過吻以後，握握手，抱抱腰都已無法盡意。欲表達自己的愛和意義性的需要時，只有接吻、擁吻才能表達得淋漓盡致。而此時，性的本體，必以接吻為最低的欲求；並蠢蠢而動，帶領個體進入S^4的接觸。而後M^2產生，雙方進入M^2S^4的領域。也因此，個體常會直線地切入E、F、G點，卻不對M^3S^3，M^2S^4，MS^5做整體性的契合，終而種下了禍根。

性交──雙方暴露、經驗了自己和對方最奧秘的本體之後，彼此都賦予；要求對方執行（M^6）──「絕對的意義」（註十八）。此絕對的意義，以高度超越的意義包涵了愛的二極性。既賦予對方絕對的自我包容自己的絕對脫離自我，也要求對方以絕對的脫離自我來完成自己的絕對自我。

性交是爆裂、征伐、柔蜜與酥軟的綜合體，它有如狂濤巨瀑，又有如蜿蜒長流，「抵死纏綿」最是入味之語。欲望（性與意義）滿足後，雖會食髓知味再三地從事，可是「性」本身亦有其限，盤纏過久不但會淡煩，而且身體也受不了。雙方不能永遠停留在S^6，必然要重新進入其他的領域；可是，才一跨步（甫一下床），卻發現彼此的世界都變了，不僅只$MS^5 \rightarrow$變成S^5M（M^6）（註十九），$M^2S^4 \rightarrow S^4M^2$（$M^6$），$M^3S^3 \rightarrow S^3M^3$（$M^6$），$M^4S^2 \rightarrow S^2M^4$（$M^6$），$M^5S \rightarrow SM^5$（$M^6$），$M^6 \rightarrow M^6$（$M^6$），再回首$S^6$也已變為$S^6$（$M^6$）。雙方的驚愕和驚喜是可想而知的。芳馥、濃蜜有如糖蜜，如膠似漆有似水乳，確是比以前更快樂。可是相對相生的痛苦，卻雕心鏤骨得更令人心碎。

經歷過S^6之後，S^5、S^4、S^3、S^2、S都已失去了吸引力，此與$S \rightarrow S^2 \rightarrow S^6$的探索過程比較起來，所帶來的快感和意義性的賦予，相差不可以里計。並且，$S^6 \rightarrow S^5 \cdots\cdots \rightarrow S$倒退式的性關係型態，已違反了性本質。更何況，（$M^6$）的強烈誘導下，愛的二極性已達極

端。如果，雙方於性交前，未曾整體地契合M^3S^3，M^2S^4，MS^5和M^6。那麼，在（M^6）產生以至完成M^6（M^6）之前，戀愛和婚姻的破裂、失調、雙方主體性的脫離，是不可避免的（註廿）。

愛欲之美，進入H點更穿透H點，而包含：$M^6+M^5S+M^4S^2+M^3S^3+M^2S^4+MS^5+S^6+S^6$（$M^6$）$+S^5M$（$M^6$）$+S^4M^2$（$M^6$）$+S^3M^3$（$M^6$）$+S^2M^4$（$M^6$）$+SM^5$（$M^6$）$+M^6$（$M^6$）。我們無法逃避「性」本體的規律的必然性，唯有經由愛欲之美，由M^6至M^6（M^6）之後，才能超越「性」的規律，自由出入於自己和對方的本體，上達相生而相對的太極境界。

八、愛的角色扮演

模式的認知，是個體主要的基本學習形式。模式的累積學習，塑造了個體的思想型態。個體行為的現在取向和未來取向，都受到過去模式的影響。在家裡，個體經歷了愛的原型（註廿一）。可是，在社會化的過程中，經由所聽、所看、所讀與所感，卻常常歪曲了愛的本質。以至於個體跨入愛的領域時，往往不是自身成為愛，而僅是扮演了愛的角色。

從小到大，在尚未戀愛以前，我們不知聽了少情歌，唱了多多少戀曲。尤其是經由書、報、電影、雜誌所灌輸的，愛是……，愛不是……，愛應該……，愛不應該……。許許多多的「愛的偶像」，其行為方式都已模式化於我們的腦海。於是，當我們驚叫出一聲「我談戀愛了！」之後，對所愛對象的行為預期，和自己的行為反應，都一一的崁進所認知之「愛的模式」裡。我們只要把正在談戀愛的友人，比較他的行為反應和他最為推崇的愛情小說、電影主角、書籍，或日常生活愛的偶像的行為反應，即可獲得極高相關的實例。

愛陷於角色扮演時，愛還有何自由可言呢！所以，淨化一切的傳播內涵，啟發個體正確的生活態度——改變過去——不自限

個體於過去的認知經驗，以人的主體性來創造愛、成為愛，實為戀愛中人的當務之急。

九、愛的原型

家庭裡的親子之情和手足之情，正是愛的原型。原型的塑造並非以對象為對象，而是以對象的內涵——對象與個體之相對的內涵形質（包括情緒模式和行為模式）為對象。以下分為友情、愛情（異性戀）、同性戀、戀物狂和對神的愛來探討。

㈠友情

（**圖6-4**）同性間的友誼，是從姊—妹或兄—弟的原型關係發展而來。以女性為例，一方以姊姊的角色內涵存在，另一方則以妹妹的角色內涵存在。

異性間的友誼，是從兄—妹和姊—弟的原型關係發展而來。一方以兄長的角色內涵存在，另一方則以妹妹的角色內涵存在。一方以弟弟角色內涵存在，另一方則以姊姊的角色內涵存在。二方相對的存在內涵，是自由而非固定的。以異性間的友誼為例，某一個時空，男方以兄長的角色內涵存在，女方以妹妹的角色內

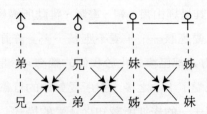

・實線為互補模型
・斜線為衝突模型
・虛線為多重角色扮演

圖6-4　友情的家庭角色原型

涵存在；另個時空裡，男方則變爲以弟弟的角色內涵而存在，女方變爲以姊姊的角色內涵而存在。隨著時空的轉換，雙方的存在內涵也作相對性地轉換。所以，就意義性而言，友情是以對等的關係而存在。

家庭的原型關係如相處得不好，勢必影響將來的友伴關係。家中如無兄弟姊妹，則以家族中的親友或鄰居來扮演缺漏的角色。所以，獨生子人際關係的普遍不良，父母的養育方式並非充分的原因，友情的原型未能塑造才是主要的因素。「結義金蘭」的儀式，和「情同手足」的讚賞，實在是其來有自啊！

社會人際關係中，人與人之間的相處，是以絕對自我式的對話爲主。對話，是原始生命的吶喊，是自我的表出方式。「你和我一樣」、「我和你一樣」，「我們都一樣」，對話以語言和文字的精靈，暴露了人際間絕對的自我。你講你的，我講我的，對方只是用來表現自我、發洩自我的對象而已。友誼的高貴即在於，透過手足原型本具的血親關懷和愛，替社會人際關係植入絕對脫離自我式的對話，社會（人類）方得以進化於愛與和諧之中。

諮商、輔導層面若不注入手足原型的內涵，僅以諮商關係而做「絕對的傾聽」、「無條件的關懷」和「以對方爲主體的對話」；甚至，把這些原則直接移植到人際關係裡，可預期的，對話變成對對方（或雙方）主體的試探，後果是不堪設想的。

㈡愛情（異性戀）

（圖6-5）異性間的愛情，是從父—女和母—子的原型關係發展而來。男方以父親的角色內涵存在，女方則以女兒的角色內涵而存在。女兒的角色內涵還包含了妹妹的角色內涵，父親的角色內涵則包含了兄長的角色內涵。另個時空，男女的角色內涵存在時，女方則變爲以母親的角色內涵而存在。而且，母親的角色內涵，包含了姊姊的角色內涵；相對的，兒子的角色內涵，則包含了弟弟的角色內涵。

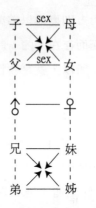

圖6-5　愛情的家庭角色原型

　　異性間是有友情存在的，當雙方以兄—妹、姊—弟的原型關
係存在即是。如果，兄—妹的角色內涵發展為父—女的角色內涵；
姊—弟的角色內涵發展為母—子的角色內涵，則二人的友情已發
展為愛情。

　　某些人以父—女，母—子的原型關係，直接進入愛情，某些
人，則經由友情進入愛情。父—女和母—子的原型關係裡，隱伏
且顯示了強烈的性關係。當發現或商議決定由友情進入愛情的時
候，雙方都會有若干程度的驚惶和畏懼。這種驚惶和畏懼，即源
於兄—妹和姊—弟原型的亂倫畏懼。我國的「創（再）生神話」
裡，伏羲和女媧以親兄妹結為夫婦，而成為再造人類的始祖——暗
喻著永恆的延伸（註廿二）。不但提示了由兄—妹、姊—弟發展為
父—女、母—子的愛的原型，似乎還把由友情而愛情的原型關係，
擺在直接進入愛情的原型關係之前哩！

　　個體於家庭中之父—女和母—子原型若發展不良，勢必影響
到日後的愛情，使得角色內涵的自由轉換受到阻礙。就輕的一面
言，則偏於父—女原型關係，或偏於母—子原型關係而存在。如
果雙方皆有同一偏向，愛情的關係雖然已不完全，但因原型的滿

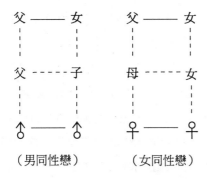

（男同性戀）　　　　（女同性戀）

圖 6-6　同性戀的家庭角色原型

足，仍可維持良好。如果雙方有不同的偏向，或有一方要求角色
內涵的自由轉換，則愛情的關係將難以延續。就重的一面言，則
有導致同性戀與戀物狂的可能。

(三)同性戀

（圖6-6）女同性戀是因母—女原型關係的內涵固著，轉化為
父—女的原型內涵而存在。母—女原型的性色彩極低，轉化為父
—女原型後，其內涵的性色彩就變得極為濃厚。

雖然，「猴子在子宮期之雌性胎兒，若給予雄性激素，分泌之
促性腺激素雖亦為雌性型（有週期性），但成熟後常會出現異常的
性行為」，「且人類女性如在早期施以雄性激素，長大後並不改變
其促性腺激素的分泌型。但其行為卻會出現男性化的表徵」，這只
可當做Ionism的生理基礎，艾里士把同性戀行為當做「先天的傾
向遲延表現的結果」，不足為證但仍應保留。

我們發現，「睪固酮及動情激素可增加男性性欲」，「以睪固
酮給予同性戀者，只可增加其對同性的性衝動，而不改變其對異
性的性衝動，因此，只是加強其治療前的行為而已，並不能改變
之。」且人類腦部兩側杏仁核的刺激和病變，也只造成性活動的

過度（註廿三）。所以，同性戀可能與內分泌腺素和神經系無關。

Rosenbatt（1965），的性實驗發現：「雄貓閹割手術前有過性經驗，手術後仍有性反應（性行為）。不然即使注射睪丸素，也不會起反應。」又，Denen Berg（1964）之實驗結果：「幼鼠由其異類之鼠養大，成年後求愛於異類鼠的異性」。Mainard, Marsan & Pasguali（1965），幼鼠由帶有異臭之鼠養大，成年後雌鼠選擇帶有該類異臭的雄鼠求愛。」（註廿四）因此，同性戀行為受到出生後經驗的影響，可能超過生理、內分泌的影響。

變態行為裡，為了表現「變態」的屬性，往往極為強烈地暴露了其他層面的某些屬性。但是值得懷疑的是，我們所稱之為變態的行為屬性，其所以變成「變態」的原因是在於：個體對於另方面的屬性，即所暴露出來的另方面屬性，有極其強烈的要求。一般的正常行為模式，對此屬性所提供的表達程度，無法滿足個體的欲求。於是，個體就改變用以界定正常行為的某些屬性（例如：對象的改變），而以另外的一種行為模式出現。這另外的一種行為模式，由於用以定義的屬性已經改變，所以被人們稱之為「變態」。但是，這種變態的行為模式，允許個體充分、明顯而有自由的，表達出已在正常行為模式裡被限制的屬性。由於大眾的眼光，已焦注於「變態」的行為屬性。所以，個體欲求的那些屬性，雖然強烈到以暴露和表出（acting-out）的方式來滿足自我，卻不會受到非議和禁制。

健康的人際關係中，由於角色內涵對等的自由轉換，所以「強」和「弱」，「保護者」和「被保護者」間的型態，並不顯著且為所平衡。同性戀裡，不但表出了「保護者」和「被保護者」的特質。且，必然以「保護者」和「被保護者」的關係而存在。

比較同性戀和異性戀間的角色內涵，如**圖6-7**。

同性戀者之間，已無兄弟姊妹的對等關係，又由於性的加入，所以並無兄弟姊妹的原型存在。同性戀者間是以（保護者）父（母）

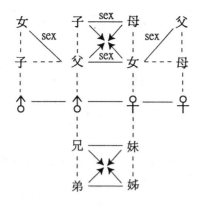

圖6-7　同、異性戀的家庭角色原型比較

—女（子）（被保護者）關係存在。

　　以男同性戀者為例，若某♂是保護者，則以父→子的角色內涵，取代父→母的角色內涵。性的凸顯，又使得父→子的角色內涵轉化為父→女的角色內涵。若某♂是被保護者，則以子→父的角色內涵，取代子→母的角色內涵。性的凸顯，又使得子→父的角色內涵，轉化為女→父的角色內涵。

　　同性戀者以其H-G勢力的差異，決定了保護者與被保護者關係之後。此父→女的角色內涵即呈固化，而不會轉換成女→父的角色內涵。除非又與其他個體產生新關係，否則在一對同性戀者之間，其角色內涵是刻板的。

　　以下，經由原型內涵的詳析（**圖6-8**），來說明同性戀的轉化過程。

　　個體出生之後，男性必以C和E二種原型內涵而存在，女性必以D和G二種原型內涵而存在。C、E和D、G的平衡發展，造就了健康的個體。

　　如果：（對象為異性）

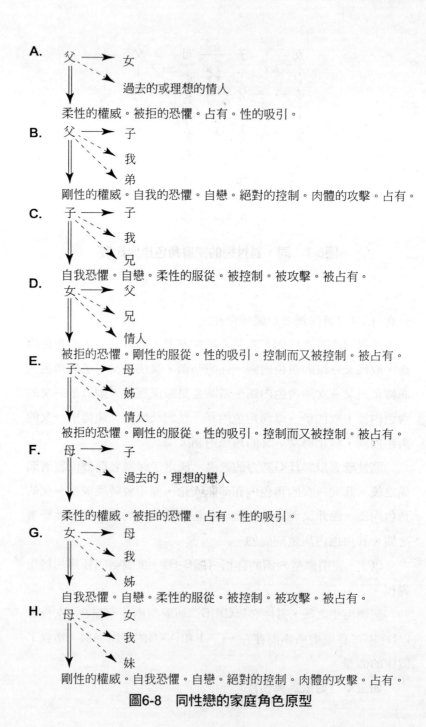

A. 父 ──→ 女
　　　　　　　 過去的或理想的情人

柔性的權威。被拒的恐懼。占有。性的吸引。

B. 父 ──→ 子
　　　　　　　 我
　　　　　　　 弟

剛性的權威。自我的恐懼。自戀。絕對的控制。肉體的攻擊。占有。

C. 子 ──→ 子
　　　　　　　 我
　　　　　　　 兄

自我恐懼。自戀。柔性的服從。被控制。被攻擊。被占有。

D. 女 ──→ 父
　　　　　　　 兄
　　　　　　　 情人

被拒的恐懼。剛性的服從。性的吸引。控制而又被控制。被占有。

E. 子 ──→ 母
　　　　　　　 姊
　　　　　　　 情人

被拒的恐懼。剛性的服從。性的吸引。控制而又被控制。被占有。

F. 母 ──→ 子
　　　　　　　 過去的，理想的戀人

柔性的權威。被拒的恐懼。占有。性的吸引。

G. 女 ──→ 母
　　　　　　　 我
　　　　　　　 姊

自我恐懼。自戀。柔性的服從。被控制。被攻擊。被占有。

H. 母 ──→ 女
　　　　　　　 我
　　　　　　　 妹

剛性的權威。自我恐懼。自戀。絕對的控制。肉體的攻擊。占有。

圖6-8　同性戀的家庭角色原型

♂：若E固化 $\xrightarrow{\text{發展爲}}$ {F、E}。

♀：若D固化 $\xrightarrow{\text{發展爲}}$ {A、D}。

二者日後所發展之愛的原型，F、E和A、D都還在異性戀的領域。

如果： （對象爲同性）

♂：固化於C→ {B、C}。且C≃G。∴△∴B≃A，且G≃D。故 {B、C} → {A、D}。

♀：固化於G→ {H、G}。且H≃B。∴△∴B≃A，且G≃D。故 {H、G} → {A、D}。

男性一直是保護者的象徵，女性也一直是被保護者的象徵。所以，經由內涵的轉化，保護者有男性化的傾向（註廿五），被保護者有女性化的傾向。所以男同性戀者：C≃G，女同性戀者：H≃B「性」。(△) 的滲入遂使B≃A，G≃D，而產生： {A、D}。

同性戀固著在A、D的原型內涵，且固著對象的不同可做A或D的原型轉換。所以，C、G內涵的固著以至對A、D內涵需求，才是同性戀的肇因。

由於某屬性的固著，導致同性戀傾向，又經由同性戀不完全的性關係和意義性的高度滿足，竟然又以角色的扮演和內涵的轉換，彌補，完全了另一屬性。人類自求完滿的奧秘，於此展露無遺。

圖騰制把家庭血親系統，巧妙的轉換爲社會人際的系統。並以此，最早的社會角色——圖騰的類別，控制家族的亂倫畏懼。圖騰制嚴密地防範母—子、兄弟—姊妹的亂倫，卻沒有防範父—女間亂倫。於某些神話、傳說中，常可發現，以父—女的亂倫而爲後嗣承傳的原型。同性戀以父—女的原型內涵，契合了種族圖騰的父—女原型，是不是單純的巧合呢？自古以來，同性戀的盛行不衰，是有它深厚的原型基礎！

㈣戀物狂

（圖6-9）戀物狂是自我滿足的。由於C、E或D、G原型內涵的混淆，原型對象的混亂和對象的取代。個體經由共同的子宮經驗，以性的途徑，用F或E的原型內涵連結了物我間的關係。F型較多，E型較少。E型與種族的圖騰崇拜——被包容的子宮感，發生極強烈的連結。F型則成為圖騰的蒐集者，或自身變成圖騰。

㈤對神的愛

（圖6-10）宗教愛是人類對本體的自我追尋，宗教愛實即自戀。范應元說：「鬼神，陰陽中之靈也。『鬼』，歸也；『神』，伸

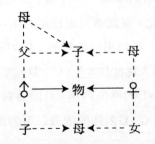

圖6-9　戀物狂家庭角色原型

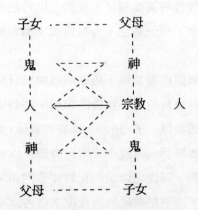

圖6-10　宗教的家庭角色原型

也。張子曰：『鬼神者，二氣之良能也。』朱文公曰：『以二氣言，則鬼者，陰之靈也；神者，陽之靈也。以一氣言，則至而伸者神，反而歸者爲鬼，其實一物而已。』……。」（註廿六）

不論「以二氣言」或「以一氣言」，陰陽之靈都必須匯聚於人的身上，才可運作而有所謂神鬼。「人」、「鬼」、「神」是人與世界相對待之下，所產生之三種內化的人性模式（參見人性論）。不論所謂的鬼神是否存在，這三種人性模式都已刻板式的模塑而成，而由各種傳播媒界以之爲「文化」的內涵之一，承傳於當代與後代。每一個當代之人的出生，每一個人一世界的發展，都無法逃避此「文化」先驗的制約，使得這三種人性模式外鑠而入於人格之中。更嚴重的是反溯而上，又先驗的模塑爲宗教的宇宙觀、本體論與「人」性論。使得人本世界變質、破滅，並以之爲個體生活的指導原則。

「人」、「鬼」、「神」三位一體，猶如天、地、人「三才」不可獨存。三才而人居中，「人、鬼、神」也以人爲主體而相生。人不僅是「人」，他是「神」也是「鬼」。「人」脫離了「神、鬼」，則「神」變成絕對的神，「鬼」變成絕對的鬼，而人也變成了「人」。人孤立於神、鬼之外，除了「人」，人已經什麼都不是。人不僅和神鬼脫離，也和天地割離爲被棄的幼子（註廿七）。

宗教太美了，美得令人暈眩。宗教的創起，是爲了結合「神鬼」，完成人的整體。不幸的是，宗教的後繼者將宗教變成絕對的宗教，以絕對的神和絕對的鬼排斥人於天地之外。以其神來對應人的鬼，又以父母的原型內涵包含了人的子女原型內涵。於是，人就不斷地墮落爲「人」了。只有在祕教裡，才容許人以父母的原型內涵而存在。人不甘爲「人」，他必須尋回本具的「神、鬼」。於是，宗教成爲必須。一般的宗教，所以會那麼地吸引人而又被人抗拒；祕教之所以存在，是必然的現象。

宗教的存在已久，人的孤立已久。當個體開始經歷認知過程、

社會化過程之時；「神、鬼」即告脫離，附身宗教而為絕對的神鬼。今天，一個人若要尋得完整的本體，很荒謬地，他不得不踏入宗教的殿堂（註廿八）。為了人的完成，人必須愛宗教。如何從絕對的神鬼裡，尋回本具的「神、鬼」，與「人」結合成為生命本身，這是宗教之愛所必須完成的。

十、結論

愛欲：宇宙中最可怕的，也是最美麗的。在這裡，靈與肉根本毫無立足之地。這裡沒有德性，沒有罪惡，沒有歡樂也沒有苦痛。可是，偏偏這裡卻是一切美德、苦果的源頭。所有的歡樂與苦痛從這裡生、這裡長、這裡滅。一切的苦樂物我之分，都在此相生相化融合為一，而又超越於所有命定限制之外。這裡什麼都有，也什麼都沒有。令人懼怕的，或許，這裡即為最最完美的聖潔之域呢？而令人驚惶欣喜的，這裡的確就是。

愛欲之美與種族圖騰，是密切而不可分割的。藉著愛欲之美，個體不僅投身於生之本源，也超越了生物性的限制──死，而延續生命、種族於永遠、永遠。可是，人只成為「人」之後，他僅剩下刻板地絕對自我（註廿九）。「他媽的，如果我一輩子都得是我，我不斃死才怪！」──這個「我」即為絕對的自我。我以我為中心，你以你為中心，他以他為中心，每個人都以每個人的「我」為中心。看向自己，是數也數不盡的「我」，各形各色殺之不滅的「我」。看向世界又是一大堆，一個個孤零零的「我」。個體於「人」的領域裡自我追尋，得到的、撫觸到的，完全是絕對的自我。可是，我們忍受得了多少絕對的自我呢？精神病患者是活生生的例子。──他們銳變，痛苦地銳變為刻板地絕對脫離自我。精神病病床的增多，也明示了這一個時代──追尋自我的危機。

每一種愛，都包容有宗教愛的內涵。只有求愛和變態行為裡，才有絕對脫離自我的存在。愛之所以是個體的重生和再創造，即

因為經由愛，我們尋回了本具的「神、鬼」，深入而完成人性中的人人之大，以及命定的深層自卑。可是又有多少人能真正成為愛，在愛裡尋回本具的「神、鬼」呢？神、鬼卓然而立於宗教，人們根本就忘了「神鬼」。不知己身為「神」，就不敢承認自己的「偉大」；不敢承認自己的「偉大」，也就不願承認別人的「偉大」。不能承認自己和別人「偉大」，就會自絕絕人而阻斷了「人之成長」。不知自身為「鬼」，就不敢承認自己深層的「自卑」；不能承認自己的「自卑」，就無法蘊現出對生命的「敬」意，以及生命的高貴之感（參見人性論）。人失去了「神鬼」，愛裡的「神鬼」隱伏不見，面對著愛時，人只剩一臉的茫然！

愛裡，人們必然經歷二種危機：一為角色扮演的危機，一為性與意義契合的危機。愛的角色扮演在先，把自發的生命之美侷限一隅。性與意義失調在後，意義過度伸張而陷於等待、停滯，抑或性的恣肆橫行而吞噬了意義。強暴、離婚、未婚媽媽和層出不窮的怨偶，已嚴重地影響個人、社會的存在狀態。原因何在呢？對於愛，人們實在太輕率了。我們只在愛情和婚姻爆裂後才來補救（也一直補救不了），而不知事前的預防。大多數人都在未具備愛的能力之前，即闖入戀愛的殿堂，又在身歷險境而不預知不自知的情境下，陷身於愛的二種危機。並非想愛就去愛，而必須在自己具備了愛與被愛的能力之後，才可以去尋求愛、給予愛或接受愛。只有在雙方都具備有愛與被愛的能力之後，才可以攜手踏入戀愛的殿堂去追尋生命的本源——人之祕密的探索，及生命之我的真正完成——新的完滿自足的人——世界的建立。所以，在戀愛之前，男女之間友情的仲介是必須的。至於友情的重心，則須迴向於家庭，並消除愛的角色扮演。

在屬人的「新宗教」尚未創起之時，當藝術激起我們生命之愛的自覺之際，請讓我們先回到——每個人的家庭。讓我們從愛的原型出發，在家庭裡父母兄弟姊妹間，用心地學習、細細的品

味、愛的一切艱辛與甜蜜。只有感受得到、接受得了父母兄弟姊妹之間，每一絲毫的愛與關懷，並且能夠在日常生活中，「具體的」、「主體性的」施愛於父母兄弟姊妹之後，才算是一個成熟的、具備有愛的能力的個體。他才能坦坦蕩蕩的進入愛欲之美，與二種危機搏鬥，而成為愛欲之美。

異性愛的追尋與完成，是必須而充滿魅力的。但請讓我們時刻自省：一個不願或不能，主動或被動地給予其至親父母手足，完整的愛與關懷的人，他有可能真正而完全的去愛一個「陌生」男子或女子嗎？一個不願或不能，主動或被動，完全地接受其至親父母手足之愛與關懷的人；他有可能真正而完全地，接受一個「陌生」女子或男子的愛嗎？所以，家庭生活中「孝」、「悌」二種德性的完成，也就成為每一人是否具有談戀愛資格的指標。

契約式的「假象」戀愛認為：今天我既已相戀，則不管日後有何變化，是我契合不住妳的美也罷！或是另有人更能激發、享受妳的美也罷，妳都不可以離開我。否則，對方即為不忠、移情別戀，自己即為失戀、被棄。於是委屈於虛幻的意義性，自以為不忠，自以為失戀，而自迷自苦，妨害了人人之美的完成與人之現象的進化。

愛不是契約，愛是生命之美永恆的追求。在妳的我世界中，我必須是最能激發妳的美，也最能挖掘、享受妳的美的人。在我的我世界中，妳也必須是最能享受、最能激發我的美的人。也唯有如此，才稱得上是真正的愛戀。若有一方不能達到這個標準，則將抑制對方的成長，而使得愛欲之美立即消失。所以究竟而言，並無所謂移情別戀，亦無所謂失戀。個體於真正的愛欲之美破產之後，他不是自怨怨人，也不是迷戀地拘執於過去的愛戀；而應該更為積極的觀照他自己，返身投入自己家中，繼續修持他未盡的德業——孝悌。因此，由孝悌之道所透發的，愛欲之美的可能性，即可凸顯、連結於仁民愛物的理想之中。

註　釋

註一、民國72年5月2日，聯合報第8版，以〈寂寞的淺酌〉爲題之「楊子專
　　　欄」，即於文末把此一論述，以優美、深切而普遍的形式表達了出來
　　　——「常常有一種衝動，把某一意義投向一個人而博取迴響，正如小
　　　時捧著學校獎品跑回家高喊……『媽，媽……』可是衆神默默……。

註二、印順法師著，《中國古代民族神話與文化之研究》，華岡出版公司，民
　　　國64年10月，頁401。

註三、表面上，嫖客和妓女雖以「性交」爲其連結型態；但嫖客之所以「嫖」
　　　妓，卻有若干的心理需求。Rollo May在其 Love and Will 一書中指
　　　出，「就某種程度而言，性是克服隔離感的自然而正常的方式，是解
　　　決問題的答案之一」，「性交以避免絕望的空虛」。嫖客把生活上對家
　　　庭、對權威、對別人、對自己的挫折和不滿，轉化於銀貨兩訖式的性
　　　交。就積極層面言，嫖妓行爲已成嫖客的自我防衛機轉。嫖妓不只是
　　　性交，更重要的是，還包含了意義上的滿足和發展。

註四、參見後文———愛的二極性。

註五、項維新、劉增福主編，《中國哲學思想論集》，宋明篇，謝扶雅著，邵
　　　雍先天學新譯，附註 (6)，牧童出版社，民國65年8月1日初版，頁115。

註六、中國時報67年6月1日第7版所載：「林懷民是個男人，編出來的舞深
　　　具陰柔之美，林麗珍是一個女孩子，編出來的舞卻具有陽剛之美。」
　　　這種現象絕非偶然，而是理所當然的。愛，是生命的完成。藝術所帶
　　　予人的，即是生命之愛的自覺。Ivan Pavlov和B. F. Skinner所領
　　　導的行爲學派，缺乏人文的素養。對人類「行爲」的研究，應注入人
　　　文精神更深入於「動作」的基礎，對戲劇尤其是舞蹈，做科學而深入
　　　的探討。
　　　舞者以肌肉鬆緊的行爲溶身於時空之中，藉著角色扮演的身分（我在
　　　扮演一個角色，不是我），以其行爲洩漏了舞者——人——的秘密。
　　　舞者（藝術家）經由舞蹈——各種動作誇張、細膩的延伸（其藝術型

態），經驗了生之秘密而進入生命之愛，如瑪莎葛蘭姆有如神的感覺是極其自然的。

註七、陰陽本能的表現，是個體生存的基本原則，也是逃避痛苦和追求快感原則的基礎。陰陽本能若處處受挫，不得自由展現，個體即呈萎縮狀態，生活不能調適，甚至演變爲病態。又，陰陽本能包含神經、內分泌和社會化學習的整體觀念。

註八、尹喜撰，《關尹子》，台灣商務印書館，民國62年11月台1版，頁13。

註九、個體於母體「子宮」內，即受「被包容」的誘導性制約學習，爲出生前先於認知的快感經驗。個體出生後的快感原則，則經由母親長期的主動性親密愛撫、擁抱和哺乳經驗制約而成。母體的親密擁抱，塑造了個體「企求被擁抱」的快感原則。被對方撫摸時肉體上所感受的快感，遠勝於撫摸對方時肉體上所感受的快感。嬰兒把母親的乳頭含於嘴內吸吮、咬，所制約成的快感原則，「顯然」是戀愛時，想吞進、吃掉對方的間接誘因，直接誘因則在於，絕對自我的企求絕對擁有。

註十、被愛是給予，而非讓步。愛裡要求的是，對等的層次及對等層次的提升。「讓步」不但是本末倒置，且造成了高低層次的對立，給予和接受的本質也會被歪曲。

註十一、「尊敬」源於絕對的脫離自我，愛與敬是不可分的。開口要求必須心存敬意。試探，已無敬意可言。舊約中，上帝對亞伯罕開口要求式的試探，絕不可取。

註十二、擁抱，不僅是抓住，且要求被包容。兩人相擁時，低吟而起的一聲「抱緊我」，是最佳的說明。如果不要求被擁抱的話，就不會有人被責爲「冷感」、「木頭人」了。參見註九。

註十三、愛欲是包含生理和心理層面的愛。生理層面爲性的需求，心理層面爲意義性的需求。

註十四、最明顯的例子，莫過於結褵數十年的老夫老妻了。只要其一的老伴逝世，另一位必也將不久人世。維繫其世界數十年的橋樑——老伴，一旦間突然或漸漸地毀滅、塌倒，整個世界變成了一片空白，

獨存的他也只能孤零零地蜷曲而消失了。

註十五、W. F. Ganong著，楊文勳等編譯，《醫用生理學，母性行為》，頁
　　　　198，杏林出版社，民國66年2月初版。

註十六、根據H. Harlow and M. Harlow, "Learning to Love"。Amer，
　　　　Scientist，Autumn，1966，54，No.3，351。我們發現：早年欠
　　　　缺母性依附（身體的接觸，性指向的）的母猴，成年後有性行為的
　　　　困擾，也不能正常的育嬰，有二隻原先不盡責的母猴到了養育第二
　　　　個猴子時，情形就好多了，亦即有了母性行為。事實上，這些母性
　　　　行為卻又是誇張的，她過分地保護小猴子，在正常的猴子已與小猴
　　　　斷絕了身體接觸時，她依舊不讓小猴離開。
　　　　變態行為常扮演洩密者的角色。母猴與小猴間誇張的身體接觸，表
　　　　出了「性撫觸」被喚醒後（恢復後）的過度補償。撫觸是母性行為
　　　　的基礎。母性行為的撫觸則源於母親的絕對自我。撫觸行為在小孩
　　　　漸長時，成為一種讚賞的工具，如擁抱和親吻。小孩越長時，成為
　　　　一種讚賞的工具，如擁抱和親吻，小孩越長，母性行為的撫觸越趨
　　　　於意義的、抽象性表現。越為文明的社會，性撫觸脫離得徹底。而
　　　　母親為成年的孩子理理領子，拉拉袖子，則為母性行為性撫觸的遺
　　　　跡。
　　　　生理上我們又發現：「在授乳的婦人，有時會因性器或情緒的刺激
　　　　而釋出催產素，使得乳汁大量湧出。」

註十七、素女經云：「夫欲交接之道男候四至及乃致女九氣」。男性只要和、
　　　　肌、骨、神四氣齊備，即已完成性交前的生理準備，可進行交接。
　　　　且，此四候都集中表現在男性器官。女性卻須肺、心、脾、腎、骨、
　　　　筋、血、肉九氣齊備，才能完成性交前的生理準備。且，此九氣包
　　　　含了軀首四肢和內分泌的整體反應。

註十八、絕對的意義相當於所謂的精神境界，隸屬愛欲之美。包含了叔本華
　　　　所謂的「種族之靈」，及佛洛姆為之敬禮有加的「人之秘密」。
　　　　（M^6）的產生代表著愛的另一個境界。（M^6）之前如以低電壓的

「場」表示，則（M_1^6）之後的「場」即充滿了超高電壓。在此充分展現人之本體秘密的「場」，如未經周全準備即貿然進入，在嚐到甜頭之後，即有粉身碎骨之危。而婚姻關係試圖以意義的約束——（M^6）和允許隨時進入S^6二條途徑，來做若干程度的有效補償和挽救。

註十九、MS^5表示，這時候的愛是以性為主體，而以意義統合。S^5M表示，此時的愛是以意義為主體，而以性來統合。

S^5M（M^6）表示，此時的愛以意義為主體，而以性統合，且二者又為絕對的意義所包容。

註廿、愛裡，性與意義二層面必須並行發展。任一層面遭受阻擾、壓抑，或任一層面超前的過度發展，都將導致當事人雙方的苦楚和愛的破產。在M^3S^3至S^6間由於性的導引，使得意義層面附身於性本體之上。而此萎縮的意義，卻以誇張的假象和性並行於愛的行程，這是吾人所應戒慎恐懼的。為了彌補與發展萎縮的意義，唯有擴大雙方的接觸面，對M^6，M^5S，M^4S^2，M^3S^3，M^2S^4，MS^5做整體的契合，深入對方生活的每一個點、線、面，才能保持意義真正的與性平行而進。

註廿一、Aflred Adler說：「原型與生活方式間的區別，就像一個未成熟的與成熟的水果之間的區別。」

註廿二、《中國神話故事》，洛河圖書出版社，民國65年8月台初版，頁13～21。

事實上，創生神話應再細分出一支「再生神話」。像我國的盤古開天而屍化，盤古以泥造人，女媧以手捏、繩甩、搏泥為人等，都可視之為創生神話。世界各民族的創生神，不是自然神、人神就是物或動物神，不是雌的就是雄的，或者是沒有性別的。在創生神話裡，雖然已有性別出現，但都只是單性的獨存，還沒有兩性一塊兒出現的場面。所以，創生神話裡，最重要的是暗示了人與物或動物之間的關係。這一點不在本文的範疇之內，先予以擱置，可參見本體論。世界各民族在創生之後，不是火燒就是水淹，都經歷了大災難、大

毀滅。人們都死光了，東西也都毀壞了。而描述或記錄大毀滅後，人類再生和種族延續的過程，即為「再生神話」。

在再生神話裡，兩性就一塊兒出現了。更奇特的共同點是，這僅存的兩個異性竟都是兄—妹或姊—弟關係（大抵而言，沒有哪一個民族的神話例外）。不成其為例外的例外是，西方的神話裡有少數的父—女關係的存在。這經由性而結婚、延續生命種族的兩性，為什麼偏偏要兄—妹，姊—弟或父—女關係呢？這遍存各民族的再生神話，是在暗示些什麼呢？婚姻—性—愛情的原型基礎，已隱密而含蓄的展露在各民族的再生神話裡。

註廿三、前引書，《醫用生理學》，頁197～198。

註廿四、余昭著，《人格心理學》，民國66年2月初，359～360。

註廿五、前引書，《人格心理學》，頁362～363。

Bandura（1963）的實驗指出，不論性別是否一樣，小孩向有權力的大人模仿得較多，不過女孩模仿男性權威者的情形，比男孩模仿女性權威者為多。Hetherington（1965）的實驗結果亦如此。

註廿六、王雲五主編，陳鼓應註釋，《老子今註今譯及評介》，台灣商務印書館，民國66年1月修訂3版，頁198。

註廿七、神教以「神」為教，則「鬼」相應而出，信徒為「鬼」，可以基督、天主教為代表。

鬼教以「鬼」為教，則「神」相應而出，信徒為「神」，可以佛教為代表。

人教以「人」為教，則「神」、「鬼」趨於隱沒，而神教、鬼教得以立，可以儒教為代表。人、鬼、神三教合而為一，則以「人、鬼、神」並存。可以道教為代表。至於融合「人、鬼、神」而為一體人的重視，則有待於道教的再出發，一個「新宗教」的誕生。小團體動力學的形上學——真正的人本哲學，即為「新宗教」奠立優美的哲學基礎。

註廿八、齊克果之所以高呼「個人在神面前才能真正找到自己的存在」，即

為生命於「神鬼」的自覺。

註廿九、刻板的絕對自我，必然導致主體的自動反抗。反動的結果則為，刻
板的絕對脫離自我。

第七章
小團體動力學的人格理論

人格的發生與定義
人格結構與類型
人格動力
人格發展與人性的回歸

人格理論是在古老的本質論與因果論的思考下，所孕育於科學世界的產物。一方面用以描述個體所可被觀察的言行整體，而以之爲個體之整體的表徵。一方面認爲，個體可被觀察的言行，只是個體展露於生活場的表象。這些外顯的言行，以及這些言行高度的一致性與分殊的歧異性，皆有其位於個體之內的「本質因」。此內存於個體之內，掌理個體各種言行之形式與內容的本質因，即爲個體之「人格」。

通常吾人是經由內省、觀察或測驗量表，對外顯言行給予歸因的解釋，以推測個體的本質因——人格。那麼，這個被視爲本質因的人格，是否爲「實體」（reality）呢？或只爲互動過程之formal的指標呢？是個體與環境互動的過程？或爲終極產物（end-product）呢？如果把人格視爲實體，那麼人格一詞所指稱的對象，也就非大腦莫屬了。

人格的發生與定義

隨著嬰兒的成長，大腦細胞逐漸地分化。在不同的區域，分化爲不同的結構，而有不同的功能。這些分化後的結構即稱爲大腦之部分生理的Gestalt。這些部分的生理Gestalt，各有其不同的功能。這些不同的功能，即爲大腦部分的功能。這些部分的功能，因其所屬部分生理gestalt的成熟，而成爲部分的功能Gestalt。形成Gestalt之後的部分功能，即具自立體的位格，而有其自身之整體性與運作力。此部分的功能Gestalt與外界交互作用，使其所屬之部分的生理Gestalt，接受更多的刺激並作更多的反應，而使得此部分的生理Gestalt之capacity越大。部分生理Gestalt的capacity越大，則其部分的功能Gestalt越安定，功能越成熟。不同部分之生理Gestalt，因個體早期的生活經驗，其所接受刺激及

所進行的內外交互作用，會對不同部分的生理Gestalt，產生不同的安定性與成熟度。不同個體差異的早期生活經驗，使得相同部分的功能Gestalt，也有不同程度的發展，而有不同的勢力。不同勢力的部分功能Gestalt，則整合為全部的大腦功能Gestalt。但是，因為各部分Gestalt的勢力仍在發展中，所以大腦的功能Gestalt，安定度不大，型態也不斷變動。

一、第一個關鍵期

當個體發展到三至四歲的時候，其部分的生理Gestalt之capacity繼續擴充的可能性（註一）已大概決定。所以各部分功能Gestalt之間的勢力，在不斷地整合為大腦功能Gestalt的歷程中，終於第一次獲得了安定性的形—基關係，這是人格發展的第一個關鍵期。這個獲得首度安定性的大腦功能Gestalt，就是人類的心理Gestalt，上述各部分的功能的Gestalt，即為此心理Gestalt的部分Gestalt。

個體於出生後，中樞神經系統即已取得全身各部分的控制權，所以其生理Gestalt早已出現，只是其各部分的生理Gestalt之capacity仍在擴大中。雖然早在一歲時，即有許多由心理Gestalt所引發的行為。但其中有許多行為，都是心理Gestalt或其部分Gestalt，在「練習」其對生理Gestalt或其部分Gestalt的配合與控制能力。由於個體在二歲左右，即已充分的展露出初級的主體性行為，所以可將S-G的首度形構定在二歲。至於S-G本身capacity的發展以及對P-G與B-G的涵攝能力，尤其是其於H-G中成「形」的能力，則視個體的不同而有差異的發展。只有在三、四歲時心理Gestalt首度保有其穩定性。這時候，個體人格的原型—H-G已經形成，此即所謂：生理的氣質之性。此人格原型Gestalt之「figure-ground」的結構方式，影響了其後人格Gestalt的發展。亦即，影響了往後結構為人格之元素的取捨，尤其是人性

元素於人格Gestalt中結構的方式。它允許相同或相似之部分Ge-
stalt，以相同或相似的關係來結構，不同或歧異者則較受排斥。
但是個體在七歲以前，上述的影響力並不是絕對的。因爲在這段
期間，某部分Gestalt雖然取得暫時性優勢，但是各部分Gestalt之
勢力仍在改變之中。各部分Gestalt忙著增大自己的capacity，熟
悉與運作自己的功能，以及與別的部分Gestalt發展關係。

　　三歲以前H-G的發展，完全由外界環境所提供之刺激的質與
量來決定。此時的個體僅能依其H-G之各部分Gestalt不同的成熟
度，來加以選擇吸收和反應。三歲以後，個體各類Gestalt之部分
Gestalt的勢力已取得較穩定的形—基關係。所以H-G也才有初步
的穩定性；也就是說，在穩定的形—基結構下，個體已較能主動
的去接觸或製造或接受外界的環境刺激。

　　雖然三至七歲之間，個體可以接觸得到的刺激，仍由外界其
他個體所控制。但是，此時的個體卻已擁有一個較明確的參考座
標，一個代表B-G氣質之性的H-G人格原型，去抉擇與對其「我世
界」。在這種較具模式化的選擇性接受與反應的過程中，個體之內
三類Gestalt的勢力，終於在個體六至七歲左右，獲得了安定的形
—基結構，而塑造了個體的人格—H-G這是人格發展的第一個關
鍵期的的後關鍵期。

二、第二個關鍵期

　　H-G在小團體動力學的觀點裡，即稱之爲自然人的人格。往
後，亦即七歲以後，個體的發展即依此H-G之內，各部分Gestalt
間形—基關係的分配，來攝取各種資訊（包括：知識與行動），以
繼續充實各Gestalt的capacity。所謂的人格，尤其是人格的一致
性，就是指H-G內各部分Gestalt差異的勢力所結構的形—基關
係。由於整個H-G的勢力已經固定，雖然強度隨年齡有所改變，但
其向度已經固定。所以各部分Gestalt隨capacity的增大，雖然其

型態也會有若干的變動，但其作用所及卻只能對H-G的強度有若干的影響。

必須注意的是，個體在十五至十六歲以前，雖然有其人格——「我」存在，可是這個「我」在實質上，卻在早年已被其外界環境所模塑。個體發展過程的前期，個體知識的內容，以及我—我世界的建立，都是一個外鑠的過程。在此外鑠的過程中，個體之人性結構B-G、P-G或S-G，成為內在的動力。人性所內涵的本質，則為整合成人格Gestalt之元素的「題庫」。

但選取哪些人性元素，以哪種方式整合而成人格Gestalt，則視其所處環境而定。父母、家庭、友伴、學校以及社會文化，所主動（或存在）提供的差異刺激或反應型態，使得個體因其B-G的不同，而被動或主動的在其（幾乎one to one的）限制下，攝取某些人性元素而發展，並整合成差異的人格Gestalt。個體所有內發的行動，幾乎都是早年環境外鑠之下的繼發現象與結果。究竟而言，此H-G是由早期的B-G和環境Gestalt所塑造的。個體將其視之為當然，視之為我，而依照我的意向來繼續發展自我。

一直到十五至十六歲左右，個體處於Piaget所謂的「形式運思期」，其邏輯抽象思維能力的成熟，使個體集注全力去觀照、反省、批判其各部分Gestalt型態間的衝突，而使得個體開始長時間持續地懷疑其H-G，進而可能影響到H-G之形—基間關係的改變。

從六歲到十五歲，個體H-G的發展可看成新瓶裝舊酒，或不同data於同一程式的重複運作。雪球越滾越大，表象上也是形形色色，可是骨子裡的東西還是沒變。這種人格發展的形式即為Freud所描述的人格決定論，以下將此種人格稱之「Freud型人格」（註二）。個體若於十五至十六歲左右（人格的第二關鍵期），未能突破其特定之Freud型人格，則此Freud型人格將繼續發展，其結構人格的形式也將越為穩固。在Freud型人格的運作下，雖然個體仍

會斷斷續續地自我反省與批評，但是往往只造成個體大大小小的心理困擾。最多只能對某些部分Gestalt的型態予以修飾，所獲得的結果往往只是自我衝突，或成為一個helplessman。

人格的第二個關鍵期就是：談戀愛。戀愛的本質即為，個體不斷地突破其人格限制與成長。此時，個體把整個生命力，凝結於自我的體驗、試鍊與提升，若是未完成孝悌之道即躍身愛欲之流，則不是懵懵懂懂地進行愛的角色扮演，就是於性與意義交融上爆裂。不但未能突破己身之Freud型人格，反而強化了Freud型人格，或者自陷於苦痛地自我困境中。

三、人性的發展

人格，是以人性為基礎，特化而成的指導性Gestalt。此動力結構內存於個體之中，而又展露於行為之外，導引個體各種的反應與態度。人格於不同時空的分化，則稱之為角色，如圖7-1。

人性特化為人格的歷程，以及人格分化為角色的歷程，是以環境的「外鑠」為主。角色統整於人格與人格回歸於人性，則以個體「內發」的動力為主。不同角色的展露，無害於人格的統整。不同人格的差異，其內涵都有著共相的人性。

Freud所描述的並沒錯，Freud型人格普遍的存在於每一個世代的每一個體。但是，Freud型人格所描繪的只觸及（也完整的觸

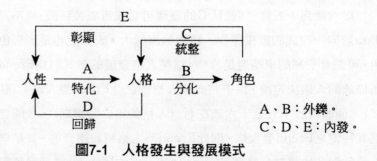

圖7-1　人格發生與發展模式

及了），人之現象歷史性的普遍的病態，而未觸及人之現象的本質。外鑠而為人格是不可避免的；但是，人之主體性的真正運作，指向於人性之完成——D的內發過程，卻更為重要。所以，應該把人格的塑成，視為過渡的型態，而致力於人格→人性的完成。

由人性而人格，再由人格而回歸於人性整體的完成，才是人格理論真正而完滿的內容。歷來人格理論只及於A和B，而未及於C、D和E的過程。這些病態人格觀的普遍傳播與承認，使得Freud型人格取代了人性的地位。個體不是固化於人格，就是固化於角色。而當觸及己身或他人不同的人格，或人性的另一些層面時，個體總是驚慌而不知所措的自誤誤人。

有史以來，大多數的人終其一生，都只完成A（包含B或C）。少數完成D（包含E）者，都成為偉人或歷史上的佼佼者。人一生中有三大關鍵期，一於A，一於C，一於D。三者皆為必然的進程，但前者為強制性地外鑠，後二者為內發性的超越。C、D的完成，有賴於(1)重大的事件或啟示；(2)父母師長的指引；(3)得自知識或藝術的啟發；(4)愛欲之美的完成。(1)(2)和(3)仍須外緣所待，(4)則為人人自發的進程。所以，人格而至人性的回歸與完成，最自然也最健康的方式，即在於愛欲之美的完成。

為什麼個體總是拘執於A或B，而不能完成C或D呢？難題在於傳統謬誤的人格觀，以及愛的理論之誤導與壓迫，亦即無知與不能行。解決之法在於：

- 有賴於正確人格理論的建立與傳播，以及舊勢力的打倒。
- 有賴於談戀愛，故正確愛情原理的建立與傳播至為重要。
  （由於異性愛——愛欲之美的追求與完成是人類的本能，故使得個體於外鑠為人格之後，又得以巧妙地自動回歸而完成於人性。）
- 人格發展之正確結構法則的提出。一方面可助個體由A轉

化爲B，另方面可融入於兒童教育和育兒方法之中，儘量地
消除A之限制。

人格結構與類型

　　人格奠基於人性，故由三位一體之人性論，導引出三位一體
的人格理論。人性與人格的關係可視人性爲母全體，人格爲其樣
本與樣本的特化。人格結構源於人性的結構，由生理Gestalt
（B-G）、心理Gestalt（P-G）和精神Gestalt（S-G）所結構而成。
且S-G⊃P-G⊃B-G，並以B-G爲基礎組織；由B-G而P-G而S-G，
隨個體之發展依序整合而成。

一、B-G

　　由於Freud型人格的普遍存在，人格最基礎的主要結構，是
B-G的氣質之性。人類雖擁有同類的B-G，但其B-G型態、強度與
發展，都有大大小小的差異而各個不同。所謂「集合潛意識」，即
以同類生理Gestalt型態爲基礎。在人類的→種族血源的→家族血
統的→個體的B-G承傳的系統之下，個體對自身B-G的自識
——body feeling or body-image（體感），導致了同類相聚和不
同型態、層次的認同水準。B-G受生物性本能推動，以求生存爲原
則取向。在個體發展前期，個體的生理狀態以及對其B-G的自識，
在外鑠爲人格的過程中，成爲主要的動力、內容與關鍵。不可避
免的，在人格之內的核心，灌注了人之「自卑」。

　　生理的、肌肉能的爭鬥方式與權力體系，是人類最原始也最
基礎的生活型態。在人類出生→嬰兒→幼兒→兒童→少年→青年
→壯年→中年→老年→死亡的過程中，B-G逐漸的發展、強壯，再

趨於衰弱、毀滅。在個體發展前期，尤其是模塑的人格（第一）關鍵期——嬰兒至兒童(或至少年)的階段，其B-G一直是處於「無能」的狀態。在此關鍵期內，其B-G尚未強壯，個體必須依賴他人才得以生存。任何關鍵期之外的個體，都可隨心所欲的施予肉體的（對其B-G）壓迫與攻擊。且終其一生，總有B-G較其強壯者存在，而予以有形或無形的壓迫。所以，由肉體之無能、無助，而導致最原始、最基本body-feeling的自卑——個體不適宜存在的、生之剝奪的威脅。

這種生理的原始自卑，必然存於每一個體身上。即使個體發展出以B-G為主體的強勢H-G，也無法抹除這根源的自卑。隨著個體的發展，以及社會文化教育的薰陶。這種生理的自卑，會轉化為心理的、精神的、工作職級等文化型態的自卑。而於各種文化型態之權力體系的競爭與能力展露中，試圖來戰勝或掩蓋自卑。轉化後的自卑可能消除，卻也易使個體終身役於是而不能自拔。生理的自卑無法消除，人類只能承認其存在而不可與之對立，不但不可與之對立，也不可企圖掩飾。生理的根源自卑，只能經由S-G開發出人性之「偉大」予以超越，而不可毀滅（參見小團體動力學的哲學：人性論）。

小孩子體格（B-G）的發育，與其同儕的比較，和家庭內外父母或成人的對待方式（態度）——亦即對小孩子肉體的懲罰、玩弄（隨意的對這兒拍拍，那兒捏捏）或任何指向其肉體（B-G）的威脅，將嚴重的影響小孩子人格的發展。在關鍵期內，幼兒或兒童的生活是以B-G為中心；親子關係、幼兒教育或兒童教育也應以B-G為重心，著重於安全感的給予，避免任何指向於B-G的威脅（參見附錄二）。

二、P-G

P-G於人格發展之第一關鍵期中，是依附於B-G而成長發展

的。在個體繼續發展的過程中，P-G獲取大量的知識與經驗，而儲存於其「生理—認知結構體」中。更由於意識與思考功能的充分運作。使得P-G之capacity龐大無匹，其部分Gestalt的型態也包羅萬象。童年期P-G各部分Gestalt間的勢力，即已取得安定的「形—基」關係，使整個P-G勢力的發展過程趨於一致的方向。但隨P-G之繼續發展，其他個體之B-G、P-G、S-G與H-G的諸種型態與強度，也以知識或經驗的形式，主動或被動地攝入於（或成為）個體之各部分Gestalt。這些新舊不同的部分Gestalt的交互作用，則又影響了新的部分Gestalt的發生。

當個體之Freud型人格的「形—基」關係，不能滿足個體社會生活的需求時，各類Gestalt本身的「形—基」結構，即呈現某種程度的「緊張」與不安定。這些部分Gestalt尤其是P-G的各部分Gestalt，依其型態與強度的不同則會產生新的「格式塔化」的趨向。但是能否成功卻須視情況而定。而且，縱使各類Gestalt本身能夠產生新的「形—基」結構，各類Gestalt間之「形—基」結構能否再重組，卻是更大的一個問題。所以，在Freud型人格的限制中，P-G的功能性運作，雖然自陷惡性循環的困境，卻也是打破Freud型人格的契機所在。

三、S-G

B-G提供S-G初級的主體性，P-G提供S-G次級的主體性，S-G本身則可發出第三級的主體性。主體性之於生活場的展露，則表現出某種「我要……」或「我正在……」或「……是我所做出來的」或「……是我」等，對所展露言行之自我歸屬（不管是否合乎我的意向，但我是執行者）的監察系統。初級的主體性，展露出以「自我中心定位」的、利己的、絕對的執著。次級的主體性展露出「人—我交互中心定位」的，相對性利益與意義的絕對性執著。三級主體性展露，以「互為主體性」的，絕對性價值與意

義的絕對執著。初級與次級主體性，是每個人都可以獲得與運作的。第三級的主體性卻只具有發展的可能性，並不是每個人都能夠擁有或運作的。在親情與愛情的流注中，或可自發性地展露，卻不是每個個體皆可於意識中運作與完全控制的。想要發展與自如地運作第三級主體性，就必須打破Freud型人格的基限，而致力於人性層次的提升。

四、H-G

H-G= {B-G，P-G，S-G} = {B-G〔P-G〕〔S-G〕，P-G〔B-G〕〔S-G〕，S-G〔B-G〕〔P-G〕}。自然人之人格呈混沌狀態時，H-G = {B-G，P-G，S-G}。當其三個部分Gestalt「格式塔化」後，即生H-G=B-G〔P-G〕〔S-G〕或H-G=P-G〔B-G〕〔S-G〕或H-G=S-G〔B-G〕〔P-G〕三種Freud型人格。所以，人格類型學第一層次的分類，即可分爲「Freud型人格」與「非Freud型人格」二種。Freud型人格必然出現，且普遍地（泛文化地）出現於每一個個體的生活史中。非Freud型人格則只有少數人，透過文、史、哲、藝術與宗教，或知識、思考、家庭與戀愛生活中，經過不懈地努力才可能獲得。Freud型人格又可分成三大類，每大類又因不同個體於不同發展階段，可再細分成無數差異類別的諸種Freud型人格，這是第二層次的分類。對於每一層次之每一類別的人格，進行成分分析再制定項目，而編成明確的人格類別的衡鑑測量或指標，是必要卻也是本書所未能完成的。但是以上的論述，卻足以提供諮商員充分的知識，共同與當事人一起對其人格結構，獲得相當程度的深層了解。

每一個人從小到大都必須擁有一個屬於他個人的，可以完全控制的特定空間，以及置身於此特定空間的時間。這個可控制的特定空間可以是搖籃、小床或房間的某個角落，也可以是某建築物的某一房間、某一角落，或某一自然環境的某處。個體面對此

特定時空（或事物），他可以純粹地展露（思想、語言或行動）他的H-G（這是指可能性，而非一定要如此）。但當他離開此特定空間時，身為一社會人，只要和外界其他人、事、物相接，則其H-G立刻轉生〔H-G〕。而自然人之人格也就蛻變為社會人之人格——H_4-G= {H-G，〔H-G〕}（此為人格之混沌狀態）。

〔H-G〕對於H-G而言，是一種不同於既存之Freud型人格的，「異常」的「形─基」結構。H-G與〔H-G〕的交互作用下，H_4-G= {(H-G，〔H-G〕)，(〔H-G〕，H-G)}。這是二者在「格式塔化」之後，展露於思想或行為的結果。個體有時展露以 (H-G，〔H-G〕)，有時展露以 (〔H-G〕，H-G)。當個體展露 (〔H-G〕，H-G)的時候，H_4-G以前者為「形」後者為「基」。雖然在意向與強度上有了改變，但是個體之主體性仍然保存，只是主體性的運作受到挫折而已。因而H-G成為〔H-G〕的背景、參考架構與監察系統，而具備意識的監察和思考與反省之功能。

個體之H-G只有一個，可是〔H-G〕卻可能有無限個。以時間為軸，則個體於不同時段，所展露之不同的H-G以H_4-$Gf_{(n)}$表之（n代表不同H_4-G的展露，n以自然數表之）。H_4-$Gf_{(n)}$展露之後，此H_4-$Gf_{(n)}$立即消失於現象界中，而儲存於個體的「生理─認知結構體」內。H_4-$Gf_{(n)}$展露而消失之後，個體又即回復於{H-G，〔H-G〕}的混沌狀態。此尚未「格式塔化」之混沌狀態，即為個體的「非思考行動」狀態。所有曾經出現過的〔H-G〕，及其與H-G的諸種「形─基」結構關係，就成為個體之部分的Gestalt，或不再為個體所記起，或進入前意識與潛意識中，或於意識界中成為個體的參考架構；甚至盤踞整個意識界，左右個體的生活，而為新的一種Freud型人格。

Freud型人格，是人類於人格層面的基本限制。但是隨著個體的發展，Freud型人格可以有不同的型態，以適應不同的生活需求。經由以上的討論可知，人格於第二層次之後的分類，可說是

多如天星。分類之於本文而言，技術層面的研究尚未成熟。若就小團體動力學之後設理論言，則無此需要。筆者認為，我們只需要一套開放式的鑑定程序，用以鑑定某一組理念──行為的Gestalt，是否為個體之Freud型人格即可。因此，人格被視為一套包括若干副程式的程式。這套程式若在某個期間內，由個體反覆地一再運作於其生活環境，而產生某些固定而刻板的結果（包括：思想、言語和行為），則這套程式──這組理念──行為Gestalt，即可視之為個體獨特的Freud型人格。這個鑑定的程度，將於社會心理學的諮商理論中描述。

五、人格類型

不管如何，人格類型學之建構仍屬必須。本文之所以未能完成人格類型學之理論的形式推衍，可能的原因有三：一是本文的理論系統根本就不對，二是筆者學力不足，無法窮究此系統之全理，三是人格類型學根本不可能建構。當然筆者期望的答案是二，可是答案也可能是三尤其是一，這是讀者必須明鑑的。

為了彌補這個缺憾，也為了讓更多的人，共同來解決上述的難題，筆者將把中國醫學領域中擁有二千年歷史的一套人格類型學呈現如下。一方面可提供一個完整之人格類型學的理想形式，另一方面則讓我們共同思考，如何透過某種轉譯的程序，而獲得一套社會心理學的人格類型學。以下所要描述的人格類型學，是取自中國醫學的經典名作《黃帝內經》一書中，靈樞九卷裡的「通天第七十二」和「陰陽二十五人第六十四」（**表7-1、表7-2**）。

「通天第七十二」篇中以「陰陽」──中國固有的模型思考方式──將人分成五類而描述其特性、體質、外態及治療的原則。「陰陽二十五人第六十四」篇中，則以「五行」──中國固有的模型思考方式──將人分為金、木、水、火、土五類，再依五音和陰陽的屬性，同中求異而得二十五種不同的類型。不但詳細的

表 7-1 陰陽二十五人分類表

稟賦特點 \ 類型	地區	膚色	體型	稟性	時令適應	五音	陰陽屬性	態度
木型	像東方方地區的人們	蒼色	小頭、長面、大肩、背直、身小、手足好。	有才、勞心、少力多憂勞於事。	能春夏、不能秋冬,秋冬感而病生。	上角 大角 釱角 左角 判角	足厥陰 左足少陽之上 右足少陽之上 右足少陽之下 左足少陽之下	佗佗然 遺遺然 推推然 隨隨然 枯枯然
火型	像南方方地區的人們	赤色	廣䏖、脫面、小頭、好肩、背、髀腹、好手足、行安地、疾心、行搖、肩背肉滿。	有氣、輕財、少信、多慮、見事明、好顏急心。	能春夏、不能秋冬,秋冬感而病生。	上徵 質徵 又徵 少徵 質判	手少陰 左手太陽之上 右手太陽之上 右手太陽之下 左手太陽之下	核核然 肌肌然 鮫鮫然 慆慆然 支支頤頤然
土型	像中央地區的人們	黃色	圓面、大頭、美肩背、大腹、美股脛、小手足、多肉、上下相稱、行安地、舉足浮。	安心、好利人、不喜權勢、善附人也。	能秋冬、不能春夏,春夏感而病生。	上宮 大宮 少宮 左宮 加宮	足太陰 左足陽明之上 右足陽明之上 右足陽明之下 左足陽明之下	敦敦然 婉婉然 樞樞然 兀兀然 坎坎然

（續）表 7-1　陰陽二十五人分類表

| 類型 | 稟賦特點 | | 典　型 | | | | 分 | 類 |
	地區	膚色	體型	稟性	時令適應	五音	陰陽屬性	態度
金型	像西方地區的人們	白色	方面、小頭、小肩背、小腹、小手足、如骨發腫外、骨輕。	身清廉、急心、靜悍、善為吏。	能秋冬，不能春夏，春夏感而病生。	上商 釱商 左商 少商 右商	手太陰 左手陽明之上 右手陽明之上 右手陽明之下 左手陽明之下	敦敦然 廉廉然 監監然 嚴嚴然 脫脫然
水型	像北方地區的人們	黑色	面不平、大頭、廉頤、小肩、大腹、動手足、發行搖身、下尻長、背延延然。	不敬畏、善欺紹人。	能秋冬，不能春夏，春夏感而病生。	上羽 桎羽 大羽 眾羽 少羽	足少陰 左足太陽之上 右足太陽之上 右足太陽之下 左足太陽之下	汗汗然 安安然 頰頰然 溫溫然 紆紆然

表7-2　陰陽五種類型之人的特徵及治則簡表

類別	特　性	體　質	外　態	治　則
太陰之人	貪而不仁，下齊湛湛，好內而惡出，心和而不發，不務於時，動而後之。	多陰而無陽，其陰血濁，其衛氣澀，陰陽不和，緩筋而厚皮。	黮黮然黑色，念然下意，臨臨然長大，膕然未僂。	不之疾瀉，不能移之。
少陰之人	小貪而賊心，見人有亡，常若有得，好傷好害，見人有榮，乃反慍怒，心疾而無恩。	多陰少陽，小胃而大腸。	清然竊然，固以陰賊，立而躁嶮，行而似伏。	六腑不調，其陽明脈小，而太陽脈大，必審調之，其血易脫，其氣易敗也。
太陽之人	居處於於，好言大事，無能而虛說，志發於四野，舉措不顧是非，為事如常自用，事雖敗而常無悔。	多陽而少陰。	軒軒儲儲，反身折膕。	必謹調之，無脫其陰，而瀉其陽，陽重脫者易狂，陰陽皆脫者，暴死，不知人。
少陽之人	諟諦好自貴，有小小官，則高自宜，好為外交，而不內附。	多陽少陰，經小而絡大，血在中而氣在外，實陰而虛陽。	立則好仰，行則好搖，其兩臂兩肘，則常出於背。	獨瀉其絡脈，則強氣脫而病，中氣不足，病不起也。
陰陽平和之人	居處安靜，無為懼懼，無為欣欣，婉然從物，或與不爭，與時變化，尊則謙謙，譚而不治，是謂至治。	陰陽氣和血脈調。	委委然，隨隨然，顒顒然，愉愉然，暶暶然，豆豆然，眾人皆曰君子。	謹察其陰陽，視其邪正，安容儀，審有餘不足，盛則瀉之，虛則補之，不盛不虛，以經取之。

區分各類人的膚色、體型與生理特徵，以及稟性和態度等心理特徵，也指出了各類人在地理上的分布以及時令的適應特性。尤其是此類型，更可提供各類人之氣血盛衰與臟腑內在的變化，而又分析了各類人之針刺原理、取穴標準和操作手法等。以一套人格類型涵蓋貫通了人之生理、心理、行為、疾病、醫療等領域，實在羨煞了當今的人格學者。針灸醫學依此而得的療效及其臨床的經驗，提供了相當正向的支持。如果心理學、醫學和社會心理學者，能以更科學的方法予以逐一檢驗、測量和研究，未必就不能研究出一套科學的中國人格類型論呢！（註三）

人格動力

個體之B-G自求生存的本能，是人格結構最基本的動力。個體對其B-G的自識，而有body-image延伸於P-G，並於P-G中承受文化的型態和影響，再展露為避苦趨樂之生活場欲求的次級動力（例如：各型態的動機名利追求，以及刻板式意義性的完成）。S-G創造（自由）的意義性本質，則反涵B-G與P-G之動力結構，蘊發對人之秘密的追求與完成的強大趨力，而成為人格回歸於人性的動力來源。

各種家庭、社會文化的刺激與反應模式，都作用於生活場中，進而影響個體。個體為求生存，必得落實於生活場中，展露其能力以自證其存在。一般所謂「自我實現」，實指個體能力之自我展露（亦即表現欲）。能力之自我展露，是以B-G肌肉能的型態為最基礎。個體（人類）於發展的過程中，經由正式或非正式的教育型態，而模塑了社會文化的諸種權力體系，及能力的展露方式。例如：各種藝術與工技的成就水準，即為文化性之P-G生活場欲求（動機性）的人格動力。因此，個體之自我展露，即由B-G能力

$\xrightarrow{\text{過渡向}}$P-G的能力$\xrightarrow{\text{過渡向}}$S-G能力,而於愛裡完成。(「能力」一詞,以B-G能力為例,即指謂而成B-G功能性機能所須之能力。)總括而言,人類為求生存與繼續生存,而將B-G和P-G涵攝於S-G之後,又返身落實於P-G之生活場中,自我展露其能力。此能力之自我發展,即為個體人格之內在動力。

個體對其人格結構、內涵與型態的自識,塑成個體的「自我影像」(self-image)。自我影像是個體「所識」(所思)的內容,而個體之「能識」(能思)──自我影像所描繪的主體,即為「自我」。故以,人性特化為人格,人格再自識為自我之後,自我影像即為自我的本質。自我一詞指謂三個「我」──B-G我(生理我)、P-G我(心理我)、S-G我(精神我)。這三個「我」結構了人格,也結構了自我。所以,自我之內有三種體系一貫,卻又具不同強度與取向的勢力,相互交涉而發展。不明三位一體的理論,而以自我為單純的「一」,不但無法自我了解,更將矛盾百出而自誤誤人。

個體的自我影像是以其B-G的體感為中心,而以P-G生活場能力之展露為外延表象。個體之體感的深層自卑,總是深藏於己身之內,不欲為人所知,卻總無心的暴露於H-G的展露中,不自覺也不為大多數的他人所察知。通過個體的自我意識(self-consciousness),其人格具象化為自我影像,而鑄成個體的自我觀念(self-concept),並以之為自我實現(self-actualization)的張本。自我實現於生活場之後,外界(他人)的批評裁判(正式的、非正式的,暴露的、隱藏的,對的、錯的,真的、假的。)即蜂擁而至,視個體H-G的強弱,而有不同程度的影響。輕者,個體修改其自我觀念;重者,可令個體的自我觀念摧毀或重鑄。於此,即引發出人格動力的外在因子──環境(世界、即他人)。

個體於我─世界的交涉中,為求世界對其存在和生存能力的

認可；他必須於生活場中尋求他人正向或負向的回饋。個體自我展露之後回饋的尋求，包含了能力的、技巧的、情愛的，及知性感性各種層面。不僅只結構了社會和人際的交涉互動，更使得這種互動以及互動的尋求，返身涵攝了個體的人格，影響之而爲人格的外在動力。

個體爲求生存與繼續生存，由內迸發而出的創造力，通過人類「善」之本體，則產生了意義性與仁的道德性。這種超越的意義與道德力的尋求和發揮，把人格超昇於生理和心理的內外動力之上，而於精神層面凝鑄了絕對超越的人格動力——仁之道德性的原創力。

人格發展與人性的回歸

人格有其發展性，也有其不變性。由於人格以Gestalt的整體型態存在，故於發展的變動之中，又呈現某種穩定的特性。重要的是，這發展性必須繼續趨向人性的完成。而其不變性亦應超昇，而涵攝於S-G層面的包融之中。

人性特化爲人格的過程，即爲建立「自我」的過程。自我的再重組—向上提升，即爲人格回歸人性的過程。是以人格的發展，可以具象化爲自我來討論。個體出生之後，其自我即開始形成，而以五歲至七歲前爲關鍵期。此其間以至自我的定型，是一個外鑠的過程。其生活場中家庭、友伴環境等參考群的刺激與反應型態，都扮演了主要的角色。當個體有了習慣化的思維動作、刻板化的行爲反應模式與生活處事的固定原則之後，不論個體是否能夠完全的自識，其自我皆已塑造完成。亦即，其人性已特化爲人格。這中間，個體對其主體性的透出和運作，漸漸地越能感知而予以運用。人格塑成後，個體即運作其主體性，主動地朝其人格

所指向的方向發展。於是以考古式的歷史性結構，滾雪球般地層層累積而發展爲Freud型人格。

當個體之主體性或內發的成長或外緣的誘導，足以穿透固化的自我人格之時，個體即開始邁向自我的提升與重塑，而回歸於人性的完成。這時候，自我的功能已不止於只是行爲一致性的統整，而要求於一致性中力求更新的發展。其自省與自我評量的發展，也由自我的模塑趨向於自我的創造。個體的H_4-G不但強迫自己去面對H-G，更要去面對〔H-G〕。一般人可以發展出，更具實效的H_4-G。努力修習者，更可能藉著對〔H-G〕的全面探索，獲得整體的H-G。使其於H_4-G消弭了〔H-G〕的殊相，而提升於純粹的H-G中。

人性回歸與提升的過程中，以愛欲之美的追求爲最大的關鍵。此其間，人之主體性可積極地指向於人性的本質，而自動地朝向人性之層次的提高。於是，每個生命（人性）出落紅塵（生活場）而著相（人格），再破相化相在紅塵中成佛──人性的提升與完成。這種從宿命的有所依執的人格，再蛻化爲自由的無所待的圓滿人性，即爲人本小團體動力學之人格理論之精義所在。

註　釋

註一、參見劉修吉編著，《零歲教育的秘訣》，頁24：「人類的行爲舉止、思想、生活等，主要受大腦皮質的控制。大腦皮質約有一百四十億至一百五十億個腦細胞，這些腦細胞並不行分裂作用。而且這一百四十億個細胞當中，實際上在活動的只有四十億個左右。既然這些細胞不會分裂，爲什麼嬰兒的頭部會逐漸發育而變大呢？這是因爲這些細胞會長出神經元，每個腦細胞約可長出四十至一百條神經元，這些神經元會彼此纏結在一起，這種纏結現象就是腦部的組織發育。

頁28：「腦細胞的形狀很像海盤車，中央部分有個核，若受到外界的刺激，核就會產生像嫩芽般的東西，而與鄰近的核所生出來的芽纏結

在一起，這就是腦細胞的組織。若是嬰兒反覆得到同樣的刺激，這些配線就會變粗而更牢固，若是再有新的刺激，就會再產生別的配線。配線與配線連結的地方叫做神經鍵，新的刺激越多配線就越增加，神經鍵也會增加。單獨一個優秀的腦細胞差不多有八千個神經鍵，而人腦有一百四十億個腦細胞，也就可以有八千倍驚人數量的神經鍵。因此若能給嬰兒豐富良好的刺激，就能使嬰兒的神經增加，而成長得很順利了。」

頁24：「這些神經元的纏結現象，在零歲到二歲之間進行得最快，其速度與二歲到廿四歲的纏結速度幾乎相等。嬰兒在幼小時雖不會說話，也不會有充分的表達能力。但是在零歲到二歲這二年中，所接受的外在刺激會一絲不漏地存留在腦中，而被記錄下來，且照著所得到的情報加以配線（纏結）。一般的兒童一個腦細胞約可長出四十至五十條神經元，可是若給最大限度的發達，神經元能增至一百條。」

頁48：「人的頭腦可粗分為『舊皮質』與『新皮質』二部分，舊皮質約在出生後三、四個月至半年，最遲一年之內會發育完成，這個舊皮質是掌管人的本能性希望及情感。新皮質（現在意識）則支配情緒方面的精神活動。新皮質的完成比較慢，差不多八歲時才全部完成，至此腦部就算全部發育完成了，而一個人的個性也差不多在此時定型了。」

頁49：「以電腦來比喻人腦，八歲時hard ware部分已經完成了，這部分的好壞關係到以後soft ware之機能。hard ware部分就是才能的基礎，而八歲以後的學習是訓練soft ware的操作。雖然操作會越操作會越好，可是才能的基礎部分已經完成，所以hard ware的好壞，才是決定能力如何之主要關鍵。

頁49：「因此，最重的教育時期，還是零歲到八歲這段hard ware形成時候，其中又以三歲前為最重要。因為零歲至三歲，腦部發育占全部的百分之六十，而四歲到六歲則占百分之二十，六歲到九歲百分之十，最後十歲到二十歲也占百分之十。但是雖然這樣算，八歲以後腦

部的發育就會逐漸慢下來，而十歲以後發育的可能性是極小的。所以還是零歲到三歲這段期間最重要，而越接近零歲，幼兒的吸收能力越高。因為腦細胞受刺激後會產生複雜的枝狀物互相纏繞，在腦細胞還沒有任何機能又尚未產生枝狀物時，嬰兒的學習能力最高。到八歲以後，就會突然減退。

註二、Freud於其《心理分析論》書中說「每一個體經由天生自然性情，以及發生在童年時期事件的影響，都擁有一個人獨特的、一定的生活方式。如此，個體發展了一種「鉛版模子」，這種鉛版模子在生存的歷程中，不斷重複著自己……」筆者認為，Freud於人格理論之偉大貢獻，在於揭櫫：童年經驗對人格建構與發展之決定性影響，故以Freud型人格一詞，指稱H-G在童年即已固定之形—基結構下，其部分Gestalt的繼續發展。

註三、以上表列之人格類型學的白話註譯，請參見：楊維傑編著，《黃帝內經靈樞譯解》，p.5oof，p.4oof。

第八章
小團體動力學的人際關係理論

———————•◦●◦•———————

人際關係的本質與功能結構
人際關係的危機
人際關係的新方向

人際間的折衝，存於古今的每一個時代裡，而社會變遷快速的今天，「人際關係」四字更爲人們所注目。人類對於個體間交涉互動的本體需求並未消失，可是工業科技的進步，所伴隨之社會結構的改變，卻抑制了人際交涉的機轉。或許，人類精神文明的進化，仍趕不上物質文明的進步。但是，人類本體需求的自發性反抗，卻讓當代的人們更汲汲於更美好親密的人際關係。於是乎，人際關係的研究，也就在廿世紀的今天脫穎而出。

　　目前對於人際關係的研究，偏重在方法上技巧的改進，而忽略了人際關係本質上的研究與傳播。「溝通」（communication）技巧的大肆傳播下，人際關係的難題，變成只是溝通技巧的問題，這是謬誤之一。謬誤之二是，只知其然而不知其所以然。只知技巧而不知本質原理，當然就易於流爲技巧的誤用與濫用。

　　溝通的方法與技巧，是因地而異，與時俱化，隨人而異的。把技巧公式化地條列出來，卻易忽略每種技巧背後，所涵蘊的（人性）內涵本質。因此，人際溝通技巧的運用，就變成「搞人際關係」，成爲人際權力折衝的手段。因而，人際間愛的內涵本質，也就被拋到九霄雲外了。

　　人性特化爲人格之後，人格再分化爲角色。雖然角色的分化，並無害於人格的統整；人格的特化，也無害於人性的完成。但是，存在於生活場的角色人，要如何由角色透過人格，而深入於人性呢？爲求互爲主體性的、整體性與歷史性的穿透，人際間密切的溝通和交涉，也就成爲必然的需求。

　　本章所致力之處，即循社心形上學的人性論而下，經由人格理論的前導，企圖對人際的本質作眞切的發揚。一以救濟目前人際關係之研究與現象的偏廢，二以啓開諮商理論的大門。

人際關係的本質與功能結構

　　為了求生存，個體必須展露其能力於生活場中，為了求繼續生存以及生命的延續，個體必須獲取「我世界」中其他個體的回饋。在此展露與回饋之際，即結構了人際（互動）關係的必然性（內發的）。

　　角色制度化和社會控制之下，個體於生活場中各種能力的各種展露，仍然配對以各種不同的角色。而此角色在制度化的結構下，必然產生結構性的交涉（外鑠的）人際間為什麼可以「互動」呢？由於事件於發生之後隨即消失，以「事件之理念」的方式存在，而受到個體的P-G & S-G的絕對控制。因此，事件之理念所凝聚的意義性，以及個體其所抉擇的態度，不僅內控於個體之內也外控於個體之外，因而熔鑄了個體間交涉、互動的可能性。

　　人際互動既然成為可能，於是人際關係在內發與外鑠二種必然性的導引之下。一方面透發出人際（互動）關係的功能，以及社會得以結構的可能；另方面則蘊發了人際關係的功能結構——愛與權力（體系）。

　　人類最基礎的「肌肉能」強勝弱敗的「原始權力體系」，已在文明進化的過程中轉化。各種工商制度職級的權力體系，道德的、家庭（族）的、金錢的、才能的、藝術的、學問的、軍隊的……等權力體系，都以肌肉能的B-G權力體系為原型所轉化而來，試稱之為「文明的權力體系」。為了求生存，生活場中的個體不但要在原始的權力體系中爭勝，更須在文明的權力體系中爭勝。而於勝負之際，這些權力體系也就展示了它另一個面貌——亦即：價值體系。

　　我世界中與個體相披靡的權力體系，有些是命定的，有些是

抉擇的。人際關係裡，有無「既定」權力體系的相披，對個體間的相處有很大的影響。即使沒有既定的權力體系存在，個體間甫一接觸，個人H-G的強弱型態會自然地互相作用，而在個體間產生一種here & now的權力體系。不論是既定（永久）或臨時性團體，成員皆處於權力體系的定位，也不論有形、無形、自識或不自識，這些力動性的定位必然產生。因此，個體於生活場中的生活，幾乎可說是一場無止盡的權力爭奪戰，沒有人逃離得了價值權力的體系之外。所以，以權力體系為兩軸之一的人際關係中，「利害關係」的抬頭自然是不可避免的現象。

「哼！擺什麼臭架子嘛！」，「看上不看下，狗眼看人低」，「不會做人，一點人情味都沒……」，這是既定權力體系裡（如：工商職級的體系裡）個體對地位較高者常見的批評。而相對的，身居既定權力體系之最高位者，往往也會以「大家長」的角色出現，好像「忘」了他顯赫的權勢和地位似的，與下位者握手寒暄、噓寒問暖、不擺架子、親切可人。這些對立角色間所展露的角色行為，以及角色期待——等一下，再想想，為什麼對於我們所鍾愛的人，我們願意不計較地輸給他／她，讓他／她贏，而心甘情願的貶抑自己呢？這也就使得人際關係的另一個主軸——愛，極其明確的凸顯而出。亦即，一般的團體，以其「權力系統」當做角色行為的表象；而以「感情（人性、人情味）系統」，作為角色行為之期待與評鑑的主流。

人際互動的內發必然性，導引出愛的相需；外鑠的必然性，則導引出權力體系的相披。個體為求生存而於權力體系中爭強奪霸的本性，使得人人不甘於以弱者自居。但是，權力體系裡的高低定位，卻又是必然的事實。因此，以愛為內涵的本質期待，也就自然地引發而出。不僅只平衡、消弭了人際間利害的折衝，也使得人際互動關係，得以順遂於人性的本質。所以，人際關係可以分成——人情、友情、親情（愛情）等三個層面，而以權力體

系貫穿於三者之間。友情與親情（愛情）的論述請參見：第六章
「小團體動力學哲學之實踐」，以及附錄三「廿世紀末的兒女觀」
（刊於《大學雜誌》132期）。

　　個體間若無既定的感情系統，不論有否權力體系的相披，都
應劃歸於人情的層面來運作或討論。愛情是親情的基礎，親情是
友情的基礎，而人情的基礎即為友情與親情。由人情而入於友情，
甚至再進於親情與愛情，是人際關係裡最佳的運作模式。中國人
由個人而家庭而進於家族，以「一表三千里」而至於「四海之內
皆兄弟也」；南親北戚都夠不著了，就乾脆來個「義結金蘭」以「情
同手足」。這種以親情包含友情，再進於涵攝人情的人際關係體
系，正是人際關係之本質的最佳寫照。

　　生物設計與機體結構的相同，使得人類於能力的展露與回饋
之際，選擇了同類以為認同和溝通的主要對象。但是，個體所秉
氣質之性（參見第五章「小團體動力學哲學」之人性論）的獨特
性，卻使得人與人之間因為氣質之性的差距而難以溝通。氣質之
性的無害於己，提升至善心之性的無害於人，從有所不為以至於
惻隱之心的有益於人。再向上提升於天地之性，體悟天大、地大、
人大、己大和人人之大。這時候，個體間才有真正的「尊敬」與
「慈愛」。一方面，擺脫了善心之性因同情而施予，這種位格上一
高一低的限制與缺憾。二方面，天地之性對善心之性，尤其是對
氣質之性的反涵，也使得人際間的相通互融成為可能。

　　善心之性和天地之性的體悟，可經由個體自發的愛情與親情
來完成。因此，如何由愛情與親情來涉入人性的本體，就成為人
際關係的必修課題。這一關若是未能參破，人際關係就會變成「搞」
人際關係，流為權力體系的利害爭執。也因此，人際關係——由
愛情而親情而友情而人情，每一個有情（我）世界的完成，也就
有待於此了。

人際關係的危機

　　個體在生活場中，以角色人的型態而存在。角色是命定的，外鑠的，由社會文化所規律。但是，角色行為的強弱，對此角色（於角色人而言，幾乎可說是self。）的態度，則由個體的人格所決定。在人格理論裡極其強調：人格須回歸於人性，而Freud型人格滾雪球式的人格結構法，使得人性固化於人格，是為個體生活的一大危機。在本篇人際關係的討論裡，則又導引出個體生活的另一個更大的危機——人格固化於角色。人性特化為人格，人格又分化為角色。個體對自身角色系統的認知方式與內容，密切地影響著個體的人格。對角色本質的混淆，則易使角色固化，以致於無法達成人性的回歸。（參見附錄四「角色」）

　　「害人之心不可有，防人之心不可無」，這個「防」字所防的，除了利害關係以外，即是對方行為、語句的真假虛實。個體的行為和理念之間，向來就有若干的差距存在。人們以理念自取，卻以行為取人的病態現象，使得真假之中又增加了一層難題。行為與理念的難題，已在「小團體動力學的哲學」的人性論裡討論，此處不再重述。

　　純真與虛偽，誠實與欺騙，真真假假的牽涉了道德與價值觀。「真的」被人們所讚許，「假的」被人們摒棄。可是，「真的」真的為真？「假的」真的為假嗎？真假之際又該如何定義，怎樣判斷呢？真的未必就好，假的也未必就不好；利害所及，真的可以為假，假的也可以成真。究竟而言，是否有「真」、「假」的區別呢？

　　比如說：現有甲、乙二人，甲在獨處或某些時空裡，是個蠻有見地頗為特立獨行的人。可是每和乙在一起，卻總是表現出「好

「好先生」的樣子（行為和語言）。甲心裡雖然很煩惱，覺得很虛偽，卻不得不如此而無能改變。對乙而言，甲的行為和語言有著一致性，也都「發生」過（說了也做了）而成為事實。所以，對乙而言，甲是個唯唯諾諾的好好先生，是「真的」。可是，對甲而言，乙對甲的看法，卻可能被當做「假的」、錯的、不真實的。

換言之，某一個事件、行為或語言，雖已展露發生於現象界而成為「事實」。但是，對某個體言，可能是「真」；對其他個體言，卻可能是「假」。在個別的我世界，互有、差異的情況下，到底該以誰的我世界為準則呢？同上例，若是乙知道了甲另一層的感受和痛苦之後，那麼原本所謂的「真」，一切既成的事實，就變成「假」的嗎？若是甲以後又解悟了，那些語言和行為是因著愛，或者為甲、乙於人際力動下的必然現象。甲在承認、接受這些行為和語言之後，現在已被抉擇為「真」，那麼，過去的「假」，就會變成不真，而成「真」的嗎？而此時，乙又該抉擇其為「真」或抉擇其為「假」呢？

究竟而言，並無所謂「真」，也無所謂「假」。強言之，則一切皆為真，而無所謂假的存在。任何理念，只要曾經被思維，即為真。任何語言或行為，只要曾經被說或被做，而展露於現象界的生活場中，則為真。重要的是，必須把不同的時空分開處理，不可以真亂真。不同時空之行為與理念的衝突，不可以拿來定義「真」、「假」，而以某時空的真，來否定另一時空的真。比如說，甲以前喜歡丙，現在不喜歡丙而喜歡乙，則甲以前喜歡丙為真，甲現在不喜歡丙亦為真。不能說，甲現在不喜歡丙，所以甲以前對丙的喜歡為假。也不能說，甲以前喜歡丙為真，所以現在對乙的喜歡為假。

不管個體對事件之前後定義為何，也不論行為與理念有任何的差距，皆無所謂「謊言」、「欺騙」、「假裝」、「故意」或「虛偽」的存在。任何行為、語言、理念或訊號，只要在某一個here & now

發生或展露。對那一個here & now而言，出於個體之口，動於個體之身，就已經成爲既成的事實而爲眞。因此，here & now的方法論也就進一步的發展爲「當下即是」的本體論。here & now只是描述現象的方法，當下即是包涵了here & now，且又包含了現象本體的價值觀。個體的生活場中若以當下即是作爲運作的方法——也就是說，個體承認其每一個here & now所展露的理念言行皆爲眞，都是因其主體性而發，且具有某種意義性與價值存在。同樣的，也以這種觀點去看別人，則可避免「眞」、「假」名相的混淆，而直接於人性的本體中溝通人際間的互動關係。

人際關係的新方向

人際關係的「優劣」，是否足以批評個體的「好壞」？優劣的標準又該如何訂立呢？這些問題逼使我們對人際關係的個別價值性（對每個獨立個體的我世界而言），必須重作一番思考。通常，我們對於人際關係的要求，是建立在社會學群體共同利益的觀點。可是在群體生活中，當個體之外的需求，與個體之內的需求相衝突時，我們又該如何取捨呢？

一、當下即是的絕對尊重

位居生命論第一位格——「自證」的個體，我即世界——自求完滿的生活方式，對人際關係毫無價值與意義可言。位居生命論第三位格——「互證」的個體，其所鍾愛的對象已代表了整個世界（所有的別人），所以人際關係幾乎是可有可無。只有存在於生命論第二位格——「他證」的個體，人際關係才是絕對的一種需求。

個體於一生之中並非一直固定在某一位格，而是於不同的時空處於不同的位格，且位格遞變的速度有緩速之別。每一位格皆

具恆常性，也都必然占據個體相當長的一段時間，甚至凝固某位格而終生行之。置身某一位格，並不一定就能完成該位格的內涵；於本體論——人與自己的關係中，描述了四種層次。不同層次的個體，於相同的位格中，即有差異的展露。所以，即使是固化於第二位格的個體，其對人際交涉的需求，不但隨個體而異，也隨時空的遞變而異。

我們不願意以群體的需求，來抹殺個體的存有。也不願意因為個體的需求，而抹殺群體的存在。但是，我們必須承認，群體必得以個體為基礎。個體若有殘缺，群體絕無完滿可言。亦即人際關係的群體價值，必須以人際關係的個別價值性為基礎。以個別價值性來面對自己，而以群體價值性去要求別人，這是人際關係的普遍病態。唯有人際關係個別價值性的絕對尊重，才是人際關係之本質的最佳展露。

在人際互動的內發與外鑠的必然性交涉下，個體可因其主體性，here & now而當下即是的決定，其人際關係的型態與價值性——這是人際關係個別價值性的絕對尊重。在推己及人的心理功能下，我們不必也無權去要求別人，採行或繼續某種「好」的人際型態。自己的人際關係型態在於個體本身的自由抉擇，個體之外——其他個體的人際關係型態（亦即角色期待），則亦應承認其here & now的主體性，當下即是的予以絕對的尊重，而無任何權力予以批判或期待之。

二、H-G 的強弱取向

人際關係的權力結構，使得人人都希望成為「勝利者」，人人都希望是生活場中的大贏家。人際關係愛的結構使得我們願意「輸」給對方，讓對方享受「贏」的快感。在個體價值性的絕對重視下，則使得人際關係內涵的「友情」透發而出，而於生活場上採取「（輸贏）互等」的關係而存在。因此，「某人人際關係很

差」vs.「某人人際關係很好」……等現象,也就變成無謂之語了。可是,我們必須再深究,爲什麼個體會要求別人,必須出以某種良好的人際關係呢?這種個體之內的欲求,使得我們必須回到人際關係的本質予以探討。

首先,我們必須討論的是,當個體與個體相接觸時,除了命定的權力或愛的結構之限制(如:職級、角色或親屬關係)以外,是什麼因子,來結構二者交涉的型態與深度呢?

講人際關係,就不得不提及人際間的「第一印象」。由於Freud型的內射和外射,印象刻板化的結果,使得第一印象在人際關係中,占有(幾乎)決定性的地位。第一印象決定論,雖然不夠周延,卻是命定的限制之一。由於能夠眞正超越的人並不多,所以也就普遍的存在於人際關係中。

第一印象與伴隨其後的續發印象,其所指稱的內涵都指向於個體,B-G氣質之性於生活場的展露,即爲體型、相貌、氣質、個性、脾氣……等。亦即,人際關係的結構(結構二字當動詞用)是由:B-G氣質之性的喜惡相吸相斥→P-G善心之性的善惡相感相斥→S-G天地之性的超越相融與絕對的離棄。由B-G而P-G而S-G次第以進,結構了人際關係間交涉互動的型態與深度。

所謂的「有緣」與「無緣」,也指向於個體的B-G。所謂「他對我(人)這麼好(善意的、有利的行爲對待與關懷),好令人(我)感動(或快樂)。」這種現象即指向於個體的P-G。也正是「博取某人歡心」、「追求某人」與「獻殷勤」等,行爲的功能所在。至於絕對的愛恨,則指向於個體之S-G。

一切人際關係結構者,都必然自發地循序以進。唯有完成天地之性的個體,才可能超越命定的限制,由S-G→B-G來反身涵攝。任何人際關係的交涉,都必「先」決定於B-G氣質之性相對的喜惡。可是B-G的氣質之性,卻又本具絕對的疏離性、相對的個別性與歧異性,而又萌發了人際關係的一大難題。所以,每一個體

天地之性的完成——由絕對相等的天地之性，涵攝相對互等的善心之性，再涵攝不等的氣質之性，其重要性與價值性也就顯露無遺。

　　可是，天地之性的涉入到完成畢竟不易，成就者也相當的少。因此，以B-G生活場的場的運作，也就成為人際關係的主題所在。一般人際交涉對象（朋友）的選取，是以對本身無威脅性、無害的，以及有利的、可控制的個體為對象。所以，在個體H-G的力動下，大都選擇H-G強度較本身為弱者。面對強勢H-G者，個體會有無能的、被威脅的、被控制的、無主宰能力的、缺乏安全的感覺。吾人對其他個體之良好人際關係的需求，原因即在於——個體自身缺乏安全感。

　　當對方拋棄職級或其他權力體系之上位，而以人情系統和個體相交涉；或當對方把善意的、令人（我）快樂的行為理念指向於我，則吾人讚許對方有良好的人際關係。一方面可以避免既定權力體系的相披，二方面可以維護自己的安全感而免於被傷害。所以，在既定的職級權力體系中，居於下位的個體往往會以人際關係的注重——人情味的濃淡，來評估或要求其上位者。

　　與弱勢H-G者為友，固然可以把握自己的主體性與安全感，但對個體之自我成長，卻也是一層阻力。雖說二者在一起時，強勢H-G者應該較弱勢H-G者，得到更多也成長更多。可是，卻也使得個體過度的自我防衛，而不敢去面對既存的強者。失去了許多學習機會是一回事，不能面對人人之大，承認別人的長處與偉大，卻是天地之性之完成的大敵。因此，充分的了悟、挖掘、運作個體的主體性——一切決定在我，我只可能自殘，而不可能他傷。把安全感建立在個體之內的主體性之上，才有可能絕對的去接受任意個體。

三、個別主體性的人際關係

　　或稱某甲有良好的「人」際關係。這個「人」字當然包括了批評者。也就是某甲是和善的，至少批評者可以預測某甲不至於傷害到他。若是某甲的人際關係不好，那麼面對批評者時當然也好不到哪兒去，（雖然邏輯上不夠周延，但這種推論卻最為普遍。）亦即，對批評者而言，某甲可能具有危險性。所以個體總會要求別人具備良好的人際關係。對人際關係不好者，往往會給予以一致的、幾乎是先驗的譴責與排斥。

　　個體又如何處理自己的人際關係呢？任一個體（變態行為除外）對於（本身之）人際關係的型態，以及需求的程度都不是固定不變的。隨著時空的遞變，即伴隨有不同程度的需求。有時候他會喜歡或渴望和別（衆）人在一起，甚至去討好別人。有時候他也會盼望或要求，離開衆人而獨處，也就是說，以其他個體為觀察點而言，則其人際關係有好的一面，也有壞的一面。對此「壞」的人際關係，個體如何自解呢？「不是我不喜歡別人……也不是故意要這樣……只是我現在（或那口）的確需要自己一個人……」等具有代表性的說詞，指出主宰其展露於外的人際關係。而且，對個體而言，現在的需求才是最重要的。

　　這時候我們就可發現，個體對於人際關係的評鑑有著雙重的標準。個體以自身的需求和意志為主體，包含其人際關係的好壞；卻忽視了其他個體的意志和自體需求，只單純地、偏執地「允許」（要求）其他個體表現出絕對（不管任何時空領域）良好的人際關係。這種荒謬的雙重標準極其普遍地存在每一個體身上，卻又不自知，也因此而導致人際之間許多無謂的困擾。所以，任何指向於別人的人際關係評判者，都是那麼恰如其分地暴露其本身的缺陷。在社會心理學觀點上，每一個個體的利益當作大前題的信念之下，則已透發出人際關係的新方向——個別主體的人際關係

——對每一個個體之主體性的絕對尊重。亦即，打破雙重的評估水準，當下即是的承認對方主體性地存在，對應於自己的評估水準，去評估對方。

人際關係的難題，大抵都出於對人際關係本質的誤解。本質既已歪曲，展露的技巧、方式當然就缺漏百出。某甲若已成就天地之性的人人之大，就不會去批評、中傷、忌恨或攻詰別人，當然也就不會「接受」別人對他的評批。這一點很重要，別人罵我→我不高興或生氣。這種反應型態表示出，不管別人是罵對了或錯了，我都已經「接受」了別人的罵，所以我才生氣。可是，讓我們回頭想一想，為什麼別人罵我，我一定要「接受」呢？何況罵錯了，我根本不是那樣。那幹嘛我要「接受」下來，把別人的罵當真，好像真有這麼一回事一樣，生什麼鬼氣。不管別人說什麼罵什麼，我可以主體性的抉擇願不願意接受。如果不接受，那麼「吹縐一池春水」干我底事！究竟而言，別人罵歸罵，也沒有規定我們一定要接受啊！為什麼以前我會來者不拒照單全收，而忽略了我的主體性呢？（真笨！）某乙若體悟愛與家（婚姻）的本質，他一下班當然就立刻趕回家，儘量找時間和太太在一起，關注她的言行，幫她做家事。所謂技巧，只是本質所展露的自發現象與方式。捨本逐末，要求某丙去「完全地傾聽」、「讓對方多講話」、「找時間多陪……」……等，而忽略了對其本質與內涵的重整；不但事倍功半未得其所，也易流於權力爭逐的工具。

經由上述的討論，人際關係——愛與權力之哲學的本質已透發而出。在個體主體性之人際關係的絕對尊重下，here & now之方法論，於人際關係體系所完成的——當下即是，不但是自識識人、人格修養的一大法寶，也將成為諮商理論和小團體動力學的重鎮。

第九章
小團體動力學的諮商理論與變態理論

• • ● ● • •

互為主體性的諮商關係——禹化巨熊李冰為犀

諮商的基本概念

諮商實務

小團體動力學之變態理論

諮商理論與實務所面對的，是人之現象的難題。人之現象，是人之本質的展露。人之現象的難題，不論是理念或技巧所致，都源自人之本質的謬解。人之本質是相通的，人之現象是歧異的。一個完善的諮商與小團體動力學的建立，必須透出難題的表象，焦注於人之本身。再透出人格的層面，直抵於人性的共相存有，而於人之本質的層面，尋求人之現象難題的解決。務於正本清源的同時，協助當事人開發與建立，其自屬的、完善的人本哲學，以求有能力的、主體性的創造健康美滿的生活——這就是小團體動力學諮商理論的宣言。

互爲主體性的諮商關係——禹化巨熊李冰爲犀

　　諮商的對象，是指向當事人的「自我」。所以，諮商員「自我」的存在，也就成爲諮商室的一大難題。諮商員的自我應否存在，以什麼形象存在，又以何等關係和求助者的自我共同存在呢？先民們面對滔天洪流，面對橫山豎嶺之時，隨地變身，與時俱化；以不同形象的「我」，發揮、展露最合宜有效的行爲。孕育於中國神話的教示，也就深深地撥出了諮商關係裡，最精緻微妙的第一顆火星。

　　非專業的諮商行爲，普遍地存於人際之間。人際間的助人行爲予以專業化，就成爲諮商行爲；人際間的助人關係，也就專業化爲諮商關係。在本質上，諮商關係（或行爲）對人際關係（或行爲）而言，只是某種特化而非脫離。諮商過程，也只是人際的互勵而已。諮商關係的特點是：它伴隨著諮商行爲，而僅僅限於諮商室之內。諮商室中所進行的諮商過程，實際上只是一些語料與動作的呈現和交涉，這是唯一具體而可以觀察控制的。

　　諮商員與求助者在收訊和發訊前後，對雙方之語料與動作，

個別予以意向性的組織，也就成為雙方認知的語言與行為。諮商室中的語言與行為，代表著諮商員與求助者，雙方態度的相對展露（或反映）。態度是指謂雙方接受與解釋刺激的傾向，以及選擇與發出反應的傾向。雙方之語言與行為的操作，受到本身語言與行為系統的限制。諮商員對其自身之語言與行為系統的了解與控制，是從事諮商工作最基礎的條件。限於題意，本文先予以存而不論。在對自我語言與行為系統充分的了解與控制之下，諮商室中語言與行為的操作，則受到先驗之諮商關係的控制。

一、天堂之旅

諮商關係應是明朗、具體的，並為諮商員與求助者雙方所肯定而接受的。但是求助者對諮商關係的認知，一是諮商前某些先入為主的觀念，二是諮商過程中所得到的推論，三是諮商員的告知。易言之，求助者對諮商關係的認知，有兩個特徵：一是模糊的，不周延的；二是由諮商員所控制的。

就諮商實務而言，至少在諮商初期，雙方的諮商關係是由諮商員所控制。對諮商員而言，他也願意諮商關係在他控制之下，而如其意願的呈現。所以諮商員在與求助者接觸之前，其所認知的諮商關係，以及面對面所表現的諮商關係，也就成為諮商室中諮商關係的樞紐。

對求助者而言，諮商室以外的實際生活，比在諮商室中和諮商員的互動更為重要。這是每一個諮商員，都必須承認的事實。然而求助者於諮商室中所面對、所發生的一切，並不屬於求助者的生活。諮商室時空超然獨存於求助者的生活場之外，諮商關係超然地獨存，迥異於一般的人際關係。這是目前諮商理論所期待的趨勢，也正是其理論的謬誤所在。

諮商關係被諮商員期待為專業關係之後，諮商員又必須發展出專業人格來操作。專業人格的發展與運用是否可能呢？在包括

Arbuckle and Wicas，Walker and Piffer等等的許多研究中指出：「諮商員在諮商工作中所表現出來的，常常是他個人的人生哲學。」「諮商員在諮商工作中所做的，只不過反映出他個人的自我觀和價值體系。」諮商員於諮商實務中，若能充許、認知其真正的感受，他往往可以發現：專業人格，只存於理論上的設想而已。

專業關係的理念，使得諮商關係與人際關係之間，割裂出一條遙不可及的銀河。對於這個問題，卡爾・羅吉士雖然沒有進一步的解析，卻提供了極為睿智而深刻的自省。他強烈的感覺到，由於諮商員自身安全感的缺乏，而如同反作用一般地要求，發展「專業」的關係與態度，以保持某種「安全」距離。

專業諮商關係的前提下，諮商室的經驗成為求助者的「天堂之旅」。諮商室的諮商員刻意經營一種關係（氣氛）──溫暖的、親切的，沒有危險、沒有威脅，沒有一般社會規範，沒有任何壓抑而絕對安全的情境。求助者的日常生活中，這種情境是幾乎絕對不存在的。但是，現在出現了，出現且成為求助者生活的一部分（甚至全部）。可是天堂的守護神──諮商員，卻明說暗喻的告訴他，這是天堂（諮商室），這不是你生活的一部分。而天堂的守護神──諮商員也就與求助者保持了某種不存在的（對求助者的生活場而言），撲朔迷離的關係。於是，諮商員也就極其巧妙地，把自己置身於「絕對安全」的諮商關係裡。

我們都清楚地了解到，任何人際關係，都必須回饋於家庭關係的原型（例如：「朋友」要親如「手足」，要義結「金蘭」。詳見第七、八章：人格理論與人際關係理論）。一旦脫離了父母、兒女、兄弟、姊妹等人際關係的原型，任何關係都是抽象的、不存在的。求助者所面對的是「躲」在重重盔甲之內的諮商員，這種諮商「關係」是極其諷刺的。

求助者在充滿危險與限制的人間──生活場「受傷」了，再

進入毫無危險與限制的天堂——諮商室「療傷」。然後結束「天堂之旅」，又回去面對不像天堂那麼「好」的生活場。諮商過程中，會有所謂的依賴、轉移、反轉移；諮商該結束時，求助者所以會一拖再拖，原因都在於此。姑且不論，求助者是否有放逐「人間」的「幻想」，這種天堂之旅的療傷模式，就值得賦予懷疑。當精神醫學已從「生病—住院—出院」傳統醫學模式中破繭而出，積極開發「醫療社區」、「生活治療」等更健康而具體的治療取向之時，任一個熱心而且有實力的諮商員，是否仍高踞守護神的角色，一再地在人間舉辦天堂之旅呢？

諮商室是人間的天堂，而非與人間睽違的天堂。諮商關係，是最美好的人際關係。諮商室的經驗，必須與求助者的生活融為一體。當我們尋覓新的、更理想、更健康的諮商關係時，我們必須對諮商關係所依存的場域——諮商室空間對於諮商員與求助者個別的意義，以及行為上的影響，有完整而具體的認識。否則的話，諮商關係只是一種「不知其所以然」的空論，只是「徒知其然」的空中樓閣罷了。

二、諮商室行為

諮商員常苦心孤詣的，甚至憂心如焚、語聲如雷的一再告訴自己——平等，不要控制求助者，保持求助者我平等的地位。可是，卻很少有諮商員願意把眼睜開，看看諮商室中必然的限制，以及無可避免的行為傾向。在傳統的諮商室理念下，諮商室那扇門，有如經過魔咒一般，門裡門外是截然不同的世界。這是每一諮商員和求助者都可以真切感受到的。門裡門外，究竟有如何不同的語言與行為？說得誇張些，如果諮商室中的諮商員是在出賣「色相」的話，求助者就是在出賣「靈魂」。

無論參與哪一種遊戲，都必須遵守那種遊戲的規則。諮商員與求助者，一旦要建立諮商關係，就「必須」遵守諮商室中的定

律，否則諮商行為就無法運作。諮商室是一個特定的空間，由於諮商員與求助者的進入，在開始─運作─完成諮商歷程的目的下，賦予了諮商室的某些空間屬性。對於此空間屬性的認知（有意義或非意識的），使得諮商員與求助者的語言與行為，都規律在諮商室空間的「外在」壓力之下。諮商室時空對行為的影響條列如下：

1. 此空間由「求助者」以及「助人者」兩個單位所結構而成。就人性本體而言，助人者是施予，求助者是接受。當個體無以自解，而向其他個體求助時，個體本身即可意識某種無能的、卑微的理念（心境）。當其他個體向其求助時，個體本身即可自識某種「我能」的優越感（能力的優劣，是個體有無存在之能力與價值的展露）。事實上，至少在求助者所求助的範圍內，或者是求助者求助之時的狀況，助人者必須優於求助者，否則也無從援助起。因此，兩者甫一接觸，位格結構上自發（不須經由個體有意識的操作）的力動能力（H-G勢力的相交涉），諮商員也就領取了諮商室中權力體系的上位（掌權者、強者），成為天堂的守護神（不論諮商員是否意識到，事實上他已經是，就是）。他隨時可以說「這邊走，請跟我來。」也隨時可以亮出「遊客止步」的指示牌。

2. 此空間對諮商員言，是熟悉的，是主人，是擁有者。對求助者而言，卻是陌生的，是客人，是侵入者。基於人類對陌生、不熟悉空間的本能反應，任何人都可從日常的生活經驗中，預知求助者的心理與行為會有如何的轉變。可預期的是：缺乏安全感的、畏縮的、自我保護的、試探的，或者有以上現象的反向言行出現。

3. 此空間對於外界，是絕對封閉的。但是，卻也是開放的

——對求助者而言，在此空間之內向諮商員開放。

4. 此空間內的活動，對於外界是秘密的。但對求助者而言，卻成為秘密的曝光者——在此空間之內向諮商員公開。

5. 求助者於此特定空間，（被）期待，甚或要求——「必須」開放自己，解剖自己。展露一個赤裸裸的人於「陌生人」（諮商員）之前。

6. 求助者必須接受諮商員的鼓勵、暗示或詢問，重複的述說自己。（對求助者而言確為重複）。而所要敘述的「自己」，卻往往是他所不願再看到，再提起，再想到的。

7. 封閉的諮商室裡面，相對於求助者的「我」而言，諮商和諮商室時間與空間，就成為求助者的「我世界」。諮商員成為求助者之我世界的焦點與代表，而諮商室時間即諮商員與我，運作於其求助者世界的舞台。在諮商心理學的本體論基礎上，每個個體都有差別的認知世界（指對於現象界、生活場與意向界。）。亦即，每一個「我」，都配對有一個「我世界」。個體的生命歷程，可視為人—世界交涉的歷程，個體於我世界中展露其能力，以自識其存在與繼續存在。並尋求世界的回饋與承認（其能力），而肯定、支持與保證其存在與繼續存在的價值。因此，諮商室時空內，諮商員也就成為求助者之我世界的代理人。

8. 諮商員的回饋、接受與肯定，對求助者而言，即為整個世界對其回饋、接受與肯定。諮商員的拒絕，就成為整個世界對求助者的否定。

9. 諮商室時間，為求助者所擁有。

10. 諮商員必須確認，他只是「求助者之我世界的焦點與代表」。諮商員在諮商室中先天的權力優勢，只能運作在上述的位格（或角色）結構之內。

11. 諮商室內，求助者於其我世界的運作，仍然要求：人（我

→求助者）之展露，我（求助者）的能力的證明，以及人（求助者）於世界（諮商員）的被接受與被支持。而非求助者之「事件」，或「人」的討論與解析。

12.事件與人「客觀的」討論，以及自我陳述或解析，雖然具有「淨化」，以及「客體化」的功能。但相對於諮商員的存在而言，則成為人（求助者）之秘密的發掘與暴露。這種單向「研究與解決」的過程，將導致求助者的不安、焦慮、防衛、反抗或攻擊的本體（自發的）反應。

13.具體的界定與了解，諮商室中諮商員與求助者的（角色）關係之後。諮商員的行為即包括三種成分：一是允許或引導求助者，在諮商員所提供的諮商室內──求助者的我世界，展露其「此時此地」的我。諮商員須戒除和求助者搶地盤的行為，把諮商室的「主人」讓還給求助者（即以求助者為的「形」，諮商員為「基」）。二是恰如其分地善盡求助者之我世界的代表（代理人或焦點）的功能。在絕對無條件的尊重下，適時而誠意的提供正向或負向的回饋。三是肯定我世界有拒絕的權力，而求助者面對世界所提供或回饋的訊息時，也有（選擇性的）接受與否的權力。

　　獨自思考，以及把思考的內容告訴別人，在本體上的意義，是完全不同的。求助者於非諮商情境，對其難題的自我解決，於其「我世界」而言，仍停留在個體之內的「我」。求助者於諮商情境的思考與敍述，則使諮商員成為求助者「我世界」的代理人；並與求助者的「我」相互呼應，成為其於我世界之展露的焦點與回饋。經由上文1.～6.，將諮商室中的活動，視（還原）為求助者此時此地的生活場之後；繼以7.～13.，則將自發的力動行為，定位在具體的角色關係之內。

三、互為主體性

循上述的討論，諮商關係是一種助人關係。但是助人關係中，位格之權力結構（高vs.低）的限制，卻導致諮商實務上的另一難題。因此，諮商關係不應止於助人關係，同時也應該是最美好的人際關係。助人關係之高低位格的力動現象，還原於上文10.的本體基礎之後（以求助者為中心的）。什麼是最美好的人際關係，也就成為最關心的對象。

最美好的人際關係，建立在對任一個體之絕對尊重與接受的基礎上，亦即——個別主體性的人際關係。在普遍的人際交涉中，個體往往非常尊重自己的主體性（我要——個體於此時此地的意向），而忽略了其他個體的主體性，甚至拒絕或否定其存在。於是，個體隨著心情的轉換（不同時空的需要），允許自己展露不同的人際關係型態（好的、壞的、合群的、孤獨的……）；卻要求其他個體，必須於任何時空，都保持好的人際關係。所以，個體如同尊重自己的主體性一般地，去尊重其他個體的主體性，是人際和諧的第一個主題。

人與自己的關係，先於一切關係而存在。當某甲不能接受（不喜歡、不甘、不願、拒絕、否認）其與某乙交涉之時，所展露的「我」（此時此地所呈現的語言與行為模式）的時候，他會告訴自己或別人：「我不能『適應』某乙。」這種語文的誤用，相對於個體內在的錯誤認知。個體所不能適應的，不是彼時彼地的「別人」，而是彼時彼地的「自己」。歸因系統的誤用，使得人際間「不能適應對方（某某人）」的呼聲四起。由於不能接受自己，也就拒絕了別人。個體對於其他個體的接受，建立在個體自我接受的基礎。那麼，在自我接受的基礎上，該如何去接受其他個體呢？

接受的對象，是指對方的理念與行為。接受本身，則是一種態度。所以，問題亦不在於「如何」去接受，而在於「為什麼」

要（而且可以）接受（這正是每一個諮商員，都必須面對，必須自我回答的一個問題）。接受，是對其對象之存在的肯定與支持。接受並非沒有評價，而是肯定其於對方之個別意義與存在，支持其於對方之主體性（或認知結構）的價值。設若某丙不能接受某丁，即使某丙並未表現任何批評，可是，他已經懷疑或低估或否定了某丁，認為某丁所展露的理念，是不夠成熟的，不自知的，不能自我控制的，沒有意義的，沒有價值的，不可或不應該如此存在的……等。就在那意念萌發的同時，某丙已把自己的位格，提升於某丁之上。

所謂「眾生皆有佛性」，「禮佛」就是「禮拜自己」；「禮佛」的積極意義，更在於日常生活中「禮拜眾生」。基於對方同樣是「人」（共同存有），而且是「某丁」的（在世存有）基礎上，任何個體都沒有權利或義務，去低估或否定其他個體——亦即，不接受其他個體。尤其是沒有權力與義務，以低估或否定其他個體，作為高估或肯定自己的手段或目的，這是人際和諧的第二主題。而「個別主體性的人際關係」——對每一個體的絕對與尊重，也就於此透發而出。（詳見第八章「人際關係」）

在特化的助人關係，以及個別主體性的人際關係，兩者交互匯流之下，諮商關係就不止於助人的關係，而更進一步地發展為相互成長的人際關係——「互為主體性的諮商關係」也就誕生了。諮商員並非提供求助者毫無威脅、絕對安全、絕對自由的情境，使得諮商情境迥異於求助者的生活場。而是與求助者共同去面對生活場充滿危險與限制的情境，並且變身成為相同情境下求助者的另一個「我」，而與求助者成為對等的、自由的、互為主體的關係。使得求助者不再孤立無援的去面對其我世界的難題，而有一個可以相呼應、相憐恤、相依靠、相推進的「我」（諮商員）為伴，共同邁向問題之解決，以及自我成長的途徑。

諮商員欲與求助者一起成長，首先就得調整其「原點」而與

求助者「同步」，才有可能互等、自由的、互為主體性的成長。對諮商員而言，他必須把本具的人性內涵，貫注於求助者角色與人格樣式；並以求助者的人格樣或角色，來展露自己的人性。一方面自己成為求助者，二方面求助者也變成了自己。求助者的難題變成自己的難題，諮商員也就可不失主體性的，自發的去解決難題；而在同時，求助者的主體性也獲得充分的尊重與發展。

對求助者言，一個是我（求助者），一個是「我」（諮商員）。求助者我的本質有殘缺，而在現象上陷於停頓之時，則由諮商員「我」，以較完美的本質，於現象上援助，而一起發展與成長。求助者從諮商員「我」身上，比一面鏡子還清楚地看到活生生的我。看到我遭遇難題，難題之前，難題之中，以及奮力超越、充滿推進力的「我」。使得諮商員的思考，就等於求助者的行動；求助者的思考，就等於諮商員的行動。諮商員的感受是，我在解決，而非替求助者解決。求助者的感受是，我在解決，而非諮商員替我解決。達到二者合一，一起成長（諮商員或求助者的成長，就等於求助者或諮商者的成長），一起解難題的境界——互為主體性的諮商關係。互為主體性的諮商關係下，歷來於諮商過程所考慮的：指導、非指導、責任、依靠、轉移、反轉移、刺探、防衛、反抗與攻擊等問題，也就不攻自破，從根拔除了。由於諮商員以求助者的語言與行為樣式展露其主體性，且盡力的趨近於求助者，求助者所面對的是另一個「我」（諮商員），而非其他的陌生個體。所以，同理心、真誠一致、絕對接受、溫暖感等諮商要素，也就自發的在諮商員與求助者間相互交流。

四、諮商員的專業知識

諮商員有無成為求助者的能力呢？求助者在諮商過程中，逐漸的感受到另一個「我」，已經漸次的形成。但是，求助者願意接受另一個「我」嗎？這是互為主體性諮商的一個大難題。而諮商

之所以成爲「專業」，原因就在於此，功能也在於此。

　　社會心理學的研究成果顯示，一般的人際關係裡，個體有選擇與自己具「相似性」特質者爲友的傾向。「相識滿天下，知己有幾人！」人們對於「知己」雖有企盼之心，但是，當知己出現而趨近時，卻常有逃離、躱避的現象。沒有深厚的感情基礎，而面對一個具有「知己」能力的個體時，源於自我防衛的，不安全的、畏懼的行爲立即出現（深刻如互爲主體性的人際關係，只存於人際間異性的愛戀與親情，請參閱第六章「愛與家的形上學」）。

　　諮商室中的二個陌生個體，欲以互爲主體性的關係相聯繫，除卻「專業的諮商員」、「專業的諮商關係」外，就無法竟其全功了。在求助者先驗的概念裡，諮商員是一個「專家」，一個「專業」的諮商員。求助者如此的認知，使得諮商員的位格特化，而互爲主體性的諮商關係得以成立。一般人更容易把自己的事情，講給老師或某種權威聽，卻不容易透露給周遭的人知道。如果求助者與諮商員預存某種實質的人際關係，如親戚朋友或異性愛的現象，互爲主體性的諮商關係反而不易建立（源於求助者的顧慮）。諮商之所以專業化的功能，即在於求助者先驗態度的保存，以允許互爲主體性諮商關係的存在。是以不須也絕不可以混淆亂用，把諮商室割離於求助者的生活場之外，而成爲諮商員的護身符。

　　互爲主體性的諮商關係，可以說完全控制在諮商員的手中。諮商員的素質、諮商的能力，也就成爲關鍵性的樞紐。諮商員要能完全地接受自己、了解自己，控制自己的語言和行爲系統。每一時刻所展露的語言聲調、表情動作、內在理念與外顯行爲的相關與差異等，都必須在諮商員的自識以及控制之下。尤其是角色的變換、人格模式的轉化、人性層次跳躍等內涵能力，更是諮商員所不可或缺的專業能力。至於本文所述之理念，更爲諮商員必備的基礎。否則，「諮商關係」將只是抽象名詞，模模糊糊的兀立在諮商員與求助者之間，成爲諮商過程的一大難題。

諮商的基本概念

一、諮商於求助者生活史之定位

　　諮商行為的發生，是因為求助者的存在。尤其是整個諮商室時空，也都是以求助者為中心。所以，在討論諮商概念時，我們首先要了解：個體在什麼情況下，會成為一個求助者？

　　個體出生後即逐漸地成長，在個體發展的過程中，若遇無法解決之難題，則此難題將迴向於此發展中的個體，而導致二者間發生了如圖9-1所示之「ＣⅠ」循環。若此個體仍無法解決難題，而此難題又於日常生活中占有重要位置，則個體將停止發展而陷

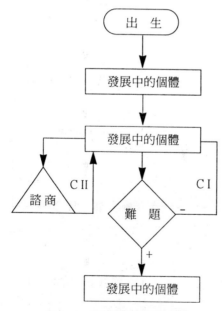

圖9-1　正確的諮商模型

身CI循環之中。陷身身歷CI循環之個體,若向專業諮商員求助,則有諮商行為產生。此諮商行為亦迴向於此求助之個體,而發生CII循環。CII循環的存在,即代表處於此困境中的個體已成為求助者。

此求助者與諮商員彼此間,發生諮商關係而有諮商行為。且此諮商關係與行為,不但成為求助者日常生活的一部分,也成為求助者發展新的能力,以解決其難題的契機所在。當求助者有足夠的能力自行處理其困境之後,CII循環隨即消失,求助者的角色亦隨轉換成「發展中的個體」而繼續成長。

在個體生活史的流程圖中,為什麼CII循環的位置要定位在圖9-1,而不定位如圖9-2?

為什麼諮商關係與行為,不直接指向個體的困境與難題呢?此即專業諮商關係與行為,相對於一般人際關係中助人關係與行

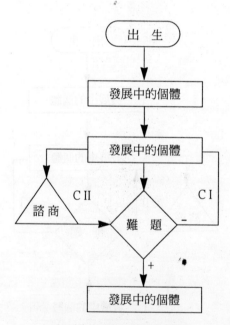

圖9-2　錯誤的諮商模型

為的差別所在。一般的助人關係與行為，總把焦點集中在困境與難題本身。其步驟如下：一是探詢難題的來龍去脈，二是進行因果歸屬的判斷，三是提供解決的方法和技巧。當這種模式繼續發展至「指導式諮商」時，此助人模式骨子裡所暗藏的預設，也就更清晰地浮現了出來。持此論者認為：個體所遭遇的難題，不外「理念」與「技巧」二個層次。理念上的難題，表現為「不知而行」、「誤知而行」（誤知指錯誤的理念，如理性情緒治療法）和「知而不行」。技巧上的難題，表現為「知而誤行」、「誤知誤行」、「不知不行」。於是，知而不行是理念之知的不足、行之技巧的缺乏或錯誤所導致的。所以，不知者令其知，誤知者矯治為正知，誤行者矯治其行，不行者教其行令其行。知是指謂理念，行是指謂技巧。於是，助人或諮商行為的焦點就在於：正確理念之釐清與正確技巧之傳授。夠了嗎？這樣就能滿足求助者的需要嗎？

「道理我懂，我知道怎麼做，我也願意去做。可是，我就是不能，我無法……」，當求助者說出這句話時，上述的預設也就暴露出其不足了。這種把處於困境中的求助者，視為缺乏某種能力──理念或技巧之正確「知識」的預設，可以導引出二種推論。一是根本上缺乏某種能力，故須予以傳授、修正或釐清。二是求助者某種能力的缺乏，是因為此些能力被情緒或某些現象所遮掩阻斷而造成的假象；根本上，求助者是具有潛力的，只要幫他除去那些障礙，給他充分的時間、空間和機會，他就可脫離困境而出。前者是指導式諮商對求助者的預設，後者是非指導式諮商對求助者之預設。

前者很清楚地歸屬於，圖9-2所表示之諮商行為於個體生活史之定位方式。後者看似圖9-1，其實卻也屬圖9-2。因為此二者對於求助者的定義是：「緣於缺乏某種能力──理念或技巧之正確知識，而造成生活上的困境，以致無法解決並向專業諮商求助之個體。」此一基本預設，代表兩個極端的發展，一個是對求助者主

體的忽視，一個是對求助者主體的過度膨脹。對於前者，我們擔心主體性喪失以致被壓迫的可能，和知識之獲得只及於現象之一端，而使得個體仍將於其他時空製造出其所無法解決的難題。對於後者，我們則憂慮：強迫或等待一隻不會生蛋的公雞或母雞下蛋，會有怎樣的結果？

二、諮商的目標

本文揭櫫之諮商理論，對求助者的本質有如下的看法：求助者是指謂造成或遭遇無法解決的難題，而向專業諮商員求助的個體。表面上此個體可能缺乏──發展正確之理念或技巧的能力。事實上，此類個體普遍地缺乏內在的「動力系統」，以驅使他去面對處於困境中的自己，去解決他所遭遇或製造的問題。此所以「道理我懂，我知道怎麼做，我也願意去做，可是我就是不能，我無法……」的原因。此也所以，諮商關係與行為必須如圖9-1，迴向於處在ＣＩ循環中之個體的原因。

諮商的目標，也就不止於幫助個體解決他目前的困難，也不僅止於幫助個體發展其能力，讓他不但能解決類似的困境，也能不再去製造類似的困境。而是更進一步的促發個體的「動力系統」，引導個體的動力系統，甚至建構個體的動力系統。求助者不但需要修正或學得某些正確的知識（包括如何處理情緒的知識），他更需擁有創造、發現、尋找和實踐這些知識的內在動力。那麼，什麼是個體的「動力系統」呢？

動力系統是指謂：個體日常生活中「活力」的泉源，是支持個體、引導個體的某種意志力，是個體生活最重要的核心，是個體為之而生存、為之而努力的價值關聯（value-relevance）。

若是個體缺乏動力系統，或個體的動力系統所產生的動力，不足以應付周遭事物；或個體的動力系統被破壞，那麼個體就無法完善地處理生活場上的事物。此個體不但無法解決難題，反而

會去製造難題，且一再加深其困境。於是個體就會有挫折感、無力感、自卑感甚或疏離感，處於悲戚、焦慮、矛盾、憤怒、無所適從的情緒中，而有「我是無能的」、「我是不適於繼續存在的」、「我是不存在的」諸種自我影像產生。是以，個體所選擇、建構之動力系統的優劣良窳，直接影響了個體的自我成長，以及其與生活場中外在環境壓力的對抗。

　　個體具有多方面發展與繼續發展的可能性（即潛能），但個體卻並不一定能夠自識此種可能性的存有。個體即使自識得到，也不一定能夠運作此可能性。個體即使能開拓其可能性，卻不一定能完全發揮其能力。這些歷程的發展，都需要有動力系統存在，以不斷地供給其活力、衝力、意志力、持續力與創造力。個體的動力系統有內外之分，「外在動力系統」是指：個體以某些文明權力體系之上位的追求，或他人情愛的獲取，為其動力系統的核心。亦即以某些目標的追求或目的之完成，來建構其動力系統。當這些目標或目的，包含有外在組成因子，且個體無法完全控制這些外在環境（他人、事、物）因子時（個體本來就無法完全的控制，甚或影響外在因子），個體的動力系統易於產生「功率不足」、「出力太小」（套用音響術語），以至「聲音太小」甚或「推不動喇叭」的困境。甚且，此系統由外界環境因子所影響、控制，而導致損壞、瓦解的可能。

　　「內在的動力系統」是指謂：個體形上的、倫理的、宗教的、絕對意義的價值觀。尤其是以家庭中孝悌撫恤之親情與關愛，為其安身立命之根基，而孕育萌生的內在動力系統。此內在系統對個體言是不變的，是可控制的、永恒的、完完全全屬於個體所有的。個體必須建構、擁有且能夠運作此內在動力系統，其於生活場中面對自我與社會環境的三重戰鬥，才能獲得一進可攻退可守的橋頭堡，才具有強大的「攻擊力」、綿延不絕的「補給力」，以及修養生息自我療傷的能力，才能繼續發展與持續其外在動力系

統。個體若只有外在動力系統無內在動力系統，甚或錯把外在動力系統當成內在動力系統，則其生活遲早會陷於困境而不克自拔。

仁愛的道德心，尤其是家庭中孝悌的完全實踐，成為個體擁有內在動力系統與否的判準。求助者若已擁有內在動力系統，諮商重心才能只焦注於理念與技巧之（正確知識的）修正。否則，諮商員就必須穿透求助者的難題，直接面對「處於困境中之求助者」，而去幫助求助者修補、重建或再建構其內在動力系統。

三、難題分類與提升

「穿透難題」這句話說來簡單，做卻困難。由於現象界的龐雜，在各個差異之意向界的運作下，個體於生活場所暴露出的難題，不但繽紛雜沓而且千形萬象。「學業問題」、「家庭問題」、「愛情問題」、「職業問題」……等傳統的難題分類法，只描繪出難題的表象，抓不住難題的核心，更無法掌握、辨別「處於困境中之求助者」是怎樣的一人？循社心形上學而下，處於困境中之個體——求助者的特質，可以下述難題的分類來予以掌握、區別：

· **生之剝奪——死與毀滅**

　　指謂：對於生命之存在的威脅。

· **生之延續——自我實現的剝奪**

　　指謂：個體之繼續發展的努力及其可能性，所遭遇的障礙與限制。

· **苦樂之剝奪**

　　指謂：生活場中避苦趨樂原則運作時，所遭遇之障礙與限制。

· **意義之剝奪**

　　指謂：意向界中絕對意義之價值感的運作，所遭遇之障礙與限制。

· 「I-Can」能力之展露的剝奪

指謂：個體能力之展露，在原始（權力體系中）尤其是在文明的權力系統中，所遭遇之障礙與限制。

· 世界之接受的剝奪

指謂：個體能力之展露缺乏對象，或遭遇其所選擇之對象的拒絕與否證。即個體之「我」與「我世界」的疏離或敵對。

· 人與自己關係的失調

指謂：人對自己的誤解、扭曲、限制與逃避，尤其是不能接受自己。

· 人與他人關係的失調

指謂：人對他人的誤解、扭曲、限制與逃避，尤其是不能接受他人。

· Freud型人格的限制

指謂：Freud型人格之結構與內容的衝突，以及個體對Freud型人格之自識與突破，所遭受的障礙與限制。

經由上述分類和類別間的關聯，諮商員即可直索——此求助者到底是處於什麼困境中的個體，以及求助者是怎樣子生活在此困境中——他對此難題的態度和求助者與其困境的關係。

求助者所處的難題，實際上也就是求助者之H_4-G的特質。當這些難題發生之後，經過CI不斷地循環而未能解決之時，求助者已經從「發展中個體」蛻變為「為難題所困的個體」或「處於難題中的個體」。也就是說，個體H_4-$Gf_{(n)}$的n值不再是變動的，求助者之H_4-$Gf_{(n)}$的n值可能已經固化於某個數值。設若此n值為5，這個遭遇難題無法解決反而陷身於難題的個體——其實該說：這個發生難題也成為難題的個體即為H_4-$Gf_{(5)}$。比如說，事件A在個體的生活史上，造成了極大的難題。這時候真正成難題的並非事件A，而是無法處理事件A之個體本身，所以事件A的處理並不重要。某些較親密之人際關係型態裡一經出現某程度的裂痕或質

變，則永遠再也無法彌補，即因個體之H_4-$Gf_{(n)}$在困境下暴露出其嚴重的缺陷或變化；而這種變化的出現，即此H_4-$Gf_{(5)}$的型態，根本就無法被其本身接受。不但如此，個體也會刻板化於此H_4-$Gf_{(5)}$，除非H_4-$Gf_{(5)}$本身獲得某種紓解，得到H-G的接受，並於$\{H\text{-}G，〔H\text{-}G〕\}$中打破n＝5的固化，使n值恢復自由變化的狀態。否則，事件A或任何難題的解決，對此個體而言都是沒有意義的。所以，當個體置身諮商情境而爲求助者之後，其所期待於諮商過程中解決的，並不止於其難題，而更在於其H_4-G。所以諮商員所要致力的，也就必須從求助者與其難題的關係，移位至求助者與其自己的關係。

四、傳統諮商的場面構成

傳統的諮商情境中，「場面構成」大致如下所述。求助者經由諮商員的引導，進入一間佈置樸素而溫暖的（小）房間。諮商員隔著一張小桌子，以平行或對角的方向，坐在另一張椅子上。諮商的單位越有錢則諮商室的椅子越舒服，佈置也越漂亮，有花、有畫或其他裝飾品。共同的特色是，那兩張椅子相當突出，甚至椅子只有那兩張；當然，某些諮商室也會擁有整套的沙發椅。二人就座之後，不管諮商員以什麼表情，說些什麼話，或不說話而期待求助者先表白，都是在向求助者探詢：「你遭遇了什麼難題？」

求助者在諮商員上的引導下，自自然然的成爲諮商室中的「客人」。對求助者言：這是一個陌生的地方，諮商員好像對這兒很熟的樣子。廢話，當然熟，他本來就在。這裡的這地方並不大，佈置得還不錯。「請坐」，「好的，謝謝！」坐下來了。好像我必須告訴這位先生（小姐）——這個人，我幹嘛要來這裡。我的困難是……唉！我「我叫×××」，嗯！到底怎麼了？嗯，他要我告訴他，嗯！「我……這是我的難題，我沒有辦法……，所以來……。」

他要怎麼幫我呢？這椅子好像把我鎖住了似的，似乎我還要講詳細點。來這裡不知道對不對？或許不該來的。他的眼睛一直瞪著我，尤其剛進來時好像很專心很努力，他這個人……，這椅子，讓我不能動。那個，嗯，我必須把那個說給他知道嗎？……。

　　不論求助者有何心路歷程，其共同的表徵是：含蓄的、猶豫的、尷尬的、保留的、自衛的、被動的、陌生的，或者是一骨腦子說出來，看你怎麼辦？求助者知道，他必須把自己的問題說出來。可是，他不知道，這房間的諮商過程中，他需要怎樣？將有什麼事發生？在這種情境，這種心態下，不論求助者原本對其難題是否有清楚的自覺；當諮商員用任一方式拋出他的第一個問題時──「你有什麼難題？」求助者自然而然的會陳述其於生活場所遭遇的難題，尤其是以事件之描述為主。而且求助者容易陷於依賴與被動，尤其是「等待」──因為他是一個「客人」，所以「客隨主便」隨時等待諮商員更進一步的指示。

　　於是諮商的過程，就容易只焦注於求助者與其難題之關係，而流於求助者難題之解決，並試圖於諮商室的「天堂之旅」中完成。於是，諮商員循情緒的釋放→理念的解析→行為技巧的修正，一路引領著求助者次第而下，整個諮商過程似乎也就趨於圓滿的尾聲。這時候對諮商員而言，該講的都講了，可以做的也都做了，求助者似乎只要循上述的討論去做，就可解決他的難題。可是求助者的感受卻是被扼殺的、不完全的、難過的、非自主的。事情好像解決了，理論上難題也似乎解決了，也知道怎麼去解決（其實，有些求助者原本早就知道）。可是，卻總又隔了一層，有「不像」、「不甘」、「不只是這樣」、「還不是」……的感覺出現，使得他的事件、他的難題和他，都仍陷於某種莫名與停滯現象而無能解決。

　　這種感覺一旦在諮商室中展露，則不但求助者尤其是諮商員都將陷於「停頓」。此時諮商員所有的法寶都已放出去了，他所能

做的就是：「剩下的問題，就是怎麼去做的問題了。你不妨按照我們剛才所討論的方法和步驟，去做去實行，看看效果如何。如果還不行的話，我們下次可以再更深入地……」。求助者當然是說「好，謝謝您，打擾您這麼多時間，我回去會努力……。」

當求助者一踏出諮商室大門，即使他是滿懷信心與喜悅地踏出這一步。個體馬上會發現，世界變了。他又回到他的我世界，又回到他的生活場中。而諮商室所獲得的關注，就好像置身天堂一樣。他周遭的人與他的生活場和諮商員與諮商室比較起來，真是糟糕的可憎。他還是他，他或許會力不從心的留在其生活場中，他或許又回到諮商室中……。

以上所描述的，是一些諮商行為的基本限制所能發展出來之部分極端的現象，並非既有的諮商模式都是這樣子。但是，上文圖9-2所示之諮商模式，卻必然趨向於此。不但不能穿透求助者的難題，反為難題所困，而替求助者製造了新的難題。

五、一個新的場面構成模式

那麼，什麼樣子的「場面構成」方式，才能夠讓求助者領有諮商室中的主權，以展露其主體性，而有主動與自我負責的探索行為。不但能醞釀出「互為主體性諮商關係」的諸種內涵，還可以誘發出求助者和諮商員對求助者之難題的穿透呢！

諮商室空間的佈置與情境，是場面構成的基本限制。上述傳統諮商室空間，是一個「死空間」。死空間是指謂：這個空間本身是固定的，不流動的。個體在此空間中的行為，將受此空間特質的影響，而呈現刻板的、不變的行為。以致個體在此空間中，無法完全地發揮或展露自己，而為空間的格局所限制。

我們所需的諮商室空間是「活空間」，活空間雖也是封閉空間，可是這個空間本身就是流動的、可變的。它允許個體藉著改變空間關係，或創造新的空間關係，來完整地表達自己、展露自

己。所以，這間諮商室至少要有四坪大，有深色的地毯，暖色的壁紙和燈光調節器。家具全堆放在某一個角落，不予以任何擺置。家具包括：高、矮凳子、扶手靠背椅子、坐墊、毯子、可變式躺椅等各三個以上；梳子、鋁合梯、大桌子、茶几各一個；大穿衣鏡、單向鏡各一面、桌上型立鏡三面；花瓶三個、紙等若干，四面牆上各有一排掛鉤；莫克的畫一幅、張杰荷花一幅、裸女畫一幅、仕女畫一幅、男人肖像（有鬍子）一幅。

當諮商員和求助者進入諮商室後，諮商員可以說：「我們將在這房間裡共處一段時間，來解決一些重要的事。由於問題是你的，所以，不但以後所要面對的主題和過程要由你決定，就是這整個房間的空間和時間也都屬於你，由你控制。先要把房間佈置起來。你是主角，我是配角。桌子怎麼擺，椅子放哪兒，掛些什麼畫，這裡還有鏡子、凳子……（和求助者走過去隨意翻動點數）等，都可隨你的意思來佈置。看怎麼佈置才恰當……。我來幫你搬好嗎？……你看我們是坐著好還是站著好？躺著、蹲著也行，『坐著』哦！坐在哪裡？怎麼？距離？方向？你允許我靠你多近呢？……嗯，也許試試看，你坐在房間這頭，我去房間那頭（坐好了），好，現在這樣子講話好嗎？『有點奇怪』嗯！那要怎麼坐呢？你認爲……。」一直到獲得一個確定的、求助者滿意的空間佈置爲止，尤其是諮商員—求助者間的空間距離與向度。諮商員再說：「如果你覺得哪裡不對勁，隨時都可以再去改變它。你是主人，我是客人，隨時你都可以走動或坐到別的地方去。」把燈光調節控制器交給求助者，在他調好光後，即完成了場面構成的步驟。（必須注意的是，諮商結束時，所有的東西都歸位，並收復散亂堆積的樣子。）

由於整個諮商室的空間關係，甚至求助者與諮商員的關係，都是由求助者所親手控制的，所以求助者的主體性與諮商室中主人的位格，初步的爲其所肯定。諮商員在整個過程中的協同工作，

也使二人之間自然地建構了初步的人際關係。由於求助者here &
now的H-G也在整個過程中展露而出，所以諮商員已可初步地掌
握求助者之Freud型人格，及可觀察之言行特徵，藉以發展出互為
主體性的諮商關係。

　　求助者於諮商室中的行為，被諮商員以「當下即是」的方法，
視為個體發展過程中here & now 之歷史性與整體性的展露。所
以在場面構成之後，諮商員說：「好了，現在你（求助者）覺得
怎樣？」不管求助者的回答是什麼，諮商員可進一步提出這整個
空間給他的感受，和佈置過程中的感受。並要求求助者提出他自
己的感受，和佈置過程中的感受。並要求求助者提出他自己的感
覺與意向之後，諮商員即提出對求助者的第一個印象，「剛剛整個
過程，我覺得你是一個……的人」，而與求助者進行Freud型人格
之鑑定程序。並要求求助者將其難題丟進去「跑跑」看，如果得
到的是主程式，則可進入「難題之穿透」。若為副程式，則須導向
求助者之難題與難題的提升與分類，再進入難題的穿透，然後全
面地進行Freud 型人格之鑑定。

六、穿透難題

　　經由本文所提供之難題分類系統，可令求助者將現象界與生
活場的難題，提升至本體界與意向界的層面來思考，以利於難題
的穿透。所謂的穿透難題，就是把難題的根本源頭——求助者自
身之H-G凸顯出來。不管求助者原本知不知道，此時都要將之明明
白白的擺出來，讓自己老老實實地面對他自己。亦即，個體必須
承認，所有難題的產生，都與一切外緣之力無關，而是因其H_4-
$Gf_{(n)}$的存在。尤其是求助者之H-G對此H_4-$Gf_{(n)}$不滿與排斥，甚或
經由對〔H-G〕的抗拒而懷疑H-G本身。由於個體懷疑自己，所以
使得其H-G勢力減弱，而於生活場中逼現了處於困境中的H_4-G。
隨求助者的不同，什麼方法都可以用，只要能達到這個原則的要

求就是好方法。

　　接下來，求助者也就急於更進一步去了解：「我是誰？」諮商員所要提供的，就是「Freud型人格鑑定程序」。不管求助者是主動或被動陳述其難題的內容，求助者所要去掌握的不是「內容」，而是求助者陳述的方式、語氣、用字、表情、動作與態度。然後諮商員再把這些資料回饋給求助者知道。諮商員並不須追根究底的去試圖了解，引發求助者難題之事件的始末。只要求助者對此難題有大概的描述即可，甚至根本不必描述，直接以「ｘ事件」或「ｘ難題」爲代號即可。諮商員主要的工作是把求助者對難題的注意力，轉移到他對難題的感覺、處理的方式和態度；包括這難題帶給他的壞處和好處，以及他到底花了多少時間來面對與處理此難題（很多人都只沈溺於難題而已）。

　　在求助者反省和描述（說出來）其本身自處狀態後，諮商員必須再將此難題，實施下列的形式定位程序：

㈠ X 難題於自我場域之破壞力的空間定位

1. 諮商員向求助者出示一張35×25公分的白紙，最好是用稿紙的背面，因其有虛線的空間分割效果。HB鉛筆一支，彩色筆一盒。指導語如下：「請你（求助者）在這張紙上，用鉛筆畫出一個正方形，只要一個正方形。」

2. 「正方形所圍成的區域，就用來代表你的『自我』所擁有的場域。」

3. 「如果你確定已畫好了，不再修改了，請你用彩色筆把正方形的輪廓描出來。什麼顏色都可以。」

4. 「這個正方形區域，假設爲你「自我」的全部（不是生活而是你自己——你）。你覺得X難題影響你的程度有多大的地盤。就請你在正方形區內，把占據之地盤的大小用鉛筆畫出來，然後塗滿它。」

5.「如果你確定已畫好了，不再修改了，請你用彩色筆把占領區塗上顏色。什麼顏色都可以。」

6.諮商員在紙上畫出一個8個等級的scale（量尺）如圖9-3。

7.「請你把X難題對你的自我影響的程度，在這個量尺中標示出來。假設沒有影響為『0』，完全被影響為『1』。你可以參考剛剛所畫的圖。」

㈡X難題於求助者生活場之影響與破壞的空間定位

1.諮商員向求助者出示一張35×25公分的白紙，這張紙由其中心點分別以2公分、4公分、6公分、8公分、10公分為半徑，已畫好五個同心圓。並以虛線將各個同心圓都分成8個部分，如圖9-4。

2.「這五個同心圓，分別代表你自己以及你所生活於其中的小團體，比如家庭、學校、工作、朋友……等。請你用鉛筆在各個同心圓上標示出來。」

3.「請你把X難題對你及你生活的各個小團體，所造成的影響或破壞力大大小小，用鉛筆分別畫出來，塗滿它。」

4.「請你把X難題的發源地用彩色筆把它的輪廓畫出來。」

5.「請你把與X難題的產生有直接關聯的人，用A、B、C……26個字母為代號，標示在他們所存在的區域內。用彩色筆來標示。」

6.「上面你用代號所代表的人，請用你對他們的稱謂，分別條列寫在右下角空白處。」

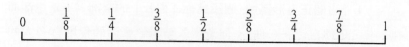

$$0 \quad \frac{1}{8} \quad \frac{1}{4} \quad \frac{3}{8} \quad \frac{1}{2} \quad \frac{5}{8} \quad \frac{3}{4} \quad \frac{7}{8} \quad 1$$

圖9-3　X難題對自我影響之八分量尺

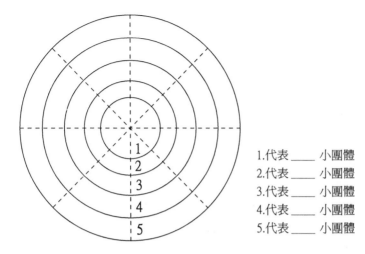

1.代表 ＿＿＿ 小團體
2.代表 ＿＿＿ 小團體
3.代表 ＿＿＿ 小團體
4.代表 ＿＿＿ 小團體
5.代表 ＿＿＿ 小團體

圖9-4　生活場之空間破壞模型

7.諮商員在紙的右上角，依標示之同心圓的數目，畫出相同數目的8等級量尺，依同心圓由內而外的標示，由上而下地標示在這些量尺的右邊。」

8.「請把X事件所造成的影響或破壞程度，在這些量尺上標示出來。」

9.諮商員將各標點連在一起，即得一張X難題於求助者生活場之影響力的側面圖。

10.「請你再想想，X難題對你和你生活各個層面的影響，都是負向的嗎？有沒有正向的？有的話請你在圖上指出來，並略加思索，要不要說出來隨你便。」

　　一般而言，可以把求助者形容爲「泡」在其困境之中，他很少能夠清晰明確地「計算」（觀看甚或「決定」）自己與難題的關聯。經由以上㈠、㈡兩種「形式的空間定位程序」，求助者就可以實實在在地面對，並有若干程度的「抉擇」。至於求助者完成各項目時所劃的圖形大小，不同顏色，爭論的輕重緩急，思考的時間、

表情、動作等，都涵蘊了極其豐富的內涵，可爲實施此二程度之後的討論題材。

根本不需要去暗示或詢問求助者，「你有什麼難題？」因爲這樣子很容易使得雙方在現象界與生活場裡圍著難題之表象團團轉。諮商員只要對求助者實施(一)、(二)兩種形式空間定位程序」，再提出上述的「難題分類表」，在諮商員的說明下讓求助者自行對其難題予以分類、定位。就可以把整個諮商的重心，自然地移轉至「難題的穿透」，而進入「Freud型人格鑑定程序」。如果一定要談難題的內容，也一定要等實施(一)、(二)兩種形式的空間定位程序之後，循此二程序之結果的討論中引入。雖然這已經是在難題的形式化基礎上討論其內容，但仍須繼之以難題分類之定位，才可提升而穿透難題。

七、Freud 型人格鑑定程序

每個個體此時此地的生活，都以在此之前的所思結構和內容，以及能思之能力爲基礎而指稱。這個基礎的能力與參考結構，就是個體的人格$H_4\text{-}G = \{H\text{-}G, [H\text{-}G]\}$。由於個體$H\text{-}G$的「形—基」結構，早於學齡前的生活即已模式化。所以，大部分的個體終其一生都只是於不同的時空，以不同的對象來展露其固化的$H\text{-}G$而已。不管$H_4\text{-}Gf_{(n)}$呈現怎樣子的變化，總是以固化之$H\text{-}G$來抉擇其與$[H\text{-}G]$的關係。當$H\text{-}G$不滿意某個$H_4\text{-}G$的型態，甚或於$\{H\text{-}G, [H\text{-}G]\}$中，$H\text{-}G$批判與排斥$[H\text{-}G]$，更且$H\text{-}G$對其自身產生了根本的懷疑與質問之時，個體的$H_4\text{-}Gf_{(n)}$值就會固定，使得$H\text{-}G$所透發之某種「理念—行爲—情緒模式」──即其Freud型人格，在生活場的某個領域一再觸礁。且因其內在之衝突，個體就陷身此內在的困境中而停止繼續發展，令此觸礁的挫折越形嚴重而深具意義。平常，此「理念—行爲—情緒模式」，以各種不同的$H_4\text{-}Gf_{(n)}$展露，雖然在生活場的不同區域都會遭遇到普遍地「我—我世界」

之基本限制，以及其所自衍的苦痛。但是，因爲H_4-$Gf_{(n)}$的n值是流動的，所以其心理衛生的健康程度，只呈現出較輕的症狀，而不妨礙其個體之繼續發展。只是他的發展歷程，有時候不是很舒服很滿意罷了。

諮商員當下即是的，把求助者於諮商室中所展露的自我（H_4-$Gf_{(n)}$），和求助者所形式定位的難題對立起來，並回饋於求助者而共同進行二者之間形式關聯的探討（毋寧說是直觀的，雖然好像不太科學），就可以得到求助者初步的「理念─行爲─情緒模式」。藉著難題的分類，使難題提升至更普遍化的層次之後，諮商員即可要求求助者將此「模式」置之於其生活史中的每一個層面，讓其自我思考、反省：是否這個模式重複不斷的，幾乎是在每一時地出現？以往生活上的不如意和今天的難題之間，是否有什麼內在的關聯？如果是的話，我們就可以宣稱：完成了Freud型人格鑑定程序。如果只是部分或不是的話，那麼諮商員就有必要要求求助者深入地描述其難題內容，以及生活史上的關鍵現象──尤其是家庭生活，再繼續實施Freud型人格的鑑定程序。（註一）

不管是不是完成了Freud型人格鑑定程序，求助者與其家庭的關係都會凸顯而出。因爲整個諮商的情境已經轉變成求助者向諮商員問──尤其是自問：「我該怎麼辦？」只有在完成上述的反省歷程之後，求助者所發出的「我該怎麼辦？」才具有其主體性的意義與諮商的價值。如果諮商員對求助者過早發出的「問題」予以努力（所謂共同的）的回應，則諮商的結果仍將迴向於圖9-2的模式。

求助者以上的反省，只是一種較深刻、較根源的自我了解而已。亦即，也只是一種「知識」罷了。「知道了，可是怎麼做呢？」諮商員與求助者若馬上進入這個命題，那就又麻煩了。因爲怎麼做──做的方法是因人因時因事因地而不同的，不但求助者與諮

商員目前所獲得的資源，尚不足以回應這個問題。即使知道怎樣做，到底仍是「知識」而已，又能怎樣呢？知與行之間，似乎還有某種極神秘的東西在推動與連結。對了，「推動」，就是前文所講的「動力系統」。

不但個體的理念與行為由其動力系統所維繫，即使是個體之存在與繼續發展，也由個體的「內在動力系統」和「外在動力系統」所連結和推動。內外動力系統的關係及其詮釋，已於上文諮商的目標中描寫不另重複。任何外在動力系統，都必須以內在動力系統為主軸。內在動力系統不良，絕不可轉恃於外在動力系統，而應力求內在動力系統之改進——此即家庭之中孝悌之道的完成；當然更不可轉而謀求內外動力系統的交融——談戀愛，這個轉向更將導致內外動力系統的摧毀。

資深的諮商員都有機會碰到下列的情況：在諮商的過程中諮商員漸漸地發現，其實這個求助者他什麼都知道，他分析的比我更好，他知道自己怎麼了，也知道該怎麼做；他來這裡（尋求諮商）好像只是為了肯定他的想法，好像是為了尋求別人或專家的贊同而來，似乎他需要的幫助也就是這個了。於是諮商的過程就轉移到「怎麼做」的問題上，在清楚地釐定目標之後，諮商員向求助者保證諮商員想法是對的，諮商員鼓勵求助者勇往直前放手去做，結束了諮商（這時侯，有些諮商員不太高興，原因是……）。其實，這種求助者是因為內在動力系統不良或缺乏，以及外在動力系統有點阻礙罷了。而他到諮商室來，也是企求外在動力系統的輔助，像這種求助者就很容易地被犧牲掉了。所以對這種求助者，與完成Freud型人格鑑定程序的求助者，以及無法完成Freud型人格鑑定程序的求助者，諮商員都應迅速的使他們進入「內在動力系統鑑定程序」。

八、內在動力系統鑑定程序——家庭關係動力圖

　　諮商員提供求助者35×25公分白紙或稿紙（用背面）一張（直放）。紙上已畫好一個30×25公分的長方形，2B鉛筆一支。諮商員自備記錄紙筆、記時器；圖形卡一套，由七張空白的名片紙製成，分別畫上□‧△‧☆‧○‧▢‧◇‧◝等七個封閉圖形，每卡一圖不得重覆。指導語如下：

1. 「這個長方形區域（裡面）代表你的家。」
2. 諮商員出示圖形卡，交給求助者，「洗一洗」，「請你翻開卡片並攤在桌上」。
3. 「七張卡片上共有七個圖形，現在請你選擇一些圖形，來代表你和你家裡的每一個人。用哪一個圖形代表哪一個人都可以，隨你意思決定，然後把他們畫在正方形外面的右上方（以手指之），這裡。請開始。」
4. 諮商員須記錄求助者每一配對的先後、時間、表情與喃喃自語。須注意的是隨便配對還是有意義的配對，若為後者，求助者會喃喃自語，例如：「這個☆形，像媽媽」，或「媽媽，嗯！圓形比較合適。」
5. 「這個長方形區域是你的家，這是家的中心點（諮商員以手指著長方形之中央），這是家的上方，就是說比較大的、重要的（諮商員以手指長方形的上半部），這是下方就是比較不重要的（諮商員以手指長方形下半部），這是邊緣地帶（諮商員以手指長方形內，靠邊線的地方繞一圈），這是角落（諮商員以手指長方形的四個內角）。現在請你把家裡所有人包括你自己，一個一個畫到長方形裡面來。你覺得某個人是在哪個位置，你就把代表他的圖形畫在那個位置。如果你覺得某個人很龐大，擁有很多很大的領域，你就把

代表他的圖形畫大一點。你覺得有多大該畫多大，你就畫多大。如果你覺得某個人在家裡很小很渺小，你就把代表他的圖形畫小一點，該是多小就畫多小。當然，你還必須考慮到每個人之間的關係。」

6. 諮商員必須記錄：求助者畫每一個圖形的先後秩序，花費的時間，考慮時的表情動作，筆觸的輕重緩急、輕率或慎重。如果求助者問「可不可以把一個人的圖形畫在另一個人的圖形裡面」時，要回答說可以。如果有圖形彼此間互劃或包含的關係，則於求助者畫完後，再對求助者說「這一張先保留起來，現在你再畫一張一樣的，並把圖形分離。」

7. 「現在要把每個人之間的關係，用線條表現出來。如果你覺得甲和乙有關係，你就在甲乙之間畫一條實線，把二個圖形連起來。若二者間關係是正向的，你就在連線中央寫個『＋』，關係越好『＋』數就越多。二者間關係是負向的，你就在連線中央寫個『－』，關係越壞，『－』數就越多。不好也不壞，就只畫連線就好。若沒什麼實質關係，連線就不必畫。如果這關係是由甲主動的發向乙，則連線就畫一個箭頭指向乙，如：甲→△。若為乙主動發向甲，則甲←△。若二者都主動的發向對方，則甲↔△。若二者間的動向不明顯，則只畫連線，箭頭不必畫。」

8. 諮商員必須記錄求助者每一條連線的先後秩序、筆觸的輕重緩急、表情動作的變化、思索的時間和箭頭的變化。

9. 「請再檢查看看，哪裡還要再修改的。連線兩端的箭頭，每條連線中央的『＋』或『－』號個數，請你依關係好壞的程度標示恰當的個數。」求助者畫完家庭關係動力圖之後，即已完成其內在動力鑑定程序。諮商員先請求助者解釋：他每一個步驟和抉擇，是依照什麼標準，有些什麼意義，以及整個圖形表現出來的東西，和他在這圖中生活的感受

與態度。諮商員也要提出他所觀察到的，記錄到的，求助者的一些細節的變化，請求求助者予以說明。在求助者解釋完整個圖裡的現象與關係之後，諮商員要問求助者：「你滿意這個圖裡的一切嗎？」這可導引求助者更進一步討論其對某些部分、某些關係的抗拒。

10.諮商員還可再遞一張紙給求助者，且說「你不妨把你理想中的，你所希望的家庭關係畫出來」。二張圖比較之下，求助者之家庭關係與內在動力系統的全貌，也就清清楚楚地展露無遺了。(在家庭治療的領域中，若對家中每一份子，個別實施內在動力鑑定程序，然後再集合一起共享彼此的家庭動力圖，則更能獲得積極有效的療效。)

個體的家庭關係越好（指個體及家人之間雙箭頭的連線越多，「＋」越多，也都占有適當滿意的家庭空間），則其內在動力系統展露的正面動力也越強。反之，個體的家庭關係越壞，則其內在動力系統展露的負向動力也越強。當個體之內在動力系統展露為負同動力時，個體就會產生「缺乏內在動力系統」的「假象」，而有力不從心甚或意志消沈的「無力感」出現。這時侯的個體，大都會轉向其外在動力系統求助。

不過，家庭關係只是一項形式指標而已，內在動力系統的趨於正向的強大「推力」，是因為個體能夠在家庭中發揮與善盡「孝悌」之道。孝悌之道的完成，代表個體有愛與被愛的能力，代表個體具有強盛之主體性與活力，更代表個體已具備了透發出仁之道德性的原創力（參見第五章與第六章之人性論與生命論）。

不論古今中外，想要善盡孝悌之道，絕對不是一件容易的事，也不是短時間所能完成的事。必須逼現展露出整個人的生命力，完完全全地投入，不計犧牲的去關愛每一個家人。當一個人虔心「發願」完成孝悌之道時，因著「願力」所逼現的第三級的主體

性——「我—要」，以其超越的絕對性，涵攝個體之P-G、B-G而爲一體，使其H-G的勢力因而強盛壯大。

所以，諮商員必須引導求助者，歷史性、整體性地反省其難題，而一層層地深入，一層層地剝落，直抵其H-G的發生及所依存的家。在Freud型人格鑑定程序中，引發其主體性的反抗與勃起；在內在動力系統的鑑定程序中，面對自己深層的最大的難題；在愛與家的生涯裡，誘發其虔心（在經歷上述歷程之後）發願——在生活場上展露爲一個人子的孝悌；在求助者人格的層面上，展露出人性回歸之提升的努力——而促生求助者的動力系統，完成諮商的目標。

九、難題的再定位

求助者H-G的「形—基」結構，在「虔心發願」（亦即：做決定）的當時，瞬間重組而有了新的型態，尤其是強度變得更強大（雖然還是個Freud型人格）。這時侯，怎麼在生活場上解決其原來的難題並不是件重要的事。而且這件事的解決，也不再需要諮商員插手。這時候，諮商員所要做的是：「難題的再定位」。

諮商員必須問求助者：「你覺得以現在的你和可預期的將來的你而言，什麼是你最大的、眞正的難題？什麼是你將全力去追求的？」這時候，諮商也就該結束了。因爲在這個階段，雙方已把過去導向的難題拋棄，而超越（不一定有解決）地把生命的焦點，重新焦注在here & now的我，以及定位於現在導向的難題，所以諮商員可以說：「你即將，不，你已經開始重塑你的生命，你在努力著，而我也還在努力之中，相信還有其他的人，也在默默地努力著，我們互相加油好嗎？來。」（面露微笑，伸出手掌，等求助者用力握住後，也用力握緊。）

十、外在動力系統及其鑑定程序

其實並不是每一個新的Freud型人格的H-G，都擁有極大的強度足以自行面對一切。所以諮商員必須在實施內在動力系統鑑定程序之前或之後，對求助者實施「外在動力系統鑑定程序」。

除了把「家」改換成「生活場」，「家人」改換成除了家人以外；其他在你生活上較接近的、互相影響的，具有實質意義與互動的你認為較重要的個體，以及圖形卡數目可隨需要增多之外，一切的用具與程序都與內在動力系統鑑定程序相同。外在動力系統是個體於其生活場，尤其是男人所不得不去追求的一些東西。外在動力系統鑑定程序所要展露的，是個體在家庭之外與其他人的人際關係。尤其是這些人際關係中，所凸顯的一些文明（或原始的）權力體系；個體與此些權力體系間的關係，以及個體在此些權力體系中的定位。實施此程序的目的，是把個體的外在動力系統明確化，讓求助者清清楚楚地面對它，然後在「虔心發願」之後，以其內在動力系統為基礎，重新「定義」或「重組」一個適當的外在動力系統，以獲取最大可能的「拉力」。

諮商實務

$H_4\text{-}G = \{H\text{-}G, [H\text{-}G]\} = \{(H\text{-}G, [H\text{-}G]), ([H\text{-}G], H\text{-}G)\}$。$(H\text{-}G, [H\text{-}G])$ 和 $([H\text{-}G], H\text{-}G)$ 此二者，各以不同的型態和勢力於不同的時空交互出現。設若各種差異之型態和勢力的 $(H\text{-}G, [H\text{-}G])$ 為type A，各種差異之型態與勢力的 $([H\text{-}G], H\text{-}G)$ 為type B。個體於其社會生活中，若其思想與行為展露為type A 之機率越大，則個體的社會生活較能實踐其主體之意向性，較少有挫折和衝突的心境，心理衛生也越健康。

若其所展露之思想與行爲表出以type B 的機率越大，則反之，其心理衛生也越不健康。前者，是小團體動力學的對象；後者，則爲諮商理論的對象。雖然二個學科的對象之間，仍有流動的現象，但基於主要對象的差異，使得社會心理學之小團體動力學與諮商理論，採取了截然不同的方法論。在本書第三篇「小團體動力學之理論與技術」中，由於對象是心理衛生較健康的一群，所以採用逼現〔H−G〕的方法論，以求增進其對象之心理衛生越趨健康。

諮商理論的對象，是心理衛生較不健康的一群，他們已經處於難題之中，不容許再接受更大的打擊或刺激，所以採用逼現H-G的方法論，以求直接增進對象之H-G勢力，進而求其心理衛生轉趨健康。在了解二種理論所後設的不同方法論之後，本諮商理論（以下簡稱本論）之所以呈現如此的模型，也就自明而出了。

本論認爲：諮商程序的實施，其目標並不止於導引求助者進入諮商程序解決其難題。而在於對求助者進行心理衛生總檢查，讓求助者在整體性與歷史性的反省之後，當下即是地發現他自己，here & now地抉擇其歷史性與整體性價值的難題（難題的再定位）並且引發與誘生其動力系統，讓求助者去面對與處理他的難題。個體於其我世界之存在，原本就有其基本的限制與困境，人的生活也不可能沒有難題。最重要的是，我們必須把時間放在眞正的、根源的難題上，這種努力才值得，才有益於個體之繼續發展；也才能把難題當作煉金石，來淬礪自我、提升自我，並成爲個體生存與繼續發展的動力泉源。

以上的一段話，有人會覺得不科學，因爲充滿了絕對的道德判斷與絕對的目的導向。其實這也難怪，因爲既有諮商理論之理論層次，根本就到達不了這個層次。既有的諮商理論都以人格和角色爲單位，在現象界和生活場的層次上，來發展其理論系統。他們都知道要以人格理論爲前提，更要以人性論爲基礎，可是他們卻只能提出片斷的命題和簡略的模式，且又迫不急待的進行諮

商理論與技術的建構。所以，既有的諮商理論，終究無法觸及人的共相層面，也無法獲得絕對的價值判斷，當然也就沒有共同的導向了。因此既有的諮商理論，就必須隨著歧異的價值關聯，不同的人格特質，差別的生活取向和繽紛的各種難題，而呈現出其困境了。就本論的觀點看來，「當事人中心治療法」，也就成為既有諮商理論中，最能遵守其理論基限，理論定位恰到好處的理論。

本書伊始以至於人際關係理論的系統論述，即被用做本諮商理論的後設理論的基礎。人格理論向人性論的回歸，允許我們進行絕對的道德判斷。人際關係理論向生命論的回歸，更讓我們不得不進行絕對的目的導向。獲得以上的共識後，即可就整體的層面，討論本諮商理論應該如何運作。

一、九大諮商程序

就諮商實務而言，一個完整的諮商程序，應該包括下列的過程：

1. 諮商室空間佈置。
2. 場面構成。
3. 互為主體性諮商關係。
4. 難題之形式空間定位。
5. 難題的分類與提升。
6. 穿透難題。
7. Freud型人格鑑定程序。
8. 內外動力系統鑑定程序。
9. 難題的再定位。

社會心理學的諮商理論，亦即運用上述九大程序性諮商技巧，先由諮商員將求助者現象的難題予以存而不論，讓求助者進行本質還原而得到 H_4-$Gf_{(n)}$。諮商員又將求助者之 H_4-$Gf_{(n)}$ 予以存

而不論，求助者再進行本質還原得到 $\{H\text{-}G, [H\text{-}G]\}$。諮商員再將求助者的 $\{H\text{-}G, [H\text{-}G]\}$ 予以存而不論，求助者進行本質還原而得到H-G。諮商員最後將求助者之H-G予以存而不論，求助者終於在此基點蛻化，轉生為勢力更強大的H-G。

「從本未有自現迷為境，由無明故執自明為我。」這不只是求助者的處境，也是一般人共同的處境。自有宗教與哲學思維以來，如何撥開現象、情緒、所知與所行的重重障礙，如何由生活之苦難與不解的苦痛中，開出一條康莊大道，藉以直索「父母未生之前的我」，在自我的體現中獲得開悟，而於人與世界的重重困窘中釋然？這個取向的思考，化身於不同的學派與教派中，綿延不絕地被承傳與探討。事實上，小團體動力學和諮商理論，也一直就被擺在這個系統裡來思考，只是預期要完成的程度不同罷了。本論所揭櫫的諮商程度與方法，實際上就是在上述系統下思考與體現的結果。也就是把所謂人性修養或開悟的法門，予以濃縮精鍊而成的方便法門。

本論之實務運作，一次就得花費三、四個小時以上，但也是一次就結束了。結束諮商後，諮商員與求助者成為面對同一難題的朋友，且互相提供對方的動力系統。以後求助者若還有任何難題，都是屬於延續或追蹤諮商的層面，短時間即可解決。運作本論者，對同一求助者的諮商次數，超過五次以上即為失敗，請即轉介。(註二)

二、預設諮商目標

當然也不一定要一次做完每一道諮商程序，分成幾次完成也可以，甚至只做特定的幾個程序也未嘗不可。如果諮商員能夠迅速判斷求助者所處的程序位置，那就只要接著做下去就行了。最重要的是諮商員必須抉擇，他要在諮商程序的哪一個階序停下來，就在那個階序上幫求助者解決難題，然後結束諮商行為。因

為每一個求助者之H-G勢力不同，發展的可能性也不同。諮商員將某個對象存而不論之後，如果求助者不能有效的進行更進一步的本質還原，則諮商員不可越廚代庖，應該在此階序上，完成雙方所能完成的任務，而結束諮商關係。（求助者本質還原的能力，相對相生於諮商員促酶化的能力。）

在場面構成時，諮商員即與求助者訂定明確的諮商目標，其實也是穩當的方法。分成遠程目標和近程目標，加入許多仲介的階段性目標也成。諮商員可問求助者：「假如你沒有這些難題，你想你會是怎樣的一個人？你會過著怎樣的生活？」以及「在這些X難題的困擾下，你變成了怎樣的人？你的生活起了什麼變化？」這二組問題可以提供我們三組資料。第一組問題要先問，才不會受到第三組資料的影響。第一組的資料是：求助者所「預期」的自己及他的生活。第二個問題可以獲得第二、三兩組資料，第二組資料是：求助者「目前」的自我狀態及其生活。第三組資料是：求助者「以前」的自我狀態及其生活。經由三組資料的比對，就可得到豐富的進一步資料來？與求助者共同訂定諮商目標。比方說諮商員可以再問：「只要把X難題解決，你就可以像第三組資料那樣嗎？這中間是不是還得做些什麼？或改變些什麼？」或者問：「X難題解決後，為什麼會變成第一組資料？而不是第三組資料？」這些問題所獲得的回答，對於共同訂定階段性的諮商目標有很大幫助。每完成一個階段目標後，再繼續進行下一階段的諮商，且要求求助者標明各階段目標預期花費的時間。諮商員可根據不同階段的需要，向本論中抽取所需要的部分程序。當然在訂立諮商目標時，諮商員不妨讓各階段的諮商目標，儘量地和本論所提供的程序相吻合，或者乾脆就依照本論的程序，分成若干階段性目標。總之，只要能達到本諮商理論的目標，要怎麼變化使用都無妨。

「總之，只要達到本諮商理論的目標，要怎麼變化都無妨。」

聰明的讀者看到這句話，就覺得問題大了。前面幾段話好像變得有點問題，再細讀下則有「言不由衷」之意，似乎還透露了些「力不從心」的感覺。再仔細想想，從本段的前面四段起，本文有意地導向「預設階段性諮商目標」的凸顯。其實呢？預設諮商目標這工作，本來就是既有諮商理論於其理論層次下的產物，在本論的層次中根本就不存在。如果讀者於前四段看下來，都一直「嗯！」、「嗯！」地點頭的話，那麼本文就得再加以澄清了。

三、難題的真相

對於處在難題中的個體而言，心理困擾越大就會越難過，此難題對他而言也就越真實、越具體、越有意義，而幾乎會有「難題就是我？」的假象，他將懷疑自己會與其難題共生。如果於倏忽間消除了他的難題，則個體將因無立身之地而陷於更大的困境。（這種情形的極端化，普遍地呈現在精神病患者身上。）

「凡夫皆逐境生心，心遂忻厭。」「凡人多為境礙心，事礙理。不知乃是心礙境，理礙事。但令心虛，境自空。但令理寂，事自寂。」「凡夫取境，道人取心，心境雙忘，乃是真法。忘境猶易，忘心至難，人不敢忘心，恐落空無撈摸處。」（黃檗斷際禪師傳心法要）

「恐落空無撈摸處」，這就是每個人本身的基限。所以，本論根本不去消除求助者的難題。不是幫助求助者往外一抓，向地一摔，喝！——殺，而是引導求助者往內一抓，二抓，三抓……向空一丟，喝！——變。慧忠禪師說得好：「眾生迷時，結性成心。眾生悟時，釋心成佛。」（指月錄卷六），本論的中心意旨就在「釋心」。不過卻非釋心「或佛」，而是要在愛與家的生活場裡釋其心，更要釋心成「人子」。

本論之諮商程序的內涵，就是從人際關係理論→人性論→人格論→生命論所結構而成。在每一階序中，只要求助者能完成此

階序的反省，即可引發求助者進入下一階序的動力。因此，階序之內的充分運用，是為階序間互相穿透的保證。不管求助者的難題為何，都必須完成本論的諮商程序之後，才可去解釋它或消除它——其實，對經歷本論之諮商程序的求助者而言，這已經是蛇足之事。（不過，某些弱勢的H-G者，卻還是需要。）至於第四章所提供之情緒理論，也一定要在實施完諮商程序之後，諮商員才可拿出來，提供求助者解決其情緒上的困擾。切記！在執行完諮商程序之前，不可試圖去解決求助者的任何難題。

本論之諮商程序的實施，提供求助者本質的反省與重建（請注意，本論並不期望求助者於諮商程序中「打破Freud型人格」，目標僅止於更健康更有力之Freud型人格的重建），企求的是求助者在這短短三個小時裡，完成他在生活場上可能要花費數十年時間都無法獲致的成果。這個諮商程序本身，也就成為求助者走出諮商室後，面對與思考其難題的方法。請注意！「抉擇難題」的能力，就是一次——只一次諮商之後，求助者所「帶出場」、「帶回家當紀念品」的東西。

諮商員實施諮商程序時，必須以互為主體性諮商關係存在。整個諮商過程中，他要化身為求助者，把求助者的難題轉化為自己的難題。諮商員不可以說（儘量不說）「你」這個字（在前文「諮商之基本概念」中，諮商員用語中的「你」，都只是為了行文上的方便而加上去的，實際運作時應儘可能的刪除），面對求助者所呈現的資料，諮商員要轉化為被難題所困的求助者，具有求助者的苦痛、疑惑、困頓等心緒。諮商員不要問：「你覺得A＋B＝C……？」而要展露為自言自語的「A＋B＝C……？」，然後陷於苦思狀，卻又思之不解而看向求助者，尋求其援助。於是，求助者就會理所當然的給予援助，主體性的去思考、去提供進一步的資料與反省。諮商員必須以求助者的位格，去引領每一個階序的發生和完成。他展露為陷於困境中的求助者，卻更展露一個努力去

面對難題，且具有強大動力的求助者。雖然他的處境是痛苦的，可是他的活力是旺盛的，他的表情是豐富的；難題不解時，他是悲哀的；思索出（或引領求助者自身）新的契機——將Ｘ難題「存而不論」之時，卻是欣喜的；如此這般推動著、引領著的求助者，不斷地進行其本質還原，而完成整個諮商程序。也就是說諮商員先化身為求助者，然後「虛而待之，彼自以之」。

四、小團體與延續輔導

對於一個諮商員而言，他必須熟讀本論之後設理論，並竭力去體現出來。他必須熟悉本論諮商程序的思考模式，更必須進入諮商程序。前者可引導求助者進入諮商程序，後者可於諮商結束後，提供二者於相同位格上的動力關係。本論認為，提供求助者延續諮商是必要的，但不是以諮商的型態呈現。最好的方法是：將實施過本論諮商歷程的求助者，彼此介紹為朋友——一群有共同目標而於不同場域努力奮進的朋友。所以在結束諮商關係時，諮商員最好再說：「事實上，我就認識許多人，他們也都在努力著。我正在編一本通訊錄，以便需要的時候大家有個聯絡。如果你願意加入的話，請把電話與地址留給我，過些時候，你就可以得到這份通訊錄。」

至於Ｈ-Ｇ較弱以及生活場之限制較大者，尤其是再來找諮商員研究一些技術性問題的求助者，諮商員都可將他們組成較形式化之定期集會的小團體。其實包括諮商員在內，共同參加某個早覺會、晨跑、運動團體或休閒團體，都是極佳的策略。對於具有諮商程序經驗的人，在他們所處的位格上，若能知道有別人也在努力，甚至還可互通聲息，彼此間就算是交換個眼神或微笑，都是極具正向影響力的。

五、超級諮商員

趙州古佛從稔禪師,是一個深具慧見與原創力的諮商員,以下即以他的一個公案,當做本論的結語:

「有一天早晨,趙州接見許多新到的和尚,問其中一個說:『你以前來過嗎?』對方點頭說是,他便說:『吃茶去。』又問另一個和尚,那個和尚說:『這是我第一次來這裡。』趙州也說:『吃茶去。』這時廟中管後院的大和尚問他說:『曾來過的和尚,你叫他吃茶去;未曾來過的和尚,你也叫他吃茶去,這是什麼意思?』趙州便叫:『院主』,這位後院主回答:『是』,於是趙州又說:『吃茶去』。」

小團體動力學之變態理論

對於任一個社會人而言,其H-G必定轉化爲H_4-G而存在,且使H_4-G＝{H-G,〔H-G〕}。不論H_4-$Gf_{(n)}$展露爲任何勢力之(H-G,〔H-G〕)或(〔H-G〕,H-G)。其H-G不論成「形」或是「基」,都以主體性之位格存在,而爲個體之意識與行爲的監察系統。若其思想與行爲不斷地展露爲type B,則H-G之主體性所透發出來的意向性,不斷的處於修改、歪曲、反向或消失的狀態。type A的思想與行爲越多,則此意向性的歪曲,或消失的情況越出現也越嚴重,主體性所感受的挫折也越大。若此情況繼續惡化,則經某些未知的程序,以某種〔H-G〕的意向性取代其主體性,而導致H_4-G＝〔H-G〕。

在一般正常的人格狀態中,〔H-G〕即使成「形」,也必須有H-G爲「基」,無法獨自展露。在異常人格的狀態下,〔H-G〕占領了整個H_4-G單獨地展露而出。在此狀態下的患者(P't表之),其

H-G或是消失了，或者只是被壓抑而無法出現呢？目前，本文還沒有能力回答這個問題。

精神病的發生與治療，可以定位在社心本體論的層次來研究。P't之「我—我世界」這個關係的轉化，以及二者本質的變化，是了解P't的契機所在。精神病所展露出來的症狀，是個體賴以生存的最後防線。也就是說，若非如此，則P't無法繼續生活。P't的症狀，展露了一個新的「我—我世界」，且剛好能滿足其原來之「我—我世界」的要求，紓解和彌補原來之「我—我世界」的逼迫與缺陷。所以只要了解P't所展發之新的「我—我世界」，就可以配合其個案史，推論出P't原來「我—我世界」的困擾。

P't之「我」——〔H-G〕＝S-G〔B-G〕〔P-G〕。其B-G和P-G都爲S-G所控制，且在〔H-G〕之意向性（即取代了H-G之主體性）要求（涵攝）下，P-G之「生理—認知結構體」依之改組，創造出所指定的「我世界」，此「我世界」中的「我」，以及二者之間的關係。（至於「生理—認知結構體」原來的內容與結構形式，是被消除了，還是以某種形式隱藏起來，則不得而知。）B-G也在其涵攝下，於神經、內分泌……等層面改變，而展露爲「我」。於是P't之S-G也就在〔H-G〕意向性的控制下，重整B-G和P-G及三者間的「形—基」結構與勢力，而整體地展露出其「我—我世界」——於是在變態心理學、臨床心理學和精神醫學的觀點下，被指稱爲：精神病患者。

P't之「我—我世界」差異的空間形式關聯，即展露出不同的症狀。假設以正方形的內空間代表「我世界」，以圓形之內空間代表「我」。則：

一、正常人的「我—我世界」

「我」⊂「我世界」中，且「我」可於「我世界」中自由移動。「我」之空間可做些微適度的膨脹或萎縮。（**圖9-5**）

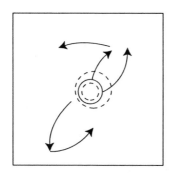

圖9-5　正常人的本體論模型

圖9-6　憂鬱症患者的本體論模型

二、憂鬱症患者

「我」⊂「我世界」中，且「我」之空間極度萎縮，並固定於「我世界」之某處，尤其是固定於「我世界」之邊緣或角落。嚴重者，「我」還會脫離於「我世界」之外。（**圖9-6**）

三、強迫性行為之患者

「我」⊂「我世界」中，且「我」之空間極度擴張，甚至與「我世界」相擠迫，且固定於「我世界」之某處。較嚴重的，則其「我世界」萎縮，而緊緊地框住「我」。（**圖9-7**）

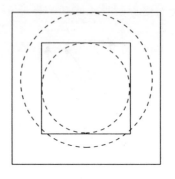

圖9-7　強迫性行為患者的本體論模型

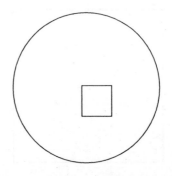

圖9-8　妄想症患者的本體論模型

四、妄想症患者

「我」⊂「我世界」，「我」之空間超幅度擴張於「我世界」，且「我世界」之空間，超幅度萎縮於「我」之內。所以，P't之「我」，可以隨心所欲的控制「我世界」。（**圖9-8**）

小團體動力學變態理論目前的發展，只能提供上述「小團體動力學變態理論的觀點」，至於整個理論的內涵，則仍暴露出嚴重的空乏。但是，此一觀點對於人之現象變態層面的了解與簡易的操作性，卻是任一小團體之leader（以下簡稱L）所必備的基本知識之一。所以就目前而言，變態心理學、臨床心理學與精神醫學

等學科，對於變態人格與行為和症狀的描述，是為每一個小團體動力學的工作者所須必備的。

註　釋

註一、Dr. Eric Berne在其《語意與心理分析》一書中，所處理的「原生」（script），與筆者所謂Freud型人格相當接近。雖然他的解釋系統筆者無法接受，可是他對原型的諸種分析和發現，卻是極具參考價值，亦為筆者所不及。

註二、以上所謂的「一次」，是指謂完成本諮商理論之全部程序。全部的程序對於任一求助者而言，只能實施一次。相對於不同的求助者而言，完成全部程序，所要花費的時間也長短不一。為了確保求助者在全部程序的每一階序中，獲得充分的自覺與成長，全部程序的實施亦可分段行之（亦即，並不一定要在一段連續的時間內完成）。由於全部的程序只能運作一次，所以運用本論的諮商員，最忌諱的就是急躁妄進。如果完成全部程序後，求助者仍未虔心發願而不具動力系統，則諮商中已告失敗應即轉介。必須注意的是，即使諮商成功，延續諮商也是必要。在諮商完成後的第一週、第三週、第七週，至少應安排為第一次、第二次及第三次的短時間延續諮商。

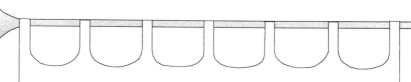

第三篇

小團體動力學理論與技術

第十章
小團體動力學的基本理論與實務

• • • •

基本理論

小團體實務

非結構性小團體中 M 的角色行為

基本理論

$$\frac{f(\text{typeA})}{f(\text{typeB})} = \beta$$

當個體之 β 值＞1時，則相對於 β 值＜1者，於心理衛生指標上，被指稱爲：心理衛生較健康；且 β 值越大，其心理衛生越健康。β 值＞1之個體，即成爲小團體力學所處理的對象。小團體動力學的目標，也就在於促使個體之 β 值增大。

由於小團體動力學的對象，是屬於心理衛生較健康的一群；所以我們採用逼現其〔H-G〕的方法論，使 {H-G，〔H-G〕} 對其 H_4-Gf$_{(n)}$進行多面性的反省與嘗試。而於H-G之整體性與歷史性的展露中，擴大對其〔H-G〕發生之根源──H-G本身的了解；因爲對其〔H-G〕之了解與接受，所以其H-G可資運作之capacify增大，型態改變而強度也增大。H-G勢力重組與增強，一方面代表個體的成長及潛能的開發，一方面則其H-G成「形」之機率越大，越能主體性地生活於社會環境與人群之中，所以 β 值也越大。

我們採用小團體的型態，使得個體處於一群人之中，而爲小團體的成員（member，以下以「M」表之）之一。藉著小團體動力學採用的各種方法，引導小團體中G-G（Group-Gestalt）的勢力產生變化，使得小團體中的M不得不或自發的發生（或處於）某些人際互動的情境中，這些人際互動的關聯與行爲的存在，即爲每一M之各種H-G的展露，一方面引發各型各態不同強度的H-G（包括曾經出現過的，常常出現的，不常出現的，以至從未出現過的），二方面則因group的規模之大，以及group之規範與特質（即遊戲的role）的強調，使得每一M都必須、不得不或自發地，

去看、去觀察、去感受、去思想、去反省、去批判、去評價、去了解、去接受或修改其每一個here & now所展露的各種H_4-G，尤其是內裡的諸種〔H-G〕，以及此些〔H-G〕與H-G的各種結構關係。

因為每一M於小團體中的共同存有，個體不得不必須或自發的進行——整個空間的學習。整個小團體的空間場域裡，M經由對其他M的觀察感受與思想和其他M的回饋，而更深入地去觀察感受與思想自己。所以就在人際互動的關聯下，同時也攝入了其他M的各種H_4-G，一方面推論其內裡諸種〔H-G〕與其H-G的結構關係，二方面則以「知識」的型態，儲存於「認知—生理結構體」中心為參考之用。

在小團體的整個空間——亦即每個成員here & now的生活場裡，M不但必須觀照自己，也必須去觀照別人，甚或觀照每一個M(這是小團體動力學所要求最高理想狀態)；這樣子他才能知道整個生活場發生了些什麼事，整個空間中產生了什麼變化；而處於這整個情境中的自己，主動或被動地參與或不參與了哪些，而使自己展露出怎樣的H-G；再進而思索或探詢或以行動檢驗，整個情境以及自己H_4-G之變化與發生的因由。

透過各類型之H-G尤其是〔H-G〕的自識，可以幫助個體更完全的了解H-G之各部分Gestalt，及此些部分Gestalt的部分Gestalt；尤其是那些成「形」的機率越小者，以及只具備有成「形」之可能者。透過對其各部分Gestalt，及其成「形」之可能的了解，個體越能歷史性與整體性地了解其H-G，也就可擁有越多可用的資訊，來幫助H-G組織其型態並發展其強度，令其於展露H_4-G時，能有更完全之主體性與意向性的實踐。倘若個體一級主體性與二級主體性之運作能夠越趨完全，則越可能蘊發出第三級的主體性。若此三級主體性能夠完全地運作，且為個體本身所控制（這已進入愛與家之形上學的層次），則其H-G的勢力（「形—基」結構

與強度）即可自由轉換。亦即以其三級主體性，打破Freud型人格結構法則的基限，使得個體得以依時空環境與自身需求的變化，以其本具的人格特質於人性的不同層次上自由展露。有〔H-G〕之形相的展露卻無〔H-G〕之質變的影響，超越公式 f(typeA)/f(typeB)=β的描寫，而使$\beta>1=\beta<1$，此即個體獲得了一個絕對而相生的「PureH-G」。（但是，經由某種未知歷程的影響，此個體卻也可能變成$\beta=0$，而被描述為變態理論的對象。至於，到底是在觀點上被描述為$\beta=0$，還是實質上真的變成$\beta=0$，這仍是目前人類的知識無法斷言的。）

我們並不（也避免）揭露M原來之Freud型人格的缺陷，而是引導個體「當下即是」地看見自己，接受自己，這就是here & now的我自己(此即M與自己之關係的獲得肯定)；或是追求其重組為更滿意、更有效益的新的Freud型人格，甚或支持其投入打破Freud型人格的艱苦奮鬥（以上代表了小團體動力學四個階段性的目標。請注意：個體於不同階序的發展，並不焦注於人格特質的改變，而是貫注在人性層次的提升）；以至M能夠恰如其分的在此小團體和生活中的其他小團體裡，發展其與他人和其我世界的關係。所以，小團體動力學的本質，也就由「心理衛生教育」出發，經由「人際關係訓練」，導向「人類潛能之開發」的完成。

以上的論述，是為小團體動力學的基本理論，任何不同型態與目標取向的小團體運動，皆適用為共同的基本概念。小團體運動最大的遺憾，不在於評鑑上的困難；在於參與其中的M不知如何成為一個有效的M，且小團體的領導者和理論的研究者也無法提供明確的指引；所以使得結構性group、半結構性group，尤其是非結構性group（甫一開始就已失敗了一半），無法達成小團體動力學所可能達到的目標。

以上所提及的遺憾，在非結構性的小團體運動裡最為嚴重。一個非結構性group其發展的過程和取向，幾乎大半已由L的開場

白所決定。如果L強調了「坦誠」與「開放」，group就很容易趨向於「交心大會」；如果L什麼都不講，group就陷於迷霧中而聽天由命了；也就是說，就看整個過程中，L所表現的功力了。

在任一種小團體運動中，L若能於group開始之初，依其group目標之需要，以口語擇要描述小團體的基本理論，則每一個M各知其位各守其分的有效參與，是可為所期待的。

小團體實務

一、小團體的人數

如果小團體中的人數太少，則此小團體所結構而成之G-G，其可能發展的型態與強度，似乎比較不能滿足小團體動力學的需求。如果人數太多，則M將無法進行「整個空間」的學習。所以小團體的人數，若以五至十人為度，可能較為合適。但也不一定要如此限制，因為二至四人的小團體，也可能達成更高階序的目標。且十至五十人的大團體，若能妥善地運用co-leader，也可以在二至三小時的時間內，一次完成較為初階的啓蒙效果。

二、小團體的時間與次數

小團體每次實施時間的長短，以及實施次數的多寡，須視此group的目標以及M的時間而定，並可依group過程中功能性的需要而調節。所以，每次一小時不算少，三小時也不算多；每週實施一次至三次皆可，總次數也可由一至八至十六次，甚或更多次。除非是以露營或宿營方式的週末營或生活營，否則的話（包括馬拉松group）最好是於夜晚撥出六至七小時充裕的睡眠時間（當然這只是筆者的經驗，或有其他先進可以克服這點限制）。

三、小團體的場地

　　小團體實施的場地，最好是在一個有隔音設備的封閉空間。這空間越大越好，地上最好是舖地毯，舖日式榻榻米更佳。至於單向鏡、大型穿衣鏡和坐墊，也都是必須的。不過小團體於戶外實施，卻也是可行的方式。例如：露天劇場、階梯形的連續空間、溜冰場、草地上，只要能夠不被打擾也不會打擾到別人，任何自然地形都可以適當的運用。當然，使用戶外空間時，若有自然的空間界域更佳。

四、小團體成員的選擇

　　組成團體之M，是屬同質或異質（H-G型態之差異）都無所謂，而以下列二者爲要：一是M之H-G的強度。M間H-G強度的差距越大，則此團體中產生的必然性限制也越大（詳論於後：「小團體中M的角色行爲」），故H-G強度越接近越好。由於尚無理想的量表或測驗可以明確的標定H-G的強度，所以只能在團體開始之前的面談階段中，由L的感受來予以選擇而平均化。不過，這個問題只存在於非結構性團體中。二是M之β值。β值＜1或有特殊之心理困擾者，最好能採用某些適合的量表或測驗，於參加團體前之面談階段中，予以檢出或編入其他的治療性團體。

五、小團體的目標

　　小團體動力學本身有其階段性的整體目標，各小團體運動也有其特殊的取向，而每一小團體的組成與運作，也都具有其特定的目標。所以不論此團體目標訂定的方式爲何，均應於小團體的場面構成之初，即明確的表出而爲M和L所共識。

六、小團體的活動設計

在半結構或結構性小團體中，團體活動之設計不但非常重要，且有課程化的發展傾向。小團體的活動設計所要考慮的，並非M之人格特質，而是M之文化特質。科技與經濟之現代化，雖然使得人類之行爲取向，有了某些共相的、一致的模式，可是在不同的政治體系上，卻使得個體的人格特質有不同的發展。國家之政治型態、政治參與機會的分配系統，及獲取資訊的分配系統，允許也限制了國民之人格特質實質的發展與展露的可能性。所以實質上，國民之人格特質的共相層面，是由該國之歷史性的文化所模塑。

在小團體之活動設計中，我們所要觀照的是，M所處文化對**於表達情緒時**，所允許的肉體接觸程度與部位，尤其是對各部位**肉體之不同程度接觸所下的定義**。雖然，感官感受力的各種經驗**與能力的強調是必要的**，裸體團體或許有實驗的價值性，可是類**似撫觸對方之臉或身體等活動取向**，卻可能必須有若干程度的保留或改變。

七、小團體的氣氛設計

小團體中內聚力的發展是應該期待的，但是由於我們並不去強調小團體中的坦誠與開放原則，所以我們也不必刻意去經營出「安全」、「溫暖」的氣氛，而使小團體與自然小團體產生了更大的疏離。至於小團體中保密原則，所模塑的神秘性氣氛，則可經由以下程序予以解除：L可於場面構成之初提及：「於日常生活中，若事件A是由甲、乙二人所結構而成，而且涉入了甲或乙之私人理念或經驗，則甲或乙非經當事人的許可，就不應該隨便地向他人談述，否則會被當事人視爲不道德的行爲。因此，在這個小團體中，希望我們每一個人都能注意到這個原則，以避免任一個

M在G之外被傷害。」。

八、結構性group與半結構性group的困境

　　非結構性group中一些必然的自發現象，幾乎都可藉著小團體活動的實施而消除。如何善用上述的自發現象，配合活動的設計與討論，使group更能發揮其功效，則凸顯出半結構團體的卓越模式。

　　結構性group與半結構性group最大的困境，就是M的被動、依賴性與不自我負責的現象。由於活動的連續實施，使得M認為：我參加活動（而非group），若此活動沒有帶給我好處，則此活動不好或L帶得太爛。L設計了整個活動，所以應為整個活動的成敗負責；我只是個參加者，沒有收穫算我倒霉。也就是說，他較不會主動地去感受去創造經驗，易把成敗歸因於本身之外，不為他在group中的表現負責。

　　當然，透過小團體動力學之基本理論的共識，即可解除此現象。不過，就其可能的發展而言，結構性group必須挪出更多的討論時間，其發展將越趨近於半結構性group；康輔輔導員般的L，看門人般的L，侍者般的L，勢必都為所淘汰。結構性活動以至非結構性現象間，二者流動和轉化的契機與導引，可能會成為每一個L所必須努力的方向。

九、小團體中的L

　　L在小團體中，應該展露的角色特質如下：

・活力旺盛。

・主動關愛group中的每一個M。

・能夠誠心地接受別人的關愛。

・一直注意著group中發生了什麼事。

- 充分地在每一個here & now，尋求深刻的感受和意義。
- 在Group中總是把握各種機會奮力成長。
- 角色變換靈活，能自如的進出各種情境。
- 即使不講話，只用眼神、姿態、動作或表情，他就能像鏡子一樣讓M看到他自己。
- 展露出對人之發展可能性的深切期望。
- L在group中儘量的展露這些特質，對M而言，自然就有正向的動力與影響力。所以換句話說，讓每一M都感受到L，並自發地發展L般的特質——讓每一個M都「想」而且成為L（擁有相同的角色特質，扮演相同的角色），這即為L本身所自具的，最具價值的「啟蒙作用」。

非結構性小團體中M的角色行為

一個典型的非結構性group，在其極端化發展的時候，可能會有下列的現象：

1. 每次選一名M（或自動出來，或照著某種順序輪流），談談他自己，鼓勵他越開放些、越坦誠越好。
2. 大家一起關愛之、評論之、追議之、探問之、分析之。
3. 被關愛者→最好不要自我防衛→須坦然接受→要聽（專心地）→要回答→不可辯護或反擊→太過理性的反應，易引起辯論大會→但也別太感性→當然哭了會帶來group的高潮→不過最好也別哭喪著臉→或表現得太激動→否則其他M會有傷害你的感覺而內疚。
4. 問什麼就得答什麼→否則顯得不夠open→無誠意
5. 會有攻擊者、保護者與旁觀者出現。

6.攻擊的type或保護的type，會被回饋至攻擊者或保護者自
　身。

7.Group中有人坦誠交心，是最充實最有意義性的group經
　驗，而且要輪著來大家都有份。

　　當然上述1.～7.所描述的模式，是屬於較極端的現象。但是非
結構性group，若L的功力不足，而L與M對小團體動力學之基本
理論也缺乏明確的共識，則group的過程與取向就容易趨向於此
模式。

　　「open」這個名詞，聽起來是很舒服，而且為了讓別人了解
我而「自我開放」，這是無可厚非的；可是如果為了要了解別人，
而去要求別人「開放他的自我」，這就有些兒說不過去了。而且，
要開放些什麼呢？對於較具疏離感和個人主義的文化而言，若試
圖反省或突破乖隔的人際關係，當然是一個很好的方法。但若對
於中國人而言，似乎就有考慮的必要了。

　　要求自我開放，可能是因為下列五個原因：

1.想證明自己的存在。

2.想展露自己的能力。

3.想傾訴自己的難題。

4.想得到別人的幫助。

5.想得到別人—世界的回饋，以及支持與承認。

　　要求別人自我開放，可能是因為下列五個原因：

1.我「開放」而洩露自己的秘密，別人也須「開放」而洩露他
　的秘密，以維「公平」。

2.想探索別人的秘密。

3.想了解別人，或因好奇，或因關懷，或想與其比較。

4.自己暴露缺點，而別人不暴露缺點，這對自己而言是危險

的，不安全的，故必須要求別人也「開放」。

5.想幫助別人。

另一個問題是：有些人需要強調「自我開放」，有些人則不需要所謂的「自我開放」。對於某些人而言，尤其是H-G型態較不安定、強度較弱者，他們很需要開放自我；有些人在日常生活中即已習於此，有些人則欲開放而不能。對於H-G勢力較強者而言，或是不願意或是不能，或是講了更令人莫名，或是不知道還有什麼可以開放的。當然group中H-G較強者，常會因其我執而不願開放；但也有人因此開放對他已不具任何意義，也有人就如下面這則公案一般：「問：『如何披露即得與道相應』？師（文益）曰：『汝幾時披露即與道不相應』。」你要他再刻意的open什麼呢？「予豈隱乎哉」！

不管是要了解自己或想了解別人，都不是從最秘密的地方去了解。即使我們是以十分誠敬的關愛為出發點，也應警惕於莊子中混沌開竅的故事；滿足自己善意的關懷之後，卻給對方留下一個個大窟窿流血而死。所以更應了解：小團體的重心，絕非開放或坦誠或衡情或議事或埋怨或品評人物。

還有一個問題是：是不是每個M都七嘴八舌的講來講去，就代表著互動越多，group越成功呢？group中的沈默，卻總是令人無法忍受。沈默者是怎麼出現的呢？「group中有些人把生命投入，有些人像是觀眾在一邊觀看，就好像一場戲一樣，很假。」——這是一個M的報告，也是多數M會產生的感覺。這些生命的投入者，固然不是強勢H-G者，卻大多是那些弱勢H-G者；而觀眾呢？觀眾也包括此二者。要進一步了解group中這種現象，就必須把H-G強者和H-G弱者對立起來分析。

「有時，我也想說話……但若還在思索時……就有一M先講了……我也不想搶著說下去……有些思緒因而也亂了……」，H-

G弱者的思想及思想的展露，較容易被其他人所阻斷。H-G弱者，總是得「自認」獲得全體的同意後，才敢展露其言行。他不敢肯定，說出來以後，別的M會不會笑他，會不會當成一回事，會不會不理睬或否決。欲言又止之際，上焉者繼續觀看劇情的發展，中焉者陷於自我的沈思中，下焉者就腦子一片空白「脫離」於group之外了。

「起先也沒想到會談到我身上，但真的好令我感動……」，H-G弱者需要被（也較容易感受到）關懷與支持，但在生活場的其他自然小團體中，可能較缺乏機會展露自我，吸引那麼多人的注意；所以當他被關懷，而為group之焦點時，真是又驚喜又害怕。

H-G強者於group中，卻又易「自在」的跑來跑去；隨時都比較敢於說出他要說的，做出他要做的。所以在group 就顯得較突出，且總易遭受到M的注意與評論（包括不夠格的L），而成為group的焦點。於是一場「辯論賽」或「躲避球賽」也立即開鑼，到最後常是「你還是你，我還是我！」而浪費了group很多的時間。所以真正的「生命投入者」，還是那些H-G弱者。

觀眾——那些沈默者，可區分為下列三種：

1. 自足的沈默者。他注意著group的發展，也注意著自己的感受，只是沈默不言而已。
2. 無能的沈默者。他不太跟得上group的速度，也不太能把握住自己的思想（通常他是較溫和的人），他仍處group之中，只是不得不沈默而已。
3. 疏離的沈默者。和前者差不多，但覺得好累、睏倦、厭煩、不太清醒地坐在那兒，不斷地換姿勢而脫離現場。

總而言之，H-G強度對個體於group中角色行為的影響，約可條列如下：

1.H-G強者（相對於group中的其他M而言）

　　• 我是關心別人的人。

　　• 我是好意的。

　　• 我是來幫助別人的。

　　• 我是來施予的。

　　• 我是不需要被幫助的。

　　• 我是不被改變的。

　　• 易成為操縱者，但堅持「我不是操縱者」。

　　• 易成為分析者、評判者。

　　• 其援助常被拒絕。

　　• 易被攻擊而後自衛而後反擊而後沈默。

　　• 雖然很會閃躲，卻易成為group中的「主題」。

2.中等強度H-G之M（相對其他M言）

　　• 扮演扶弱抑強的角色。

　　• 觀察家。

　　• 保護者。

　　• 分析者。

　　• 總是留意著group中的變化。

　　• 較平均地參與於整個group的過程中。

3.H-G弱者（相對group中其他M言）

　　• 我需要安全感。

　　• 我需要溫暖的感覺。

　　• 我不喜歡衝突的場面。

　　• 我不喜歡有人被傷害。

　　• 不要傷害我。

　　• 我不想去批判別人。

　　• 我希望能在group中獲得一些好處。

　　• 我關心別人。

- 我不知道可以得到些什麼。
- 我容易感染group的氣氛。
- 我也易脫離group的情境。
- 我的思想容易被打斷。
- 我不容易把自己的言行表現出來。
- 我常沒話講，無聊。
- 我不知道該怎麼幫別人的忙。
- 有機會幫別人的忙我會很高興。
- 我不太敢動，怕犯規或闖禍。
- 我不易爲人家所注意。
- 我不太趕得上G的速度，易覺疲倦。
- 不是誠意的幫忙，我絕不接受。
- 你若傷害我，我只好消失了。

4.Leader

- L過於權威或主動→易於引起group內的壓力→令M反感
  →M反擊→L退縮。
- L過於退縮→Group的狀況聽天由命。
- L有意的於Group過程中變化其角色，因爲M對L的攻
  擊，往往對M之內聚力有所助益。

第十一章
小團體動力與結構之形式空間分析

———————— •••••• ————————

點線面
團體動力結構圖

特定的一群人，運作在特定的時空中，就結構了特定的小團體。M之各種行為展露，都有其特定的空間領域與形式，所以M之間的互動關係，也就展露在這些形式空間的變化之中。因此，把時間切割為空間的形式，再條理group空間中各部分空間的形式關聯，就可以掌握或自識到group的動力。這些動力所展露之空間形式的結構，就成為group發展過程中，group結構的時序性切片。所以，就可以時間和空間為經緯，測量group結構之發展。透過M在先於G之經驗的影響，各以其人格所塑造的group「初始結構」，比較group結束時之「終了結構」，也就得以測量或衡鑑group的效果。

　　在小團體動力學中，我們所強調的是──整個空間的學習。在整個小團體空間中，每一個M就是一個「點」；M之間的關係，則關聯各點為「線」或「面」。藉著點──線──面之間的關聯，就可以經由下列程序，明確地繪出不同時間的group動力結構圖。

點線面

一、點

　　點代表著M在group中的存有，每個M都是一個「獨立點」，且每一個獨立點都有其特殊的存在形式。經由各獨立點的空間定位，M即可自識其於group中存在的本質。定位程序如下：

1. L先把所有的M集中在房間的一角，然後手指整個空曠的房間說：「這整個空間，就是group的空間。在group的時間內，這整個空間就是我們生活的場域。我們每一個人都要進入這個空間生活，每一個人都必須抉擇，他要怎樣子生

活在這個生活場裡。我們每一個人都以自己的身體占有一個空間，相對於整個的group空間而言，每一個人就成為group空間中的一個點，獨立的點。所以，隨著不同的表情、動作與姿態，各人就賦予這個獨立點獨特的空間形式。」

2. 「對我剛才所講的有沒有不清楚的？好，現在我們開始進入這個空間。請注意，這是一個沒有人的空間，現在哪一位要先進去（一陣猶豫後立刻有人說『我』或不吭氣的走了進去）？好，1號進去了，1號這個點必須馬上抉擇，他對這個空間的感覺，他要以什麼心態——也就是說什麼形式的點，生活在這只有他一個人存在的空間裡。1號你可以在不同的地方以不同的姿勢或動作，去感覺一下，去抉擇你要定位在哪裡，中間或旁邊或牆角，站著、坐著、躺著、跪著都可以。好，地方決定好後把姿勢擺出來，手腳怎麼擺，頭、眼睛看哪裡、表情，都決定好後請『彈指』。L示範彈指，發出彈指聲音。

3. 「2號（L對其他場外的M說），哪一位？（有個M走了進去）好，現在2號進去了。請注意，進入group空間後，不可講話，要完全以行為語言的空間形式來表現自己。2號所面對的group空間，和1號的完全不同。2號你所面對的空間裡已經有一個人，一個點以那種形式存在那裡，這整個空間給你什麼感覺。2號你必須抉擇以什麼心態、什麼形式的點，和1號這個點共同生活在這個空間裡。你可以先熟悉一下這整個空間，到處走走，從不同的地方來看、來感覺這整個空間和1號這個點。你喜歡1號這個點，你就靠近他些，不喜歡就離遠一點，你用你的空間位置、距離、姿態和表情，來表示你和這整個空間，包括1號這個點的關係。好，座標定好了，點的形式呢？嗯！如果想接近他，你可以看著他，身體轉向他，把手伸向他。不可以和他講話，當然也可以

背對他不看他。請把手腳位置、頭、眼睛方向定出來，只要能表達你現在的處境和感覺就可以。定位好了就『彈指』，（2號『彈指』）好，2號定位好了。」

4.「現在請1號注意，由於2號的進入，原本由你單獨擁有的group空間改變了。現在是二個點的共同存在。2號這個點定位在那個座標，且以那種形式表達出他對這個空間的感覺，以及對你的感覺。也以那些姿勢和眼神，表現出對你的關係。現在，請你感覺這個空間，包括2號這個點的存在與形式，請抉擇你的反應。（假設2號坐在1號身邊一公尺的地方，並轉過身子看著1號。）2號，你的意思呢？接受他、靠近他、轉向他、看向他、拒絕他、不理他、背對他，還是遠離他呢？你可以移動，重新定位，請1號重新定位，找一個適合的點座標和形式，完整地表達出你對現在這個空間，還有2號這個人的感覺、關係和態度。當然，你若覺得他打擾了你，你可以離他遠一點。如果你覺得管他的無所謂，你也可以不要動。如果你覺得這人還不錯，可以做朋友，那就不妨移向他。嗯！手腳、頭、眼、表情，如果定位好了就請『彈指』。」（1號「彈指」）。

5.「現在請2號注意，這group空間又變了。（假設1號移位至房間的另一個角落，背對2號。）1號這個點以他的座標和形式，表達了他對這個空間和你的感覺與關係。請注意，你可以接受，認了，也可以拒絕或繼續向他示好。請感覺這整個空間和1號這個點的座標與形式，並且抉擇你的反應，你有什麼感覺，你想怎樣做，請用行為語言表現出來——請重新定位。（如果1號是女的，2號是男的。通常這時候，2號會站起來，抓抓後腦袋、苦笑。）當然，就留在原地也可以，哦！頭轉過來了，不看1號了，不再跟過去了嗎？嗯！好了嗎？手腳、頭、眼、表情，如果定位好了請『彈指』。」

6.「1號，現在怎樣，你還可以重新定位，2號也一樣，可以再重新定位。不過，因一個時間，只能有一個點移動或改變形式。請注意（對1號、2號和其他M說），一個點在group空間中，隨時都必須去感覺他所生活的整個空間，並且把他與這整個空間，以及空間中其他點的關係與態度，用點的座標和形式，經過重新定位的過程表達出來，不斷地調整，一直到這空間中所有的點都滿意，都願意接受或忍受彼此的點座標和形式為止。請注意，一個時間只有一個點能夠重新定位。在別的點已經『彈指』，表示他已定位完畢之後，如果你想重新定位，就請『彈指二次』，然後才開始重新定位，當然你可以對某些點，先做一些連續的行為語言，但是你必須儘快的抉擇好新的點座標和形式定位下來，然後『彈指』。場中任何的點，一聽到『彈指二次』的聲音，就必須保持不動維持原本的定位。如果也想重新定位，就必須等已『彈指二次』的那個點，定位完『彈指』之後，才可以『彈指二次』而重新定位。當然此時整個group空間又變了，你必須面對此新的空間來抉擇，直到滿意為止。」

7.「1號、2號都定位好了沒有？不滿意的話，可以再變，再重新定位，2號『彈指二次』……好，都滿意了，真不簡單啊！目前都不再變了，彈指了沒，彈指了。好，請注意（面對其他M）這整個group空間，這個由二個點所組成的空間，已取得了平衡。剛剛我們看到了，這二個點如何抉擇他們存在的座標與形式，並且由於各自的存在座標與形式，對整個空間和空間中其他的點發生了「影響力」——使其他的點，以至整個空間發生了變化。又由於彼此共同存在一個group空間，而互相影響對方的存在座標與形式。這整個重新定位的過程，也就是這二個點——人際互動的過程，

不但清清楚楚地表現了出來，被我們所看到，也被你們1號和2號所看到、知道、感覺到，並且眞實的成爲、經驗了所謂的group動力本身。」

8. 「現在輪到了3號，哪一位？（L看向其他M，通常會有一M搶步而出，慢一步的只好等下一次了。）現在3號所面對的group空間更複雜了，他必須去感受與抉擇，他到底又用什麼座標與形式，來表達他對這整個空間的感覺，尤其是對1號、2號這二個人的不同關係與態度呢？等3號定位好了以後，1號或2號都可以重新定位。也就是說，1號、2號和3號可以不斷的重新定位，直到3個點都滿意爲止。嗯！都定位好了嗎？（彈指聲）現在這整個group空間內的三個點已經取得了平衡，『點』越多『動』的越複雜越精彩，請每一個點仔細地去感受整個group空間，主動地去抉擇你的座標與形式。總之不管在哪個空間裡，你必須活得清清楚楚的，也知道自己是怎麼活著的，自己抉擇與整個生活場和其他人的關係，爲你自己所抉擇的存在座標與形式而負責。」

9. 「4號、5號……。」一直到最後所有的M和L，都已進入這整個group空間，全部定位完畢而獲得一個大家都滿意的平衡關係爲止。L可以在最後才進去，早些時候進去也無妨。（L可以進去再出來，隨意進出空間。並以明顯之示範意涵，改變其與各點之座標與形式，實驗性地「操作」整個group空間。）這個第一次獲得平衡的group空間裡，由其內容點之座標與形式所共同結構而成，整個group空間的存在本質與形式，即爲group的「初始結構」。

10. L又可規定，當L「擊掌一聲」的時候，group空間中的一切動作或移位皆須立刻停止，並且不動不變像個木頭人般的，把拍掌瞬間之點座標與形式保留下來。L這一擊掌，就代表著整個group之動力與結構的「瞬間切割」，可於

group過程中的任何時候，依group或L或M的需要而「切割」之。要不要賦予某一或全部（輪流）M「瞬間切割」的能力，則視group所達到的深度，由L需要而決定。

11.在第3號或第4號定位之後，L就應該進行第一次的瞬間切割。依發生的歷程，循序要求各點描述其每次定位與重新定位之時，他看到了哪些？感覺到了什麼？接受哪些，拒絕了什麼？爲什麼抉擇這個新的座標，爲什麼以這個形式關聯表出？希望達成什麼效果？具有什麼意義、感覺、原因……等心路歷程。

12.這時候，經由各點主觀的詮釋，他的「我」與其「我世界」——整個空間和其他點，每一個點，都可對之有眞實的了解。但是，卻也發現，不同的點對彼此所共存之現象世界（這個group空間），竟然在某些相同的地方有不同的詮釋。各個點互相成爲對方之「我世界」的部分Gestalt。且在主觀詮釋與被詮釋之下，發生了一些誤解。更因著這些誤解，導生了某些點座標與形式定位的改變，而又使得雙方或第三者，甚或第四者第五者產生某些誤解與重新定位……。

13.L還可配合某一點的描述，逐一「重播」整個過程，以便逐段描述。當然也可就詮釋系統的差異，而要求暫時做一些溝通之後，以確認該點或爲較適當的座標與形式定位。再視相關之點是否滿意，而繼續發展出雙方或三方或四……共同認爲之比較好的、比較適當的均衡關係。在完全的討論之後，再復原至原本的瞬間切割狀態。而後L以「擊掌二聲」爲信號，讓整個group繼續進行互動。

14.進入group空間中的M越多，則其互動也越複雜，就越需要進行瞬間切割。經由瞬間切割，一方面，M即經由彼此的對話，而以行動重新檢覈他的詮釋系統與行爲系統（視

Group進行的程度，甚至還包括動作與表情系統），並且發展新的、可能的、理想的詮釋與行為系統。二方面，他也進入了其他M的詮釋與行為系統，而獲得了深刻的empathy；三方面，對於人際互動可能產生的現象，尤其是影響力之本質及其誤導之可怕（比如：M不經意地把手向後一撐，身體自然地往後一斜；竟然使得隔壁的M，自己也不知是有意或無意地跟著挪了挪身子。這一挪，固然於無形中填補了原來各點所聯成之圖形的缺口。卻因為挪得不夠精確，而使得其他M……）後果。四方面，對何謂團體動力有了深刻的體驗。五方面，無形中發展了新的，自己對自己和對別人的關係。六方面，學習了如何進行「整個空間的學習」的方法，並且有所斬獲。七方面，若L能於M熟悉之後，把瞬間切割的討論工作，輪流交由某一（或某些）M（共同或輪流）來負責實施與引導，則對M之參與感尤其是觀察分析與綜合的能力，以及group之內聚力，更有助益。八方面，則因M於整個group時間中，都必須here & now的主動抉擇其與整個生活場的關係，及其H-G的勢力。故於其主體性的運作，主體性之意向性的貫徹，及對自己行為的接受、肯定與負責，都有正向的訓練效果。

二、線與面

各點可經由接近性、相似性、連續性和閉鎖性……等原則，連結成實質關聯的「實線」，或無實質關聯的「虛線」；且於group空間中出現或長或短或平行或交叉等現象。各點或線，也可連結成面——小群體的誕生，於是整個group空間中，就有點、線、面等不同的現象，彼此交涉、影響、連接、組織或分離，藉著瞬間的切割，再透過點、線、面的解析，則group空間中所有的動力現

象，更將為每一M和L所自識。

團體動力結構圖

在不同的時間對group予以瞬間切割，然後將其內的座標點、形式，以及點線面的關係繪製出來，配合切割後討論的錄音記錄，即可獲得不同的group動力結構圖。各個點，以「 」表示，並以下列符號系統繪圖：

1.「 」代表立姿，可自由變化為「 」、「 」、「 」……等。

2.「 」代表坐姿，可自由變化為「 」、「 」、「 」、「 」、「 」、「 」……等。

3.「 」代表臥姿，可自由變化為「 」、「 」……等。

4.眼睛所看到的方向，則於人形圖之頭部上方，以箭頭「→」、「↑」、「←」、「↓」、「↗」、「↙」……，若為向上看則表為「 ↑ 」，若向下看則表為「 ↓ 」，例如「 」。

5.M為正向情緒（如：喜悅），則表為「＋」。若為平常狀態不喜不怒，則表為「○」。若為負向情緒（如：不高興），則表為「一」。例如：「 」、「 」。

6.繪圖的方式有二：一為L擊掌一聲後，令訓練有素之觀察員立刻繪圖。但恐繪圖時間影響了group的發展，尤其是M的興緻被打斷，易對繪圖評鑑之工作不滿。二為L擊掌一聲後，觀察員立刻從不同角度取景照相，配合著錄影機的記錄，而於group時間外再行繪圖。

7.group完成「初始結構」之後，L則規定：「在以後的group時間裡，不管任何時候，若聽到『擊掌三聲』，則應立即原

地固定不動，並分別以『彈指二次』爲號，進行形式空間
定位，一直到整個group空間獲得均衡爲止。」L亦可於擊
掌三聲時，附加口頭指令，引導group發展出預期目標的實
驗型態。例如：L於擊掌三聲後，即說「請表現出各點之間，
所能容忍的最近距離，及最親密的形式。」（此一指令最好
於三擊掌後，group空間取得均衡時，再行擊掌並發出指
令）或說「各點間關係暫不予考慮，並以5號爲中心點，各
點請表現出其對5號的關係。」後一指令可於group末期，
或配合group過程中的功能性需要，分別以各M爲中心，來
測得其所完成的人際關係。

　　上述1.～7.「小團體動力與結構之形式空間分析程序」，可在
group一開始立即實施，而後因應group的需要，以L擊掌三聲的
方式運作。透過「初始結構」與「終了結構」之動力結構圖的比
較，即可獲得group功能的評鑑。透過單向鏡的觀察或錄影機的錄
影，則可使未參加group的觀察者，清清楚楚地看到group的動
力。但是，最重要的卻在於，每一個M都可以當下即是的，自識
而成爲group動力本身。

　　因爲M每一個here & now之座標形式定位，皆爲其here &
now歷史性與整體性之展露，而且根本不會去觸及M的生活史或
其自我理念等秘密，所以完全符合小團體動力學的要求，更不會
造成上述非結構性G般的困擾，此一「小團體動力與結構之形式空
間分析程序」，即在小團體動力學的技術中，由筆者命名爲
「David-Group」。

第十二章
小團體的技術

聲音的釋放

身體的釋放

語言、角色與空間的釋放

進入這個論題之前，本文必須於此強調，任一讀者尤其是L，若沒有具備上述小團體動力學理論與後設理論的知識，則切勿指導或運用小團體的技術。若已具備，則請看此公案：「有個和尚問趙州：『如何是趙州？』趙州回答說：『東門、西門、南門、北門』。」也就是說，技術的運用之妙，存乎一心；如果心無定體，什麼技術都沒有用。如果具備了上述知識，則一舉一動一言一行，嬉笑怒罵皆爲無上技術。（尤其在非結構性group中）。

　　以下提供十一項小團體技術。這些活動設計的特色，就在於符合小團體動力學的目標，不去挖掘M之情緒與理念的內涵，而企圖藉著各種情緒—理念—行爲之各種形式關聯的展露，引導M經由個體間現象的互動，而於其自身之內進行本質的互動。

　　這些活動的本質是，引領M透過聲音的釋放、表情的釋放、動作的釋放、身體的釋放、自我影像的釋放、自我體感（Body-image）的釋放、理念的釋放、人際關係的釋放、人際關係本質的釋放、人際關係動力的釋放……等歷程，來達成小團體動力學的目標。

聲音的釋放

一、對牛彈琴

㈠活動目的

　　藉著聲音的釋放，達到「warm-up」的效果。

㈡活動程序

　　1.雙手用力把自己的耳朵蓋起來，越緊密越好。二人爲一組，大聲地互相自我介紹。

2.由於對方蓋著耳朵，所以就越來越大聲，而逐字用力喊了
  出來，且越趨對方的耳朵喊叫。

3.若將二人一組改為自由移動，則M自選對象交談，且有些
  M變成觀察者，可觀察到各種慢動作分解的語言行為。

4.分組進行經驗分享。

二、鹿鳴

㈠活動目的

　　鹿鳴二字引自詩經，代表「求其友聲」。藉著聲音的釋放，而
獲得group的聚力，以及L所要求的分組大小。

㈡活動程序

1.所有M集中於group空間的一隅，而後逐一進場。

2.若為大團體則分區，若干人同時進場。

3.進場時閉眼，高聲唱出自己的歌，並於場中漫步移動。

4.邊唱邊走，尋找唱同一首歌的其他M。也可改唱別的歌，
  以期更具吸引力；或改唱著某一M正在唱的歌，而與之應
  和而後牽手合唱偕行。

5.M不斷地處於抉擇中，隨著各首成「形」歌曲合唱人數的
  增加，各點主動或被動地連結，成為二點之線、三點之線
  （或面）……，或有游離之點。

6.group空間在歌聲變化中逐漸被越趨增多、擴大的線或面
  所分割，而有對抗或融合的情形出現。

7.L可依不同的需要，控制group發展程度。達分組人數之小
  群體，L即可要求該組M張開眼睛。L亦可於group中期，
  下指令要求全部M張開眼，讓各組的競爭白熱化。

8.分組進行經驗分享。

三、分娩

㈠活動目的

藉著聲音的釋放，釋放M之情緒。難題不解或親子問題，亦可用之。

㈡活動程序

1. M仰臥在地上想像分娩的過程。
2. M想著自己最難過的事，像分娩般用聲音把痛苦表達出來。
3. 分娩時間至少要有三分鐘。
4. 可由M逐一分娩，亦可一起分娩，或隨L以哨聲控制陣痛頻率長短大小，或M自行控制。
5. 分組進行經驗分享。

四、龍吟

㈠活動目的

藉著聲音的釋放，把身體、肌肉、骨骼中積存的情緒發洩出來，並且去感受，進入別人聲音所表達的情緒歷程。

㈡活動程序

1. M面向L圍成一圓圈，L立於中央，二腳微分雙手下垂。
2. 「我們將用『一』的聲音，配合身體來表達出我們的情緒變化。隨著聲音的漸漸提高與節奏的變化，慢慢地把手舉高；『一』的聲音越高，手越用力舉的越高，不能再高了就墊起腳來向上抓，『一』的聲音再漸漸地再低下來，手也慢慢地放了下來。」
3. 「現在請大家跟著我做一次」，L的示範必須注意節奏的變

化。

4.「現在，請輪流到中央來帶領。」「請注意，用聲音儘量地表達出你的情緒，用身體用雙手去抓去把聲音表達出來。做的時候，請把眼睛閉起來。」

5.分組進行經驗分享。

五、人籟

㈠活動目的

藉著聲音的釋放，配合身體動作，釋放M情緒，有warm-up的效果，並且增進內聚力。

㈡活動程序

1.M立姿以自由隊形散開。

2.「現在，請向著天空（或天花板）自由亂叫，亂叫亂跳，越大聲越好，讓整個世界知道，我就在這裡。」歷時30秒。

3.「現在，請自由移動，找個人，就對著他叫，把自己的偉大叫出來。」歷時60秒。

4.「現在，請對著牆壁，亂叫亂跳，把自己的心事叫出來。」歷時60秒。

5.「現在，請對著鏡子，對著你自己，亂叫亂跳，把對自己的反抗叫出來。」歷時30-45秒。

6.「現在，請二人一組，快，牽手一起向別的組叫。哨音響起時開始，哨音二聲後停止。」

7.然後口令改爲「三人一組」，「四人一組」……以至「全體一組」，然後「來，一起叫！」帶頭朝著圓心一起長聲大叫；再轉爲全體牽手背向圓心，向整個世界——大叫。

8.這個活動做完後，最好立刻放「Bruce」的音樂，讓M一對對的跳舞，以轉移必然的「休息」狀態，而在舞蹈中休息。

藉著二人親密地靠近或談話或微笑會有共同的empathy，而紓解剛才的身心狀態。

9. 分組進行經驗分享。

身體的釋放

一、種子

㈠活動目的

藉著冥想和角色扮演，以身體、動作和自我描述，來釋放M成長過程的感覺。

㈡活動程序

1. M均衡地分布在整個場中，以伸開雙手不會觸及為原則。

2. 「以下，我們將以身體和動作，來描述一顆種子成長的歷程。現在請把眼睛閉起來，不要說話，儘量用身體去感覺去表現。活動進行中，若我在你腳上拍了一下，就請你把你的感受講出來，把你當時的心境和企圖講出來。不過，仍要閉著眼，不可張開。」

3. 「請注意，現在，現在你是一顆種子，一顆種子，請用身體表現出來。在思想上，身體上，成為一顆種子。你是一顆種子，一顆被埋在土裡的種子。被埋在土裡，你、身為一顆種子的你，有什麼感覺呢？你能怎樣呢？泥土裡，濕濕的，見不到陽光。被土包圍著，四面八方地包圍著，你，埋在土裡的種子，有什麼感覺呢？」

4. 稍後，則逐一拍M的腳，讓每一個M分別講出他自己當下即是的感覺。

5. 「現在，這顆種子終於發芽了，終於，從泥土裡冒了出來，見到了陽光，見到了……。」

6. 由種子→發芽→小樹→大樹→老樹→雷擊而死。在六個過程中，L的言詞音調要儘量地深刻逼真，引領M去深入地感受變成為該物。每個階段，也都要讓M以語言來進行自我描述。同一個階段，往往有不同的感受與心路歷程。所以每一顆種子，也都可以進入其他種子的世界。

7. 分組進行經驗分享。

二、大小

㈠活動目的

藉著語言、動作與身體的釋放，展露出個體的「偉大」與「卑微」，也進入其他M的「偉大」與「卑微」。

㈡活動程序

1. M和L圍成一個圓圈，面向圓而立，閉起眼睛。

2. 「現在，讓我們用身體全部的力量，用動作，尤其配合著引導者語言，把自己的偉大、最偉大的，表現出來。我先帶一次，大家跟著做。然後被我拍到肩膀的人，就在原地帶大家一起做。當你帶領的時候，請大聲的，用語言，用各種形容詞、各種名詞，宣布出你的偉大，你的至高無上，你的龐大無匹，你無比尊榮的高貴榮耀……等，並且用你的身體，把你所宣稱的表現出來。」

3. 每個M都做完後，則將活動內容改為「自卑」、「卑賤」、「渺小」與「可憐」此一組概念，以相同的程序實施。

4. 此活動做完後，最好繼之以「龍吟」，藉以紓解情緒。

5. 分組進行經驗分享。

三、人面桃花

㈠活動目的

藉著表情的釋放，使M走出自己進入group。

㈡活動程序

1. M於group空間中，以L指定的方式移動。並將口令指定的「臉色」，互相「端」給所碰到的人。

2. L口令所指定的臉色包括：鬼臉、笑臉、哭臉、生氣的臉、沮喪的臉、嘔氣的臉、高傲的臉。

3. L口令所指定的移動方式包括：漫步自由移動、跑跳步自由移動、一字長蛇陣鏈條式移動……等。

4. L可隨其需要，靈活搭配口令內容，調節各個臉色實施的時間。例如：「現在，請以跑跳步自由移動，輕快些、活動一點，好，向碰到的人互相扮鬼臉，越難看越好！」

5. L亦可指定，接觸時需牽雙手，互端臉色5秒鐘，之後才可分開另尋他人。

6. L亦可將M分組，於同一時間以不同的臉色進行接觸。

7. L亦可於最後發出指令：「現在，每個人請端出自己最滿意的臉色來，在group中自由移動，並跟碰到的人握握手。數到10就開始，1、2、……10，開始。」

8. L亦可將臉色搭配口白，例如：要求A組見人就擺出臭臉，且不屑的揮手說「滾開」。要求B組見人就擺出奉承的臉，且拱手鞠躬說「求求您」。

9. 分組進行經驗分享。

四、跳舞

㈠活動目的

藉著身體的釋放，達到warm-up的效果。

㈡活動程序

1. L須先錄製一卷5分鐘的音樂帶。此音樂由節奏慢的Bruce
   與快節奏的Disco，以「慢、快、慢、快、慢、快」的方式，
   每小段各占20或40或60秒，交替組合而成。
2. M需隨著音樂而跳舞，且於Disco時自由變換舞伴。
3. 分組進行經驗分享。

五、生命之旅

㈠活動目的

藉著身體的釋放，捕捉一些生命過程中的感受。

㈡活動程序

1. 「下面進行的活動，是由我們日常生活中的一些處境轉化
   而來，請每一個人仔細地品味與感受。」
2. 全體M集中於房間一隅，逐一閉眼迅速進入場中。或就原
   來位置閉眼，向左自轉四圈再向右轉二圈。
3. M須依L口令所指示的方式和規則移動。
4. 口令指示的移動方式包括：「用走的」、「用跑的」、「用跳
   的」或「用滾的」。
5. 口令指示的移動規則包括：「碰人則停，被碰則行」、「碰
   人即右轉」、「碰人即向後轉」、「碰人時不閉不閃，只進不
   退」、「只退不進」、「碰到人就把他滾過去」。
6. 分組進行經驗分享。

六、好寂寞哦！

㈠活動目的

測量每一M於G中所擁有之最親密空間，並打破之。

㈡活動程序

1.任一M皆可高呼「我好寂寞哦！」此時，其他M須立刻對其採取自己所能容忍的最小空間距離。

2.若此一M對此包圍仍不滿意，又可高呼「我還是好寂寞哦！」此時，其他M則向其圍擠，並以之為中心擠成一團。

3.分組進行經驗分享。

語言、角色與空間的釋放

一、君子

㈠活動目的

藉著語文的釋放，打破M的自我影像。

㈡活動程序

1.二人為一組，比賽貶抑自己，越能把自己貶得比對方低微、卑賤者勝利。

2.輸的人須向贏的人握雙手說：「恭喜！你贏了。」贏的人則答曰：「承讓！承讓！」。

3.分組進行經驗分享。

二、哭笑不得

㈠活動目的

藉著語言的釋放，釋放M之body-image及其H-G之型態。

㈡活動程序

1. M以自由移動方式隨機組合，二人一組且最好爲男女配對。

2. 「等下子哨音一響，二個人就開始交談。男的，要儘量奉承女的，儘量討好她，說她的好話，讚美她的優點；把你所看到的，現在站在你面前的她，所有的優點都講出來，只能用好話不可講壞話，越諂媚越好。女的，要儘量批評男的，越刻薄越好，把站在你面前的這個男人，罵得他體無完膚；儘量以他的長相、他的身材、他的動作、他的服飾爲依據，罵得越兇越刻薄越難聽越好，把他的缺點扯出來，絕不要給他留任何面子。」

3. 「哨音每三分鐘響一次，每次哨音響就自行移位換人，找一個新的搭檔。換三次搭檔以後，規則就要改成：『男的罵女的，女的讚美男的。』所以，請相信我的話，你再也沒有這種機會，這樣子罵個男人或讚美個女人了，請務必儘量發揮，儘量享受。」吹哨。

4. L每隔三分鐘吹哨，高呼「換人」，並鼓勵M儘量發揮，儘量享受。

5. 換三次搭檔之後，L吹哨叫「停」。「現在起，整個世界又顛倒了，男的改成罵女的，女的必須讚美男的。……（如2.之說詞）……。」

6. L吹哨高呼「開始」，經三次換人之後結束。

7. 亦可於第二次即行角色互換，第三次再換人……如序行之。

8. 分組進行經驗分享。

三、椅子

㈠活動目的

藉著H-G強度的釋放，訓練協商、合作與創造力，並可爲L分組之用。

㈡活動程序

1. L站在中央，請M面向他圍成一圈，並以伸雙手不阻礙爲原則。

2. 「以下，我們將用我們的身體和動作，把自己變成椅子。隨各人的巧思不同，就會出現各種不同的椅子。椅子種類很多，請儘量不要和別人相同。」

3. 「請注意，現在，你是一張椅子，你是一張椅子，請快把椅子做出來。」

4. 每個M都成爲椅子之後，L需將各椅稍加介紹或調侃。

5. 「現在，二個人做成一張椅子。二個人，請快找個搭檔，二個人做成一張椅子。」

6. L繼續發出指令「三人……」、「四人……」，一直到所有M做成一張椅子爲止，並讓各組向大家介紹自己椅子的特色。

7. 不同強度之H-G，於不同大小之G中，表現差異的角色行爲，可爲討論之好材料。

8. 分組進行經驗分享。

四、悄悄話

㈠活動目的

釋放個體之領域空間，感受人際親密的氣氛。

㈡活動程序

1. M閉眼自由移動，遇到人則成爲二人小組（L可主動協助配對），互以耳語的方式，進行L指定之人際溝通。（如：最傷

心的事、最快樂的事……)

2. 每二分鐘L吹哨，M自由移位尋找新搭檔。

3. 二人耳語時，尚須如下列規定：二個都是男的，則互抱雙肩。二個都是女的，則互相抱腰。一男一女則採肩腰姿勢。

4. 分組進行經驗分享。

五、最佳拍檔

㈠活動目的

真實的，面對面表達第一印象，感受被拒絕、被選擇與被接受的滋味。

㈡活動程序

1. 自由隊形，各M以跑跳步自由移動，不可講話。

2. 每遇到人，則先握住左手，然後把右手藏到背後，互相凝視五秒，而後一起大聲數「一、二、三」，喊三時同時把右手伸出來。若選擇對方為最佳拍檔，則右手出「石頭」，若不喜歡他當你的最佳拍檔，則右手出「布」。

3. 若二人皆為「石頭」，則組成最佳拍檔，若二人皆為「布」，則各自說「拜拜」，分開繼續尋找其最佳拍檔。

4. 已形成之最佳拍檔，則牽內手一起在場中散步，若有第三者看中其中之一，也可以要求被看中者，與其握住左手而後猜拳。被看中者則須抉擇，他比較喜歡哪一個，而再一次重新抉擇最佳拍檔。若抉擇了第三者，則出「石頭」而與之牽手離開，並向原來的拍檔說「拜拜」。若抉擇了原來的拍檔，則出「布」向第三者說「拜拜」離開。任何最佳拍檔，隨時都可以向對方說「拜拜」，放手自行離去，再去找其他M猜拳。

5. 「這個活動，是要找出你的最佳拍檔，所以請你慎重抉擇。

你可以選擇對方，你也可以拒絕對方。你的任務是找到真正的最佳拍檔，所以，你必須一再的重新抉擇」。「現在請開始」。

6.分組進行經驗分享。

六、說故事

㈠活動目的

以投射的方式釋放某些人際關係。

㈡活動程序

1.「這是一個三分鐘的即席演講，被指定的主講人，必須以他自己和group中的若干M爲主角，編出一個故事說出來。當然，要選哪位或哪幾位M，都由主講人決定。」

2.L逐一指定M至group中央主講，當然也可以別種方式產生主講人。

3.分組進行經驗分享。

七、情緒的三度空間標定法

㈠活動目的

標定情緒，可用於諮商實務。

㈡活動程序

1.一般用於解決group中突發的情緒困擾，某M或所有M皆可同時實測，L須提供紙筆。

2.設所欲處理之情緒爲：A。

3.設X座標：以0～5爲等比量尺，來表示情緒A之強度。

4.設Y座標：以0～5爲等比量尺，來表示個體對情緒A之容忍度。超過最高容忍值「5」，則此情緒將爆烈，導致個體

無法控制的情境。

5. 設Z座標：以0～5的等比量尺，表示個體對情緒A之抗拒程度。亦即，個體越不能接受情緒A，越要抗拒情緒A，則在此量尺得分越高。

6. 例：情緒Ax(3)y(4)z(1)。

7. 分組進行經驗分享。

八、排隊

㈠活動目的

訓練H-G強度弱者進行自我突破，並訓練M觀察與化身爲對方的能力。尤可爲L分組或爲轉移其他活動之用。

㈡活動程序

1. 「請按照身高排隊，最高的站在這張紙上（L以一張紙固定在地上，當做記號，或以某物或牆壁皆可。）」

2. 「請按照體重排隊。這下子需要問一問了！」

3. 「請按照美貌的程度來排隊。」

4. 「請按照你對自己自信心的程度排隊。」

5. L逐次提出更深入的口令，爲了完成這些口令，M就得進行越頻繁而深入的溝通。

6. 「請找出你眞正的位子。如果你覺得自信心很高，你就向排頭那邊一個個問過去，你必須和其他人比較，說服他你比他更有自信心；如果你覺得沒自信，你就得向排尾的方向問下去，你必須和別人比較，並且讓他相信，你比他更沒有自信心。」

7. L可視需要調節現場，專拉話太多的去和話太少站著不動的溝通。L亦給予H-G弱者鼓勵，或可引用心理劇「double」的技巧，L成爲該M的double，而與其他M進行溝通。

8. 口令之主題，隨group之需要而定。如「最能忍受痛苦的程度」、「自卑的程度」、「不滿意自己的程度」、「高興快樂的程度」、「說服別人之能力」、「體諒別人的能力」……等。

9. 若此group被設計為「擴展性開放group」，則可提出指令，「邀請陌生人來參加這個group之能力的自信程度。」在排好隊以後，以從二端各取一人配成一組的方式，依能力平均分組。然後離開group空間，進行邀請陌生人參加的任務。擴展性開放group可隨L需要，從小團體擴展為大團體。且其歷程有相當豐富的資料，及具價值的經驗與轉化契機。

10. 接下來，也可進行「初級的動作分析」。排好隊之後，或仍於排隊中；L可選取某些M為觀察員，每組對話中的M都配對有一組觀察員。每個觀察員只負責一個對象，模仿他所有的姿勢、動作、表情，並默唸（嘴唇要動）對象所說的話。L則隨時可向對話組進行「瞬間切割」，以便觀察並校正觀察者錯誤的、不夠傳神的模仿。過一段時間後，則角色互換。必須注意的是，重在觀察員的模仿能力，而非資料的回饋於被觀察者。初級的動作分析，是希望能幫助M，明確地抓住被觀象者動作、語調、表情和唇部運動的特徵；並且學起來，讓自己有成為對方的能力，以增進對對方的了解。經由更嚴密的分析與訓練，M不經任何溝通即可由形式的轉換而empathy對方。

11. 分組進行經驗分享。

九、攜伴參加

㈠活動目的

藉著角色的釋放，凸顯出M心中對立的觀感，或重要的外界

評價系統，而擴大自我展露的形式。

㈡活動程序

1. group中設一空椅，或以某物（如某塊座墊）來代替此一空椅，而占有部分之group空間。
2. 每個M於每次group開始之初，都應各自介紹坐在空椅上之虛擬友伴。介紹他是什麼？名字？脾氣？……等基本特質。
3. group進行的過程中，M可隨時坐至該空椅，代表所攜之伴發言或行動（先自我介紹，再用第一人稱發言）。任一M亦可隨時詢問其他M所攜之伴的觀感，而攜伴前來之M即須代為發言。group結束時，則每一所攜之伴皆須發表感言。
4. 此技術亦可運用於一般group中，且為半結構性group重要的技術之一。
5. 分組進行經驗分享。

十、大風吹

㈠活動目的

M之「我—我世界」與外界系統的檢覈。

㈡活動程序

1. 「大風吹」（站中央者說），「吹什麼？」（周圍的人問）、「吹戴眼鏡的」（然後所有戴眼鏡的都跑離原位重新搶位子，中央那人也參與搶位子，最後則又有一人沒位子，而立於group中央說「大風吹」，別人再問「吹什……」）。
2. 以上是描述康輔遊戲中，極其普遍的一個活動。其中所「吹」的主題，都是指向服飾、性別、頭髮等外在特徵。
3. 小團體動力學之小團體或大團體使用此技術，則程序相同

而主題不同。任何空間都可以實施，M各自以一隻鞋子，或一件衣服，或一張紙即可代表他的位子。

4. L先試「吹」，把吹的方法和方向讓M了解後，再參與搶位子，產生新的「主吹人」。活動進行中，若有些人不會吹或吹錯了方向，L則主動入場主吹，校正後再搶位子退場。

5. L先吹「吹曾經考試不及格的」、「吹被父母打過的」、「吹最近二年曾經哭過的」、「吹曾經想自殺的」，然後說「現在，大家都知道我們要吹些什麼了吧！請儘量往裡面吹，這裡面（以手指心），還有這裡面（以手指腦子）。可以把自己的一些想法或經驗吹吹看，看別人是不是也曾經這麼想，也曾經這麼做。可以吹別人對我的看法，比如說『吹覺得我看起來很老實的人』。也可以把自己的企圖吹出來，如『吹願意和我做朋友的人』。當然也可以吹今天或現在的感覺。總之儘量誠實，一起吹出一些對自己有意義的東西來。」「大風吹」，「吹什……」

6. 分組進行經驗分享。

十一、David-Group

㈠活動目的

以M學習「整個空間之學習」為目標，可幫助M充分了解人際動力和形式關聯。

㈡活動程序

即第十一章「小團體動力與結構之形式空間分析」。

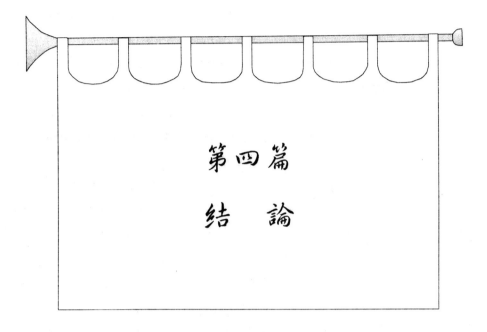

第四篇

結　論

小團體動力學的發展雖然蓬勃，但是小團體在運用上技術導向的發展，卻是值得擔憂的。這種導向產生下述的困擾：一是小團體的技術變成了康輔活動；二是以小團體技術強迫M不得不暴露其內在世界；三則不但對M沒有幫助，也阻礙了小團體動力學的發展。之所以會有上述導向，則有下述原因：一是缺乏小團體動力學的理論基礎；二是小團體動力學後設理論的缺乏；三是小團體技術、理論和後設理論脫節，使得某些活動設計的本質，違背了小團體動力學的範疇。

　　以上三個難題，不但是L本身的難題，也是整個小團體動力學學術界的難題。在第一個難題上，L不解：「到底要做些什麼？」在第二個難題上，L不解：「爲什麼這樣是對的？」在第三個難題上，L不解：「到底要怎麼做？就只這麼做嗎？」事實上，不只我國小團體動力學界，即使是身居盟主的美國小團體動力學界，也未必能替每一個L具體的解決這三個難題。

　　本書就是觀照小團體動力學這三個難題，而層層關建的。雖然也未必能解決這三個難題，可是對於L而言，至少他第一次獲得了一個具體而系統的初步解答。對於本國的L而言，他更可從這套解答中，深深體會出文化傳承的內涵。所以，與其說本書解答了難題，毋寧說是本書把難題組織起來，而整理出更多的小難題；並爲此些難題與小難題的解決，整理出系統的方向，提供了初步嘗試的結果。一方面可提供爲繼續研究的基礎，二方面則提供了衡鑑技術發展的明確指向。

　　個體在出生之後，其人性轉化爲人格，人格再分化爲角色；然後以其人格扮演若干特定之角色，而生活於角色制度化的社會中。在角色行爲繽紛交錯的社會生活裡，個體爲了求生存，以及依他理想的方式繼續生存，就必須在各種文明的權力體系（包括原始的權力體系）中競爭，以及愛與被愛所透發的二極性中掙扎。名利財色之爭與愛欲嗔惡之別，使得個體的生活史不得不充滿了

各式各樣的難題。

　　如果個體所擁有的難題極其嚴重，以至角色經固化而異化，則個體就成爲小團體動力學變態理論的對象。如果個體擁有的難題，雖非極其嚴重，卻已阻礙了個體的繼續發展，而致角色固化陷於難題之中，則個體就成爲小團體動力學諮商理論的對象。如果個體所擁有的難題，對個體言並不足以固化其角色，而其人格仍得以繼續發展，則個體就成爲小團體動力學的對象。所以社心諮商理論，即代表者角色統整爲人格的努力；小團體動力學，則引領了角色統合爲人格，以致人格回歸於人性的努力。

　　人不可能沒有難題，人的一生中充滿了形形色色的難題；而人也必須有難題，否則其「自由」之反抗將成無的之矢而自毀。問題是：他把哪個難題，當做他眞正的「難題」。更大的問題是，此「難題」是怎樣子被賦予重要意義的。是個體本身主體性的抉擇呢？還是「不得不」、「只能」如是抉擇。如果是後者，個體將陷身於「難題」中，即使知其然，也不知其所以然；所以除了難題必然的苦痛之外，他將猶豫、徬徨、以苦爲苦，進而懷疑本身的存在與本質，終於成爲「難題」本身。如果是前者，此「難題」的定義與存在，即被引爲個體在世存有的註明，而爲個體奮力成長的動力與保證。即使他陷身於「難題」之中，也是他主體性知其所以必然的抉擇，所以他只接受了難題中必然的痛苦，而不會有如後者般自尋再造的困境。最糟糕的是，人們大都不知不覺的，「絕對無條件的接受」所有難題；上焉者於此基礎下再進行抉擇，下焉者則爲難題所抉擇。

　　小團體的諮商理論，尤其是小團體動力學本身，並不可能也不曾企圖，去幫助個體解決其所有的難題或某一個難題。「有個和尚要趙州告訴他禪學的大義，趙州卻說：『我現在去拉尿。想想看，像這種小事，也要我親自去拉才行啊！』」（註一）我們只是運用各種不同的方法，來幫助當事人自省：我「現在」甚或「過

去」每一個here & now的存在與本質，是不得不、只能如此；還是我有主體性抉擇的能力，而且我的能力經抉擇而願意展露為如此。只是引導當事人發展出抉擇難題的意識與能力，並進而誘發出當事人的內在動力系統，使當事人得以重新定義其外在動力系統；而在內外二個動力系統的貫穿下，自己去解決他的某一難題，甚或所有的難題，尤其當事人here & now所抉擇的「難題」。

獲得以上的共識之後，本書之所以會結構為如下的系統，其理也就自明而出了。此所以，小團體動力學的技術必須以其理論為基礎；而小團體動力學的理論，也必須以其後設理論為基礎；也所以，小團體動力學的後設理論，必須「同構」於社會心理學觀點的完整建構；而又在其中系統的發展出：小團體動力學的哲學、人格理論、人際關係理論、諮商理論與變態理論等小團體動力學之後設的知識背景。

這個由B-G、P-G、S-G三個基本研究單位所漸層建構而出的描述系統，其中之任一章節，均以在此之前的所有章節為（後設）基礎。此系統不但可以描寫、容納或發展出既有的研究成果，而且許多學科都可以在這裡獲得明確的定位；這個系統還可以解釋或補足既有理論之內或之間的不連續性與矛盾性，尤其是向未來的發展，提供一個可能的、相容的系統範疇。

但是，B-G、P-G、S-G三個基本研究單位的建構，卻預設了「Gestalt」之若干本質的既存。亦即本書所揭櫫的整個理論系統，將格式塔心理學對於Gestalt的研究成果「視之為當然」，而引之為後設的基礎。可是，本書卻又無力自證，此後設基礎為「真」。所以，本理論系統也就於此開放了它自身「否證」的可能性。亦即——「若人之生理、心理與精神歷程中，並無Gestalt的性質存在，或者，若Gestalt的性質，並無法有效地描述人之生理、心理與精神歷程；尤其是後者，若後者為『真』，則此理論系統為『假』」。

註　釋

註一、引自吳經熊著，吳怡譯，《禪學的黃金時代》，台北，台灣商務印書館，
　　　民66（七版），頁132。

第五篇

附　錄

附錄一
Max Weber社會學方法論的
詮釋之一

「從Karl Popper之The Poverty of Historicism來看Weber社會科學方法論」，這是了解Weber社會科學方法論之「獨特」與「弔詭」的一個好方法。其方法論似乎是Popper所謂「反自然主義之歷史定論主義」與「傾自然主義之歷史定論主義」二種內涵的另一種巧妙結合，且又逃脫了Popper對此二者的批判。往往，眼看著就要被Popper逮到，Weber卻總轉個彎兒，又溜過去了；有些地方，卻又和Popper自詡的觀點一樣。從這個觀點來看Weber，並沒有賦予任何「labeling」的意義，而且也無法了解Weber之方法論的精義。但是，卻爲身受「Weber路滑」的捷徑。所以只揭題意爲序，不擬詳論於此。

一、知識

Weber的社會科學方法論，由其內在的二大精神基柱所貫穿。一是知識的人性論取向，二是知識的歷史性取向。由於Weber治學的嚴謹，任何有關Weber學說的詮釋，一定要嚴守於方法論的範疇中（註一），扣緊上述二大精神基柱，對其社會科學方法論作先行的探討。否則，不但無法了解Weber的學說，更易流於一偏之見或誤解。此所以有關Weber方法論之詮釋與批評，卷帙繁複而莫衷一是的原因。

本文將經由社會科學方法論的論證，來建立一個社會科學方

法論的idealtypus（理想型）。再將此idealtypus與Weber之社會科學方法論對立起來。企圖澄清idealtypus在整體論與個體論紛爭已久之方法論史上的獨特意義。再闡釋由idealtypus所導引的困境，將Weber理論的實踐，經方法論的研究而貫穿。

「方法論」的後設命題是什麼？社會科學方法論設立的判準何在？亦即，一個學科的建構，必須「選擇性的」滿足下列範疇的哪些條件呢？

- 時空論。
- 知識論。
- 本體論。
- 人性論。

為什麼要強調「選擇性」呢？因為，知識之範疇、形式、本質、真假……等的討論，首應扣緊此知識之構成者——人的主體，以及被構成者——對象之主體，此二者而論。

知識之建構者——人，是生活於歷史文化背景下，具意向性而有七情六欲有人性的人。知識的對象，可以是人或物或事件，亦或既有之知識，以及知識所建構之世界。至於知識的目的，則在於描述、了解，甚或預測與控制。但是，不同範疇知識所能達到的層次，則須視知識的對象及其與建構者的關係而定。所以，知識之建構者、對象及目的等，若視之為自變項。那麼，成為依變項之知識，即有不同的範疇與判準。

知識建構之後，知識即可以「自立體」的位格而存在。當人所面對的「知識自立體」，是屬於自然科學之對象時，在以原子為極限的範疇裡，世界是「真實性」實體，科學先決條件的「客觀性要求」得以滿足。但在原子本身的量子世界，卻只是某種「可能性」的世界，「觀察者和所觀察的現象，再已不能夠完全分開」。（註二）於是，以知識論來包含本體論，且又以本體論來驗證知

識論的自然科學方法論，即於此遭遇了它的困境。

　　當人所面對的知識自立體，是屬於社會科學的對象時。這些人、事、知識、歷史文化所結構之自立體，不但展現著量子世界的諸般特性，還具有意向性與power可迴向於知識之建構者。再加上人具心理層次之苦樂，與精神層次之價值與意義，以致把對象之本體的接觸與掌握，來保證知識為真的自然科學方法論，於社會科學的領域裡，暴露出其不足。

　　基於知識之建構者及對象的特性與關係，社會科學知識之方法論的後設命題，即須：基於人性論與時空論的限制下，來完成知識論與本體論的合一。於是，基於人性論的要求，心理學即成為社會科學的基礎科學，也成為社會學的預備學科。而文化和人之價值與意義的需求，即構成了社會科學知識論的範疇。基於時空論的要求，歷史內涵即成為社會之「實體」。歷史脈絡中之任一點、線、面、立體的切割，則都秉賦「歷史性」的特質與要求。此具歷史性之社會實體，也就構成了社會科學之本體論的範疇。所以，社會科學方法論的範疇即為：在社會文化之歷史脈絡中，尋求具有歷史性的人之價值與意義。(註三)

　　社會科學知識之為真的保證，也就不再在於本體論之檢證或驗證，而在於本體論之範疇的周延──對人之可理解的、適當性的文化，進行歷史性與整體性的批判。但是，人之內在的意義與價值應如何正確掌握？歷史性與整體性應如何能正確地獲得？而二者交融所透發之「意義的適當性」，又有什麼判準來保障？卻成為社會科學方法論的絕大困境。此困境之消解，又牽涉了方法論在基本概念與技術層面的一次重大革命。此次革命更負有消解主客對立，消解方法論史上整體論與個體論長久爭論的任務（顯然的，即令Weber也未能消解這個困境）。是以，在上述困境尚未解除之下，社會科學知識所能達到的理論層次，也就止於Noam Chomsky所謂之「衡量程序」(evaluation procedure)（註四），

限於描述、了解與適當性之比較，而無法完成「抉擇程序」(decision procedure) 甚或「制律程序」(discovery procedure) 的層次，無法擁有可資預測、控制的一般法則性理論。

在完成以上的論證之後，Weber社會科學方法論中，知識的人性論取向與歷史性取向，即可自明的輪廓而出。以下，即由Weber方法論之中心概念的詮釋，來闡明其方法論所引導之「實踐」的「必然性」，到底是怎樣的一種「必然性」。

二、Idealtypus

Weber上承Kant，以概念為分析經驗資料的工具。他對概念的概念，是反覆寫說，反本質論的唯名論者──這是Weber之idealtypus最基礎的特性，卻也允許了idealtypus之建構，在知識論的保證。

Weber的社會學具有個人主義的色彩，因為「各個人及其行為」雖然是其社會學之「最低單位」，但是，絕對要小心注意的是：Weber並沒有把個人及其行為當作其方法論的「基本分析單位」。亦即，Weber之社會科學方法論，不是「方法論之個體論」者。因為，其方法論的基本分析單位是──idealtypus。

Weber的社會學，也具有歷史主義和集體主義的色彩。因為，Weber強調歷史文化之長期的、整體的分析。但是，他並不企圖掌握「整個」歷史的一般法則。亦即，Weber亦非「方法論之整體論者」。此也因為，其方法論的分析單位是──idealtypus。

在社會科學方法論的範疇中，idealtypus所領有的獨特地位，是造成「Weber路滑」的主要原因。一方面，成為Weber在社會科學方法論的樞紐；另方面，也成為Weber理論的基本限制。「從整體論與個體論的對立，來看idealtypus在方法論史的獨特意義」，這是一路滑進Weber方法論心臟地域的正途要道。1957年Norm Chomsky出版了劃時代的巨著《語法變換律理論》

(*Syntactic Structrues*) ——這是我們的「滑溜板」。

　　*Syntactic Structures*一書的重要性,不只在於語法理論的革新,更在於其方法論所帶予社會科學的偉大啓示。「固然有許多高層次上的問題,須靠低級層次的研究結果,才能作適當的敍述。」可是Chomsky也證明了「低層次中的問題,須靠高層次理論的敍述」。他具啓發性地強調:「不管我們的目標是不是制律程序,『造句理論必須等待語音學及構詞學完成後再來研究』,這個觀念完全是無稽之談。依我看來,這種錯誤觀念之形成,是因爲:那些堅持這種主張的人,把語言理論發展次序和爲制律程序所假定的步驟混爲一談所致。」

　　就社會科學方法理論而言,Chomsky所啓示的,不僅在於方法論之絕對個體論觀點的擊潰。更重要的是,提供了:整體論朝向個體論相互融通的基礎。Weber社會學最底層的概念單位是:有意義的個人行爲。最頂層的概念單位是:具歷史性與整體性的人之社會文化結構體。Weber並未以此二者爲方法論的基本研究單位,而以idealtypus介於二者之間。使得idealtypus成爲個體論與整體論的融通點。

　　1904年〈社會科學與社會政策之認識的客觀性〉一文中「……理想型概念是——純粹的思維型像,它將歷史生活的關係與一定的事象,結合於一個思維化的關鍵之下而不含矛盾的秩序。」「把那些雜然散在各地,或多見或少見或完全不見的多數個別現象,依照所強調的觀點加以整理而構成的思維型像。」Weber又說:「個體的理念型 (individueller idealtypus) 都由概念要素 (以「類」的理念型) 所構成。」也就是說:idealtypus是「個體」也是「整體」。這個現象,在以「經濟與社會」爲代表的晚年社會體系中,表現得特別明顯。其精義則在於:idealtypus之爲「整體」,不是指謂「collectivity」或「totality」,而是指謂——Gestalt。
(註五)

「Gestalt」此一概念的特性（註六），在此不擬詳述。簡而言之，即爲「在有意義的內在關係下，由各個個體所構成的「整體性」的「個體」。因爲idealtypus具備有Gestalt的性格，所以對Weber社會學的最低層次言，它是高層次的整體。對最高層次言，它是低層次的個體。亦即，Weber社會學idealtypus的方法論既不是個體論取向的，由最低層次來了解最高層次；也不是整體論取向的，由最高層次來了解最低層次；而是：基於「中介層次」（註七），來了解最低層次與最高層次。由中介層次的掌握出發，以消解方法論的個體論與整體論的對立，而融貫二者於idealtypus之中。

必須注意的是：Weber的idealtypus，並不是在方法論嚴謹論證下產生的，而是孕育於其實際的研究工作。亦即，idealtypus只是：「偶然的」，「適合」Gestalt的特性。他並沒能正面地把「Gestalt」與「社會科學方法論」對立起來，予以詳細的全盤探討。所以，idealtypus不可避免的，也就暴露了Weber社會學的難題所在。

本文所謂Weber社會科學方法論的二大內在精神基柱：知識的人性論與歷史性取向。就Weber言，也不是從其社會科學的方法論證所導引出來，而是經由Weber的「價值關聯」（value relevance）所導引出來的。價值關聯導生了「認識興趣」、「認識之對象」，以及「學術關心的焦點」。（註八）Weber立足於：擁有社會文化之價值背景的人之意向性，關懷「西方近代理性化之淵源與發展」，而以之爲其學術生涯所追求的一貫目標。Weber基於此一貫的價值關懷，倡言「價值中立」（wertfreiheit），建構了各種idealtypus，以「elective-affinity」（選擇性的親近）來完成「適當意義的『Verstehen』（了解）」，以至於其精神價值的「實踐」。因此，在傾歷史主義的背景下，企求人文價值與意義的掌握，而孕育其社會科學方法論的二大內在精神基柱。更值得注意的是，

其方法論竟然與社會科學方法論的範疇，展現了高度的「適合性」，令Weber得以登社會科學之堂，入方法論之室，而掌社會學之時代性的大纛。也因此緣由契機，內證其中的「知識的人性論與歷史性取向」，隱晦而難以捉摸。以致繼起者於Weber所啓示的路途上，頻於摔跤、踟回或誤入歧途。

三、Idealtypus-Wertfreiheit-Verstehen

Weber經由價值關聯，選擇性的來塑造idealtypus，而產生了各個不同的「歷史個體」(historiche individum)。在唯名論的概念預設下，idealtypus之於最低層次的個體行為，是真實的，是歷史實體。但對於最高層次的社會文化言，卻是抽象的，Utopon的。緣於人的主觀價值關聯，因為idealtypus在內涵上的不確定性，而有其無限之中所透發的部分可能性。但是，其所面對的社會科學知識本體——長時期的歷史文化整體，卻是具有客觀的無限性。因此，idealtypus的工具效用，必須先行地限制在特定的歷史時空中。

idealtypus只是手段，歷史文化的整體性verstehen才是目的。為了確定掌握idealtypus之間，以及idealtypus與特定歷史文化整體之間，事實與意義的elective affinity，因此在「適當意義」的指導下，經由「因果歸屬」與「客觀可能性判斷」，Weber進入客體的verstehen，進行主體的verstehen，也企求獲得verstehen。

在Weber社會科學方法論中，verstehen是與idealtypus相輔相成的另一樞紐。不了解Weber所謂verstehen之精義，即無法了解：為什麼他要將因果歸屬與客觀可能性判斷，置於適當歷史化意義之elective affinity的限制裡。

idealtypus提供方法論上，個體論與整體論融通的可能。verstehen則在此基礎上，消解主客對立而進行方法論上的融通。

Weber先建立idealtypus，然後再於idealtypus的範疇中，分析至各個人的行爲及其相應的動機之意義。其次，Weber「empathy」行爲者之主觀動機內的意義與價值關聯。而由此各個個體的內在意義與價值關聯，來獲得idealtypus之間及其與特定歷史文化整體之間的elective affinity。並且經由「經驗規則」的輔助，進行客觀可能性判斷，而「增強」因果歸屬的可能性。但是，若止於此，則Weber仍不免心理主義之譏。Weber並不求諸心理學的幫助，而求諸日常生活之經驗規則的輔助。Weber不止於進入個體層次，且以個體層次的內在關聯，來建構整體層次的因果次序。更重要的是，控取歷史實體間之主觀內在動機的價值關聯後，再進求此「內在主觀意義」，表現於其所賦予「次序」的外在客觀長期歷史文化脈絡中，以及歷史社會文化層次的「客觀意義」（註九）。

簡言之，verstehen所要了解的是：idealtypus之內，個體層面主觀動機的意義與價值關聯。所要「詮釋」的是：此內在主觀動機的意義與價值關聯，在歷史個體間及其與特定歷史文化脈絡中，所造成的客觀結果與次序。尤其是此客觀次序之結果，在長期歷史文化中所展露的客觀意義與價值關聯——這種由內而外之客觀意義與價值關聯的適當詮釋——這種由個體的最低層次，意向性地自整體的最高層次中，提升出中介層次的idealtypus；再由此idealtypus深入個體的最低層次，萃取其中人之心理學上可理解的價值關聯，而後經中介層次迴向於最高層次之歷史整體，以展露出文化性的精神意義——才是Weber社會科學方法論中verstehen的精義所在。

相對於「idealtypus-verstehen」的另一個輔助概念是「wert-freiheit」，即「價值判斷的中立」（free of value judgment）。不是「超價值判斷」也不是「免於價值判斷」，更不是「不做價值判斷」。wertfreiheit的意思是：不偏不倚的價值判斷。wertfreiheit的重要性，不僅表現在實踐的範疇中，宣稱學術獨立的尊嚴。更在於方法論中，對idealtypus-verstehen的輔助，以及由此所導生的實踐意義。

　　對於差異的歷史時空所建構之各個idealtypus與歷史文化整體，其自身皆各具其主體的意義與價值關聯。研究者在自具意義與價值關聯的基礎上，如何來面對與處理這些客體之主體的意義與價值關聯呢？他必須先了解在其研究範圍內的諸種意義與價值關聯；其次在elective affinity的適當意義了解中，對諸種價值關聯進行「不偏不倚的價值判斷」，以獲得整體的客觀的價值關聯。所以當研究者面對不同的歷史個體，或處於不同的身分場合時，皆可進行整體的不偏不倚的價值判斷，而有差異的實踐內容與態度。於是「idealtypus-wertfreiheit-verstehen-praktschen」四者間的內在關聯，也就使得理論與實踐在方法論中貫穿一統。可是，源於方法論之idealtypus的討論，卻也逐一在方法、理論與實踐上逐一展露其困境。

　　Weber的社會學概念中，所謂長時間歷史文化「整體」是指謂──totality──一種無限的集合體。即使限定於特定的歷史時空整體，他也未能明確地發掘賦予其Gestalt的性格。只是保有若干朦朧的「整體不等於部分之和」的Gestalt般的表象。實際上表現出來的還是totality的性格。再加上idealtypus只具「無限之中的部分可能性」，且Weber並未能面對其Gestalt的性格。以致Weber式的研究：以idealtypus來對立totality的歷史文化時。就如Popper在其「歷史定論主義」一書中，對歷史解釋所提出的批判。以「選擇性的觀點」產生了可能有無限數量之相對的歷史解釋，而構成了驗證的困難，導致理論層次的低落。

　　不具普通解釋力的理論層次，且無法以具體經驗予以周延的證實──這是Weber學說源於idealtypus方法論的根本限制。對此限制，Weber亦有清楚的自覺，而於其著述中一再的強調。但

是，Weber也努力地企圖予以彌補。自從「基督新教倫理與資本主義精神」完成之後，制欲的合理精神於歐洲歷史脈絡上所逼出的理性化的文化精神，一直是Weber之價值關聯的中心。其晚期社會學，廣泛的在不同的歷史時間與歷史空間上，對政治、經濟、宗教、法律………諸層次，秉其一貫的價值關聯進行世界史的Weber式衡量程序，企圖以其他歷史時空的比較研究，來增強其特定歷史空間（歐洲）和歷史時間的研究成果。這種努力，使得世界史關聯下，重複實施了Weber式衡量程序的結果，使得歐洲理性主義的精神傳承，更加的凸顯而出。

　　適當意義之判準何在？經驗規則之正確性的判準何在？在「idealtypus-wertfreiheit-verstehen」這組概念裡，緣於前述idealtypus之特殊性格的影響，一直缺乏明確的保障。再加上Weber對心理學的捨棄，即使把他晚期的學術努力，視為「經驗規則的強化」，這仍是Weber社會學說的第二個困境。要如何補救呢？Weber期望以不偏不倚的價值判斷，來結合「適當的意義」，而為其判準。Weber的判準又在哪裡呢？Weber的可能性，必須在「責任倫理」的「實踐」裡，才能導生Weber的必然性。因此，這第二個困境也就於實踐的範疇導生了Weber的第三個困境。

　　Weber談wertfreiheit，不是空泛的、概念的或形式的談論。他把它安置於方法理論實踐之中，而展露出：學術的wertfreiheit，個人的wertfreiheit，以及elite（精英）的wertfreiheit。Weber社會學實踐的意義，在於——責任倫理。為什麼呢？因為wertfreiheit的精義為：進行價值判斷時，應秉個人之責任倫理，不拘限於某一歷史個體，而於適當意義之elective affinity之中，做整體的不偏不倚的判斷。但是，人若沒有權力（power）就沒有wertfreiheit可言。沒有充分的權力，wertfreiheit只具理論意義，不具實踐意義。沒有充分的權力，個體之責任倫理就無法與工具性理性結合，而不偏不倚的價值判斷也就失去了保障。當然價值

理性，也沒有實踐於日常生活的可能。

必須注意的是，Weber之「目的合理關聯」並不足以填補，其所揭櫫之責任倫理的形式主義倫理的空虛，故進而求諸自由與人格的保障。但是，個體若不具相當的權力，自由與人格所曉喻之責任倫理的「要求意義內容的內在無矛盾性」、「此岸性」(diess-citigkeit) 與「一貫性」(konsequent) 的合拍，卻也必然失調而破壞wertfreiheit的必然性。所以Weber社會學的實踐，一波三折地轉而落實於power——個體之政治生活的實踐。而此時所謂的「個體」，指謂的已不是其方法論中所謂的各個個體——mass，而是以企業家和政治家爲代表的elite階層。於是，權威類型的分析，政治人格的分析與呼籲；也就在英雄倫理的背負下，展現了elite之wertfreiheit。責任倫理也就得以在elite身上，與理性化的歷史文化傳承合流，而實踐爲「歷史與文化」。

Weber由idealtypus開始，經過一連串的努力，最後不得不落實在elite階層政治生活的道德實踐。而mass——每一個個人，也就在Weber的學說中除籍。這種「eletive affinity」的實踐，不能不視之爲Weber學說的第三個困境。Weber窮其學術努力，企圖揭露、彰顯歐洲社會史之中，一股薪傳的文化精神的exit；並且暗喻elite們「當仁不讓」、「不得不」的實踐內涵。但是我們，同時也包括Weber，似乎必須祈禱……希望elite都是具有「適當」道德勇氣的「好人」。

四、困境與出路

由於Weber idealtypus的獨特性，使得Weber得以完成，截至目前爲止社會學研究的最大可能性。同時，卻也造成了Weber社會學之困境。此困境的解決，筆者認爲必須對Gestalt之社會科學方法論予以深入的研究。而此等努力，與其說是爲Weber社會學說尋找出路，毋寧說是，爲擴大社會學研究之可能性而努力。

Weber逝矣！但他所研究與實踐的理性化精神，似乎正進行超越歷史時空的努力。誠信上述二種努力的結果，同時也將是對Weber最「適當」的詮釋「之一」。

註　釋

註一、Weber是概念的唯名論者。若於詮釋性或批判性的考察中，把不同層次的概念混淆為一；而於差異的範疇中割裂談片，則易流為誤解。了解Weber方法論，對其博大精深的廣泛研究才易得貫解。但是，在選擇性的範疇中，選擇性的討論其方法論的內容，卻不能得其精要。

註二、引自Wenner Heisenberg，以「科學真理與原教真理」為題的講演。並參見，海氏所著《物理與哲學》。

註三、這個範疇賦予了個體論與整體論在社會科學的知識中，相互融通的要求。

註四、Noam Chomsky在*Syntactic Structures*書中，於「語言理論的目標」一章，圖釋說：

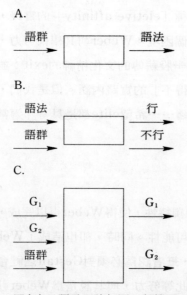

A.
語群 → ☐ → 語法

B.
語法 →
語群 → ☐ → 行 / 不行

C.
G_1 →
G_2 →
語群 → ☐ → G_1 / G_2

圖A表示語言理論如同一架機器，它能把語群收進去，而產生出語法

來，所以我們稱這個理論為「制律程序」。

圖B收入語群和語法而發出「行」或「不行」來表示這個語法是否正確，這個理論供給了我們一個「抉擇程序」。

圖C代表一種語言理論，收入語群和G_1與G_2這兩種語法，而把兩種中間較好的一種發出來，因此這個理論，提供了我們一種語法的「衡量程序」。

註五、Karl Popper在《歷史定論主義的窮困》書中，對整體主義的批判，亦明確的區別了這二種概念的混淆與誤用。但是，Popper未能深入其中，只進行表層的描述，實有過寶山之門而未入的遺憾。

註六、關於Gestalt 的基本概念，請參閱：

1.Willis D. Ellis 1938, *A Source Book of Gestalt Psychclogy*, Regan Paul, Trench, Trubner & Coy Ltd.

2.Meyer Fortes, *The Task of Gestalt Psychology*, Stephen Austin and Sons, Ltd, Hertford。

3.Robert S. Woodworth (1964), *Contemporany Schools of Psychology*, by The Ronald Press Company. Chapt8, Gestalt Psychology.

4.蕭孝嶸，《格式塔心理學原理》，民國23，上海，國立編譯館。

註七、「中介」是指「非二極」在「二極之間的層次」，而非「二極之正中間的層次」。因為社會科學方法論之範疇的基本限制，吾人不可能正確的取得「正中間的層次」。只能在各個「二極之間的層次」的分析比較下，求得適當意義之「正中間層次」的關聯。

註八、所以瑪利安娜夫人云《基督新教之倫理與資本主義精神》一書，「和Weber 人格最深之根基有關，並用難以形容的方法擁有了它的特徵。」而這個說法亦可由其理論之實踐來予以支持。

註九、「客觀意義」一詞，採Robert Merton的定義。

參考書目

1.金子榮一，《韋伯的比較社會學》，水牛出版社，民國69年初版。

2.高承恕，〈從對Max Weber 的重新詮釋談社會史研究中的若干問題〉，中央研究院三民主義所主辦之「歷史與社會變遷研討會」論文初稿。民國70年。

3.高承恕，《布勞岱與韋伯：歷史對社會學理論與方法的意義》。Reinhard Bendix，〈韋伯對於人類行為與歷史的解釋〉。Gventher Roth，〈社會學的類型研究與歷史解釋〉。收入：黃俊傑編釋，《史學方法論叢》，台灣學生書局，民國70年增訂再版。

4.張漢裕，〈偉伯的社會科學方法論〉，收入氏著：《西洋經濟思想史概要(上冊) 補論》，台大法學院經濟系出版，民國51年。

5.Wenner Heisenberg著，陳永禹譯，〈科學眞理與宗教眞理〉，收入：《益世雜誌》，第1卷第11期。

6.Wenner Heisonberg著，周東川、石資民、黃銘欽合譯，《物理與哲學》，協志工業叢書出版股份有限公司，民國69年三版。

7.Karl Popper著，李豐斌譯，《歷史定論主義的窮困》，聯經出版事業公司，民國70年初版。

8.Noam Chomsky著，王士元、陸孝棟編譯，《變換律語法理論》 (*Syntactic Structures*)，虹橋書店，民國55年初版。

9.Gerth & Mills, From Max Weber: Essays in Sociology，虹橋書店，民國61年初版。

10.Max Weber 著，Edward A Shils & Henry A Shils 編譯，*The Methodology of the Social Sciences*, 1949 by The Free Press，虹橋書店，民國60年台一版。

11.John Q'neill, *Modes of Individualism and Collectivism*, Heinemann Educational Books Ltd; 1993。

12.威廉・瑞著，黃進興譯，〈史學及社會科學的整體論與個體論〉，《食貨月刊》。

附錄二
從動物行為演化史的觀點
來看幾個社會問題

一、前言

　　本文將採取動物行為演化史的觀點，對於體罰行為、娼妓行為與墮胎行為進行描述性的討論，以彰顯上述行為於動物行為演化史觀點之意義。動物行為演化史的觀點，是由動物行為學的觀點衍生而來，且由下列三個基本概念所結構：

1. 人類行為，是集演化向度上各種動物行為之大成者。動物界的各種社會行為與結構，幾乎都可以在人類的生活裡尋獲。人類以二百萬年的歷史，接收了其他動物幾千萬年來行為演化的諸種成果。「好」的接受了，「不好」的也接受了。有的直接呈現，或明或暗；有的轉換形式和配對，或隱或顯。總之，若非其他動物千萬年的以身相試和探索，人類可能不會有今天。

2. 當我們評鑑某些社會行為與結構的改革興廢時，如果只把標準擺在現世的道義倫理和利益的話，是相當不可靠的。我們更應該去評鑑，這些社會行為與結構，在整個動物行為演化史上，所扮演的角色、源流、地位、指向和意義。

3. 動物行為演化史的觀點，只是一個「觀點」而已。

二、體罰行為（與人際關係）

在對方無能力（或不能）反抗下，對其肉體施予攻擊的行為，於人際關係裡稱之為「暴力行為」，於親—子或師—生關係裡稱之為「體罰行為」。當然，這二者之間是有差別的，程度不同、出發點不同，尤其是關係不同。可是二者的本質與來源卻是相同的，都是從雞群裡稱之為「啄擊次序」（pecking order）的同類行為演化而來。

雞群裡的權力體系，完全決定於生理的優勢狀態。牠們經過競技場的決鬥之後，身體強壯戰鬥力特強者成為領袖，然後再依體能的強弱：老二、老三、老四……一直排下去。老大可任意啄擊其他的雞，老四也可隨意啄擊老五、老六……；但是老四遇到老大、老二或老三時，卻也只能乖乖地被啄擊而不敢回「嘴」。這種生理優勢決定論的原始權力體系，也見之於馬群、猴群……等許多的動物，對動物界而言是最為普遍而基礎的。

這種原始的生理權力體系，是否也存在人類的身上呢？是的。人類的文明只涵蓋了原始的本能，人性高度發展也只涵蓋了人的動物性——而非取代。人類原始的生理權力體系，已經轉化得繽紛錯雜，如：金錢的權力體系、道德的權力體系、年齡的權力體系、知識的權力體系、血緣的權力體系，以及軍事的、政治的、經濟的……等諸種「文明的權力體系」或「價值體系」。可是，那最為原始的、生理優勢的權力體系，卻仍然存在。人類生物設計下，生物之生理基礎的存有，使得人類無法擺脫此原始的生理權力體系，它隱秘地、貼切地藏在每一個人的身上。

每當……

· 自己身處原始權力體系之上位時。
· 文明的權力體系尚未發展穩固，或未能發展成功時。

- 自己在文明的權力體系中無法與人爭勝時。
- 文明的權力體系未能解決爭端，或被割離阻斷時。

則此原始的權力體系，即出世而大行其道。小孩子「本能地」會以打架來解決爭端，不良青少年的暴力行為，黑社會幫派的械鬥與暴行以至國際間的戰爭；不可避免的，它們將被指稱為「野蠻」、「不成熟」，而遭受其他「文明的權力體系」所圍勦。可是再細想之下，從小孩子打架、反社會行為與暴行，一直到內戰或世界大戰，人類又何嘗離開過宛若雞群般地「啄擊」呢？

監獄裡囚犯間的次文化，就是人類啄擊行為的最佳樣本。監獄裡各種文明的權力體系都已被切斷，所以囚犯間自然地會以原始的權力體系為其次文化。獄政的當急之務，首在發展某種特定的文明權力體系，主動地塑造出監獄裡的次文化；一方面和獄外社會生活之諸種文明權力體系相聯繫，二方面則可主動地抑制原始權力體系的出現。否則，任何有關暴力行為的規定與輔導條例，都將成為虛文而無濟於事。

一個成熟的成年人，在正常的社會生活下，就沒有啄擊行為嗎？有的。小孩子的體能，遠輸於任一成年人。在日常生活裡，成年人一和小孩子說起話來，不是摸他頭就是拉他肢體，捏捏這兒、扯扯那兒、拍拍小屁股、打打小臉蛋，好像很親熱的樣子，卻不知小孩子們是如何的感覺。尤其是當小孩子不聽話或做錯事的時候，成年人理所當然地「有權力」（這種權力的自覺與賦予，是經由什麼過程？什麼判準呢？）對其施予肉體上「適度的懲罰」，以表達成年人的關愛與指導。

幾乎每一個小孩子，從小就從周圍的成年人身上，學習原始權力體系運作的規則。

- 當對方不聽我的話時。
- 當對方做了我認為錯誤的事時。

．當對方使我不舒服或生氣時。

．當對方打我時。

．當對方不乖（不服從規範）時。

　　則可施予若干程度的肉體懲罰。小孩子一方面本身就處於原始的生理權力體系狀態中，二方面經由社會學習的模仿而強化，使得他們彼此間很自然地運作以啄擊行爲。小孩子的社會學習經驗中，最重要的一條規則是：當對方的身體比我強壯時，不可以也千萬不要動手。更絕的是，成年人（大人）們都告誡說：「乖孩子不可動手打人」。所以，在小孩子逐漸成長的過程中，諸種文明權力體系間的辯證關係，也就成爲親子教育、學校教育和社會教育所必須面臨的重要課題。此亦爲導致甚或解決，當今靑少年暴力行爲的關鍵之所在。

　　在成年人的人際關係裡，當其文明權力體系處於平行地位時，例如同學、同事或朋友之間，彼此之間的人際溝通行爲的形式，則仍取決於肌肉能的身體強弱。相對的，較強壯有力的人對於較弱的人，總是於言談舉止之際，有意無意自自然然地，以各種聲音、動作或態度拍拉扯摸碰打捏按壓擠靠推侵犯對方的身體。身高體壯拳頭較大的人，講起話來總是比較「洪」聲，侵犯對方身體的次數和程度較多、較跋扈，尤其是易於向對方施予口頭上、態度上與肉體上之暴力性質的恐嚇，也更易於動怒、自覺有權力打人……此些行爲甚至會成爲不自知與無心的一種「習慣」動作。這種行爲模式，隨著人際間體能身材的強弱與拳頭的大小，而相對的呈現。可是，小孩子和拳頭小的人們，能夠去責怪那些拳頭的巨碩無比嗎？可以將之歸因爲人類生理條件下，必然地限制與行爲方式嗎？難道，這也是每一個拳頭大的人當自反省的──人，就無法自覺或改進或自制或超越，和雞一樣嗎？

　　當人際間這種原始的「啄擊」行爲，配對於年齡的、血緣的、

知識的權力體系；而在親—子和師—生關係間運作的時候，也就構成了紛擾已久的「體罰行為」。施予體罰者，都是父母、老師或長輩。體罰行為是建立於——被體罰者受制於某種權力體系，而不能、不可或不敢反抗或反擊的原則之上。面對一個比自己粗壯有力的學生時，任一個教官或老師都不會貿然「下手」的。不管是為了關愛或勸誡，當對方是自己的長輩或體格比自己強壯有力的平輩、晚輩或陌生人之時，也沒有人敢以「體罰」來表達他對對方的關愛或勸誡的。

　　體罰行為的由來已久，不分種族、年代、泛文化的發生在各世代的人類身上。父母師長對學生兒女會有「棒下出孝子」、「不想打的，可是太生氣了，不打實在不行」、「打罵是最好的管教方法」、「不得已的時候只好體罰」、「適當的體罰在『訓導實務』上是必要的」……等觀念，以及體罰行為歷久不衰的事實。我們可以發現，這些巨人、強者、老大們，之所以會自然地出之以武力、訴之於體罰行為，是受到原始的啄擊次序的生理權力體系所控制。而這種生理優勢的原始權力體系，也就是導致體罰行為的根源。

　　每一個施予體罰者都應該自識，愛與關懷的展露有許許多多的樣式，他之所以選擇而配對於體罰行為，已經不是愛護對方，而是受到一個外加變項——自己原始生理權力體系的控制。體罰的概念或行為一經浮現或展露，二者間的情愛關係即已消失變質。打之前或許是「愛」，打之後或許也是「愛」，但是在體罰的插入之後，受體罰者應該如何來將之關聯，而產生體諒或悔悟或感激呢？總言之，體罰行為只展露出，施予體罰者對自身狀態的無知、無力，以及對愛之行為展現的無能。

　　尤其必須注意的是，在婚姻或一般的人際關係中（親子關係除外），只要對方有類似「……小心我揍你」這種言語出口，則對方不管表現得多麼有感情或仁人君子之風，其骨子裡、打從他心

裡就已有一個根本的預設——「我有權力懲罰你」——也就是說，他根本就不尊重你是一個獨立的個體——「你算老幾」——他認爲你根本就沒有尊嚴可言，只有他才具有生之尊嚴而必須尊重。任何「暴行」的「思想犯」、「意識犯」、「語言犯」與「行爲犯」，對其施予暴行之對象，均有上述之基本預設存在；只是有的知道，有的不知道，有的表現得很清楚，有的隱藏了起來而已。這種基本預設的存在，就是「邪惡」與「罪行」的發源地，嚴重地破壞人之尊嚴與生之延續，尤其是在諸種人際關係中隱伏了暴裂的暗流。事實上，幾乎每一個人都曾經是大大小小諸種暴行的思想犯、意識犯、語言犯或行爲犯，而於有意或無形中貶抑了自己所鍾愛的人、他人和自己。所以，在原始之生理權力體系的既存下，每個個體都應該深自警醒，戰戰兢兢地防患與抗拒「我有權力懲罰你」的呈現。

在整個動物行爲演化史裡，這種原始的「啄擊」行爲，由顯而隱由全部而部分。演化到人類身上時，我們這一代或可經由對人類自身行爲的本質和根源的再認識，以精神意識給予回饋和控制，而超越了原始權力體系的啄擊行爲。可是，我們的下一代呢？只要這付臭皮囊存在，則這種生理優勢爲主體的原始權力體系就仍存在。這種啄擊行爲仍在進化之中，就算我們這一代超越了，下一代也超越了，還是必須再經過漫長的演化過程，人類才有可能「生而超越」。

但是，啄擊行爲於人類所誘發的：對人之基本預設此一邪惡的源頭，以及所導引的暴力罪行，卻已深深地危害人與社會的生存，而妨礙了人之現象的演化。若是人類未能於文明權力體系，進行若干之文化性的調適與努力，而坐待人之本質的自然演化的話，則終將自陷人類於絕境。雖然在可預期的將來，小孩子永遠會打架的。

三、娼妓行為（與婚姻關係）

娼妓行為所導致的社會現象，到底是屬社會問題？還是社會學的問題？至今仍無定論。可是，娼妓制度泛文化的存在史，似乎讓我們產生了一個「錯覺」——娼妓制度將與人類共存亡。

在動物行為演化史上，二性之間的性交關係，有它演化的主流——一夫一妻制的配偶型態。由於一夫一妻制與育嬰行為的方式與效果——即物種之延續的保障，有相當直接的關聯。所以動物界也由雜交、亂交的演化中，凸顯出一夫一妻制的重要性與取向。人類也就由「生理的原始權力體系—性」的連結型態，演化到「婚姻制度—性」的連結模式。

隨著人類的繼續演化，「婚姻制度（夫妻關係）—性」的連結模式，更轉化為「愛情—性」的連結型態。於是乎，只要二性之間有某種程度的情愛關係，二者之間就可以成立性交行為而有性交關係。所以，婚姻性行為、婚前性行為、婚外性行為、同居、墮胎、孕母……等社會現象，也就層出不窮了。

娼妓行為的出現，則使得動物界二性之間的關係，由「原始生理權力體系—性」、「婚姻權力體系—性」與「愛情權力體系—性」等連結模式，轉化出「金錢權力體系—性」的連結模式。第一個模式的條件，必須於生理權力體系中爭得上位。第二個模式的條件：必須以終身的時間精力與財物為賭注。第三個模式的條件：必須花費相當多的時間精力與財物，且又須等待機緣。倘若個體無法滿足這些條件。那麼當個體有性交的需求，或者必須藉著性交的儀式來滿足其某些意義上的補償時，個體又該如何呢？

如果上述二種需求，都無法以其他的方式（如：手淫或運動或……），予以減緩、消除抑制或轉化的時候，那就只有強暴和嫖妓二種途徑了。強暴，是人神共憤，萬惡不赦的行為。即使在動

物界中，也只有少數的動物例如：蝴蝶和近視的獵食性雄蜘蛛，會因爲傳宗的必要，或者是避免被雄蜘蛛吃掉的命運，才會去強暴異性。所以，嫖妓也就成爲唯一可能的出路。

娼妓行爲裡，娼妓與嫖客「銀貨兩訖」式，只認錢不認人的性交關係，結構了上述的第四個模式。娼妓與嫖客之間，除了金錢的買賣關係之外，其他所有與人有關的權力體系都被切除。所以不管嫖客的目的爲何，能不能滿足第一、第二、第三個模式的條件都無所謂，只要他有錢，就可以名正言順「合法」地與娼妓們（任一娼妓）行事如儀。

也就是說，當愛情與婚姻的模式，尤其是制度化的、身爲動物行爲演化之主要取向的一夫一妻制，無法滿足人類之需求時，娼妓行爲即成爲演化向線上的一個分支，用以調適和補救一夫一妻制的缺漏。事實上，娼妓行爲與一夫一妻制，呈現共生的互賴關係。娼妓行爲質量的變異，更將成爲一夫一妻制優劣良窳興敗存亡的指標。

以上的論述，單純的偏向男性主義的單一立場。女性的嫖妓行爲受到文化因素的影響而隱晦，可能要在文化人類學領域中，對母性社會之族群進行比較分析，才能獲得進一步的了解。

四、墮胎行爲（與人口控制）

當生存的資源豐富時，草履蟲會快速的生長、繁殖。當生存的資源缺乏時，草履蟲就會以極緩的速度來生長。也就是說：草履蟲「蟲口」質量的發展，永遠自發地配合著環境的資源。各種動物，幾乎都有牠們的「人」口政策，各有獨到的人口控制法。回溯整個動物行爲演化史，動物界提供給人類四種人口控制的方法：(1)節用資源；(2)節育；(3)遷徙（或在遷徙中大量死亡）；(4)集體死亡或自殺。

節育和節用資源兩法，人類已努力的在進行。由於人類對地

球生態環境的嚴重破壞，除了遷到別的星球之外，我們已無地遷徙。不過，人類並未放棄這個方法，星際的探索也在努力之中。至於其他動物最擅長的集體死亡或自殺，根本就與人類的精神文明、物質文明相違背。只有在戰爭中，才敢「冠冕堂皇」的玩玩集體死亡和自殺（或許，人類綿延不絕的戰爭史，也就是『冥冥中，對人口的自然調節吧！』）。如果想靠那些活得不耐煩的自殺者，是無法達成人口控制的目的的。

從動物行為演化史，我們發現母體一旦懷孕之後，任何動物的人口控制都已束手無策，只好先生下來再說。至於生下來以後，一家或一族老小要集體自殺或他殺，也只有再說了。集體的自殺或死亡，整個社群人口的快速崩潰，是動物界最為殘酷的現象。是什麼原因，使得動物大量地採用這種行為方式呢？牠們喜歡，喜歡這種「殘酷」嗎？不，原因在於：母體一旦懷孕後，人口控制的技倆已無能為力，它們只能生下來，然後一起邁向──死亡。

千百萬年以後，這個難題幾乎困擾了所有的動物，而最後終於在人類身上得到了解決。墮胎行為──可說是人類於動物行為史上，有關人口控制的最大貢獻。墮胎行為是合乎演化指向的，如果以現世的若干道德水準來評鑑墮胎行為，而藐視或昧於墮胎行為在動物行為演化史上，突破性的偉大意義和價值，則將導致極為愚蠢的錯誤。

墮胎合法化的問題，在人類的社群裡，卻遭受到極大的阻擾。討論的重點則在於：

• 人道上對「生命」剝奪的權力。
• 社會道德上二性關係可能造成的混亂。

前者是「醫學─哲學」的問題，尋求「有意義之生命體」的判準。後者是「愛情權力體系─性」所導生的問題之一，它在假象上與「道德的判準」相結合。事實上，這二個憂慮與墮胎行為

之間，並無直接的因果關聯，而應該經由其他途徑的努力來予以克服。後一憂慮根本就是一個假象，前一憂慮則更應該面對下一難題：不為父母所期待而為其所揚棄的嬰兒，在其出生之後的生命歷程裡，我們這些評論者——這整個社會，能夠為他們提供怎樣子的關愛與生活環境呢？又有誰，能夠提供這些棄兒，有如正常兒童般地生活資源呢？如果這組難題無法予以肯定的答覆，則第一個憂慮就將無任何意義可言。

事實上，墮胎行為對於人口控制的功效，觸目可見也不容否認。除非人類對於懷孕前的預控，能達百分之百的控制。否則，嚴禁墮胎——在整個動物行為演化史開倒車——的結果，就如其他動物一般，集體死亡的命運是無法避免的。也因此，不管墮胎是否合法，墮胎行為仍然會出現，單純的法令禁制，是無法抗拒動物行為演化之必然性的。性行為前後之避孕技術的完全提升，才是人類在動物行為演化史上，所要創造的真正桂冠。

附錄三
二十世紀末的兒女觀

一、三個危機

　　家庭結構有二個階段的遞變，由於人格的固化和人之歷史性的謬誤，卻使得家庭的權力體系未能伴隨而變。

　　第一階段：成人—小孩。從子女出生後，以至子女成人，脫離經濟依賴或結婚爲止，都屬於第一階段的家庭結構。在這個階段裡，由於成人—小孩的結構關係，自然地導生了人類動物原始的生理權力體系（如雞群中peaking-order即是，以生理強弱的優勢，來決定權力地位的高低）。再加上，子女被父母視爲其自體的延伸，對之有絕對的控制權。而且父母一直是個施予者，子女也一直是個接受者，必須依賴父母各方面的援助才能生存。父母和子女雙方，在此種家庭結構的限制下對這些家庭內涵的運作和自識，更使得家庭中的權力體系，無論是生理的、心理的或文化層次的，父母都高踞主宰者的上位，成爲家庭中結構和功能的運作主體。相對的，子女也就領受了權力體系中的下位，而以家庭中結構尤其是功能的客體而存在。

　　在此階段中，父母撫養子女、教育子女。父母是子女知識、道德和生活上的傳播者、裁判者，父母的一切都是對的、正確的，子女與之牴觸之理念與行爲，都必須修正。

　　第二階段：成人—成人。子女成年之後，脫離了經濟依賴或

成為家庭中經濟的主體之後，即進入第二階段。在這個階段裡，父母之成人逐漸衰弱，子女之成人越漸強壯。以自發的生理權力體系而言，應該與第一階段相反，轉化為子女上位父母下位，或是二者平行相互均衡才對。可是，事實並非如此。人類雖保有並不自覺地運作生理的權力體系，但人類心理和精神層面，所涵蘊之道德性和超越性，卻可超脫於生理權力體系的自然限制之外。家庭中的權力體系仍停留在第一階段，並未改變。在此階段中，子女對經濟依賴的脫離和反哺，使得「養的關係」成為雙向的。但是，人之道德性，使得子女不敢言「一尢ˇ」。只敢言「一尢ˋ」——一種感恩、回報和本然的天職。在養的關係上似乎平衡了，可是在教的關係上卻仍保持父母指向子女的單向關係。一方面固然是子女對父母不敢言教，所謂「事親無犯有隱」。另一方面更具體的，卻是父母積習已久，積威已漸的原因。

過去是不可改變的歷史觀，和滾雪球式的Freud型人格，使得人們的理念和行為，呈現一種固化或習慣化的現象。子女們從小就經驗了父母的絕對權，以致成年後第二階段的理念行為，仍制約於第一階段的長時經驗。父母則一直高踞家庭中權力體系的尖峰，在「朕即國家」的長期經驗裡，「享受」著權力欲的快感。父母永遠是對的，「天下無不是的父母」，使得父母的理念和行為模式固化而難以轉圜（是以有「『老』頑固」之俗語存在）。

一般而言，年齡越大，其人格固化的程度越高，越難接受新的理念、事務或行為。而二十世紀以來，時代的轉化和新知識產生的速度，可說是越來越快。所以，子女所代表的年輕一輩，對於新知識的接受——本身原有之理念、行為的改變，都較父母所代表的年長一輩，來得容易而且快。因此，由於接受新知識的速率不同，使得父母子女對知識內容的判斷與評價，有了差異的反應。當子女的價值觀和自我觀以及諸種參考架構，部分或全部脫離父母本執的標準時，倘若雙方不能接受差異性理念的個別價

值，以及雙方具體存有的血親與愛的關聯，復加以不良的溝通方式，則有所謂的「代溝」產生。

子女承受的新理念可能是錯的，但是父母那一套卻也不見得永遠正確可行。當父母子女存此代溝，而於應、否、對、錯和價值上起了爭執時，家庭中的權力體系即自然地罩下，權力地位高的父母永遠是對的。在此情況下，子女必然導致理念和感情上的衝突與挫折。身為子女的，他該力執他的「真理」呢？還是秉持他的孝道？於是，人子在家裡和家外，就可能有二套不同系統的行為出現了。因此，也就導出了傳統家庭結構下的第一個危機：子女於家庭中的挫折，以及父母人格的硬化。

父母一直領受著家庭之主體的地位，年復一年之後，「地位」也就變成了一種「責任」和「擔子」。養兒育女並不簡單，如今在代溝的壓力下也還得替子女的行為負責。「誰家的孩子」、「沒家教」、「公布父母的名單」，家裡大大小小事兒，都得父母來操心或張羅。許多的父母終生都被這擔子壓得喘不過氣來。父母們不自覺地、自然地背起這個擔子，而當這擔子變成拖累和苦役的時候，卻又沒多少人敢於「狠心」地拋棄不管。「整日裡替兒女作牛作馬」……，當煩心怨詞出現之後，或表露於行為，弄得家裡雞犬不寧；或私藏心底，變得好像天天都在折磨自己。這是傳統家庭結構下的第二個危機。

子女一直領受著家庭之客體的地位，時積日久習慣化了以後，也就變得只享有接受的權利，而沒有施予、負責的義務。客體式的存在位格，使得子女不能負責，也不願負責。要吃、要穿、錢來伸手、飯來張口，「他們生了我，當然要養我」。子女在家中失去了主體性，他們不會主動的去關心、尋找或滿足一個家庭的各種需求。「住家裡就像住旅館一樣」，這句話從父母們嘴裡出來的時候，雙方的處境也就很明顯了。

客體式的存在位格，對子女的主體性言，也是一種挫折或矛

盾。家庭中的主體位格，由父母所據有。子女的主體性在家裡無法發揮，他對這個家無法作主。當子女由不能付出，到算了——不願付出，把他的主體性，由家內轉向家外以後，家，只是一個吃飯睡覺不要錢的地方罷了。「反正待在家裡也沒事幹」，家變得與「空虛」連在一塊兒。青少年問題的導因，與其說是父母的家教失敗，倒不如說是子女客體式位格存在所存。這是傳統家庭結構下的第三個危機。

二、家庭角色的發展

社會問題，大部分都可以縮影爲家庭問題。而家庭問題，幾乎都可以歸結於這三種危機。總溯其因，則在於對「家」的認識不足或誤解所致。家是什麼呢？

家就是愛，是一切的開始，也是一切的結束。家是由直接的血緣關係所結構而成的，是形上本體裡，人與世界的中介和結晶，是人之存有，最安全而具體的地方。家庭結構、關係和角色，即是社會結構、關係與角色「原型」。個體在家中學習如何與人溝通，如何在既定的權力體系中自處，更在家中學習、培養愛與被愛的能力。

在本質上，家是一個完滿自足不假外求的體系。目前有關的研究，都把重點擺在溝通的技巧上，而忽略了對其本質的體認。技巧是末由之事，捨本逐末自屬事倍功半。家——親子關係與結構的本質，是互生互補的，父母（夫妻）本身自成一個系統，兄、弟、姊、妹、（子女）又自成一個系統，兩方相互涵攝即成就一個家的系統。

愛欲之美，具象化爲夫妻的結合。夫與妻因著愛，一而爲二、二而成三，超越人之基本限制身外化身爲絕對自由之體（詳見：第六章「愛與家的形上學和愛的原理」）。夫的本質，即爲：父、子、師、徒、友、兄、弟各角色內涵之總合。妻的本質，即爲：

母、女、師、徒、友、姊、妹各角色內之整合。

　　個體從小就生活在父母、兄弟姊妹的關係結構裡。這些角色的內涵，結構了個體生活的本質，亦（類別的）提出並滿足個體各個方面的需求。每個人都企盼著重溫兒時──絕對被愛、被包容照顧的──快樂的美好經驗。也企盼如父母般，成為權力的擁有者，以絕對的主宰其生活環境──家。鳥類談情求愛的音調、動作，即為其幼雛時的動作、聲調。人類也一樣，幼兒時的撒嬌、依戀……等行為，在成長後的日常生活裡，是不被讚許的（尤其是男性），而一個主宰者般的形象，也不為人們所接納。個體只能在愛欲之美的結構裡，才容許相互的以子女的角色來滿足其被愛的需求，以父母的角色來滿足絕對自我的需求，所以，夫妻間的角色是與時俱化的。在每一個here & now，都必須以下圖的形式相配對的。

　　了解夫與妻的本質之後，靈活的運作其角色內涵──時時刻刻地伴隨對方的需求，做互補式的角色對待，即可由本而末地完成夫與妻的結構體系。若只把握一些歸納或演繹方法所得到的溝通技巧，再以之為原則概化到個體的生活場中，而對其本質曖然未解，是不足以言理成事的。

　　子女間，兄弟姊妹相互對應的手足之情，即為社會人際關係的本質與原型。我們以「情同手足」來形容美好的人際關係，以「結義金蘭」，將人際關係的巔峰回歸於其發源的本體，而「四海之內皆兄弟也」，更把人際關係的本質發揮得淋漓盡致，人際關係

的本質,早已爲人們所發現。可是,卻一直不被人們普遍的認知
與運作。

因此,在人口問題存而不論的情況下,二兒二女似乎是最理
想的子女人數。完整而美好的手足之情,是子女成長人際關係的
基礎。父母們應該重視子女間關懷、互諒與接受的相處,視之爲
人際關係的訓練。兄弟姊妹的角色結構不完整,則以鄰居親友的
子女替代,讓子女們從小開始,就走在人際關係的正軌之上,獨
生子、女的人際關係,所以會有普遍不良的現象,原因即在於此。

子女出生之後,在夫與妻結構系統中,父母的角色立即凸顯
而出。夫與妻變成更具體的父與母,而與兄弟姊妹之子女系統融
合爲一,而結構成親子關係的系統。親子關係的經驗,將直接影
響個體,於社會中權力體系的顧應與自處。因此,親子關係結構
之本質的認識,是完成親子關係的首要之務。

父子、父女和母女、母子等關係,結構了親子關係的內容。
父子(女)的結構本質,包括了父子(女)和兄弟(妹)的角色
內涵。母女(子)的結構本質,包括了母女(子)和姊妹(弟)
的角色內涵。父母—子女的角色結構,在位格上有高低之分。兄
姊—弟妹的角色結構,就處於互等的位格,在家的權力體系中是
平行的。

所以,對子女而言,父親不但要運作「父」的角色內涵,也
得運作「兄」的角色內涵。是父親也是哥哥,是哥哥也是朋友。
母親不但要運作「母」的角色內涵,也得運作「姊」的角色內涵。
是母親也是姊姊,是姊姊也是朋友。親子間的關係,能夠通透於
這三個位格,彼此的需索與互動才能從各種不同的途徑來完成。
若是固化於父母—子女的角色位格之內,則彼此的感受與溝通即
有顯著的難題。

因此,人們會以「就像姊妹一樣……」、「就像兄弟一樣
……」,來讚許父母子女之間親子關係的美好與密切。這是親子關

係在結構本質上的正向運作。而當父母逝世之後，兄姊立即以「兄代父職」、「姊代母職」的雙重角色出現，即為親子關係上結構本質的反向運作。是以，平常我們會把「父兄」、「母姊」並稱，其來有自啊！而當父兄、母姊與父母、兄弟、姊妹交融一起時，也就完成了親子關係的系統。

三、行動

在了解傳統的家庭結構與其弊端之後，我們對家庭的本質重作了一番體認。於是，問題就轉向現代的子女了。現在——此時此地的我——身為人子（女）的我，該怎麼辦呢？身處奔躍如飛的時代，一切的知識、事物……都爆炸性的出現、改變、遞換。我們正討論著與父母間的代溝，弟妹卻也一旁說起與我們之間的代溝。這一代的兒女們，到底該如何自處，如何把自己的成長與能力，回饋、貢獻給我們的家呢？

如何關愛我們的上一代與下一代？這是每個成熟的人子，所必須面對的思考與實踐。父母不了解我，不體諒我，不夠愛我，不能與我解憂，也不能與我們同樂……等，這些怨言人子們都曾說過。可是，我們了解、體諒我們的父母嗎？父母也會有煩惱、有傷心、有無奈、有挫折之時，我們是否那麼貼切地去體會，主動的為父母解憂呢？願意或能夠與父母同樂的，就更少了。是否，我們對父母的關愛早已足夠？為什麼？為何人子們不曾聽過父母如是的怨言呢？至於我們的弟妹，甚或別人的弟妹，人子們又有什麼具體的關愛呢？

有任一個成熟的人子，還能甘心於家庭中客體位格的存在嗎？家庭中的行動主體，就在這一代的人子身上凸顯而出。面對著傳統家庭結構下既成的缺點，人子們主動而具體的以言語、行動來關愛他的家。

1. 主動地體諒父母的感受與心境，分擔家中的每一件事，努力地成為父母同樂解憂的「朋友」。

2. 多花些時間，少用點脾氣，再多加些愛心，幫爸爸、媽媽的忙——教養弟妹，以我們切身的經驗，做最具體切實的關愛。

3. 創造機會，主動地帶給家中幸福歡樂的氣氛。

4. 父母的再教育。通過各種途徑，主動而積極地把新知識傳遞給父母，協助父母把硬化的人格，提升至更完滿的人性層次。

5. 在「接受」家中每一份子之現有人格與能力，並承認家中一切現況的基礎下，來關愛並調適我們的家。

後繼於上述的思考之後，實踐的具體方法則依家庭情況的差異，而有種種的不同。每一種技巧，都對應有內涵的本質。內涵本質的具備，實踐的方法論自然與時俱現。技巧模式的刻板套用，只是越增困擾，而無所裨補。因此，本文的目的，不在於方法、技的供給，而在於內涵本質的揭櫫，在於提供二十世紀末兒女觀的新指向——如何關懷我們的上一代與下一代。

子女行動之主體性的實踐之後，親子結構就轉化成互為主體性的關係。在調適了傳統家庭結構的同時，也建立了二十世紀末的家道——新時代的兒女觀。

附錄四
角　色

一、角色的定義

　　當人作用於某特定的時空中，所表達的特定功能型態或行為性格，稱為角色。

　　每一角色都有其功能的要求、言行的要求、思想的要求、情緒的要求等，稱為角色內容。角色內容的制定，受到社會的需求、文化的預期、傳統的習俗、政治、經濟和人際關係等影響。其中任何一個因素的變遷，都會導致角色內容的改變。並且，隨著時間的運行，角色內容將不斷的、自然地修改，而以某些公認的型態被重新定義。

二、角色——存在的象徵

　　人，從還沒有出生，一直到死了以後，都「活」在角色裡。而角色也把人綑綁得死死牢牢，幾乎到達沒有角色就沒有人的地步。角色剝奪的運用，於精神醫學的領域裡發揮了戲劇性的良好效果。在報紙的分類廣告欄裡，「警告逃妻……」、「脫離××關係……」等啟事，使我們更發現，人們於日常生活中，對角色剝奪運用得有多自然。

　　角色，原只是用來界定某種「實」的某個「名」。在「名」的承傳中，千百年來，雖然「實」也隨之變易，但是，很令人為難

的是，處於千百年後的每一個當代，人只要一出生，就落入繁若天星的角色世界裡。如果，我們細數一個嬰兒所擁有的角色，和這些角色底下所隱含種種的「必須」──驚嚇之餘，我們該會對這初生的生命肅然起敬吧！

拒絕角色，行嗎？不行，這是不可能的。似乎，這些角色並不是任何人、我們、他們或前人所派定的，而是自自然然，好比與生俱來一般，他就擁有，他就是。一個人不但是角色，要有角色的自覺，還必須認知別人的角色。角色，已成為存在的象徵，更且，成為存在的證據。

試想，當一個人什麼角色都不是的時候──他還算什麼？人嗎？角色的承傳演化至今，而有如此不可抗拒的力量，讚嘆之餘，實令人惶恐有加。

三、角色─時空─社會

一個現代化的社會，必然走上社會控制的路線。而社會化的整個過程，實質上，也就是「角色的制度化」。

從政治官制、工商職級、禮教倫常到經書典籍；由總統、接生員、墳場管理人到無業游民；在系統、層次分明而繽紛交錯的角色世界的另一面──卻是龐大無匹、細密嚴謹的社會控制和社會設計。

個人必須在制度化的角色系統裡尋求自我實現。「權勢、財富」四個字很具體的，把社會人對精神、生理、心理各層面的欲求，表現在社會生活上。而角色（地位），則是權勢、財富高低多寡的代表。

角色是時、空的（依）變項，時、空系統不僅止表示財勢的指標，更成為角色的爭逐──財勢爭奪的戰場。從古到今，個體擁有的空間大小與時間的貴賤，一直是權財的象徵。從地主、貴族到城堡、領土；由世界大戰以至辦公室、宴會空間的爭奪。擁

有的空間越大，越具備擁有者的性格（不論角色性格還是個體人格皆可，但通常為前者。）則權力越大；越能以極少的時間，占用別人越多時間者，權力越大。（柯爾達著的《權力》，對這方面有極具價值的探討。）「貧無立椎之地」不啻是最好的說明。

人的一切活動，都表現在時、空的經緯上，從而構成了整個的社會。角色的制度化，把人和時、空的交涉，規律出一條明顯的途徑。角色制度化，不但聯繫和凸顯了整個社會的現象。更成為社會結構與功能的具象體系。社會角色本身，也就成為研究社會思想、社會制度、社會變遷、社會心理、社區、社會問題和文化社會學的主要對象。

四、角色—家庭

家庭可說是（社會）角色制度的發源地。易序卦云：「有陰陽然後有男女，有男女然後有夫婦，有夫婦然後有父子，有父子然後有君臣，有君臣然後有上下，有上下然後禮義有所錯焉。」這情形在中國人看來特別的明顯，「家譜」、「宗祖牌」和「祠堂」裡的排名，幾乎可算是一生的總結。是以，馮友蘭有「中國的家族制度就是中國的社會制度」的說法。所以，當討論到角色的分析，尤其是分化萬千的社會角色時，不可避免的，我們必須回到家庭或家族的基礎。

家是一切的開始，家也是一切的結束。假如地域環境是子宮，民族文化是胎盤，則家庭即是個人繫於生命的臍帶，整個社會也就沿著臍帶而蓬勃地成長。家庭裡可以看到角色的原型——最原始的生理欲求和情緒本能的融和。角色是絕對的，還是相對的？如果，家庭系統的深入研究，不能有所成效的話，角色分析的工作，尤其是結構類型學上，將缺乏最底下的一塊基石。

五、角色分析的層面與方法

完美和諧的社會，是人類永恆的追求。當今的社會，卻又浮現著嚴重的危機與普遍的不滿。如何鑑古知今以求未來，正是角色分析所擔負的重任。

- 角色分析包括二個層面：一是社會的，一是角色本身的。
- 角色本身層面的分析是「本」，以人、時間和空間為元素。
- 社會層面的分析是「用」，以角色為元素。

當角色本身的層面已呈現病態的時候，我們還以角色為研究單位，而孜孜於社會層面的探討——其間的差謬可想而知。從角色分析所使用的眾多方法裡，我們將發現：目前的研究方向偏於社會的層面，而忽略了角色本身的層面，以及所導致的困擾。茲列出角色分析的幾種方法：

㈠觀察法——現象的「規其所以」

觀察法有參與的和非參與的，控制的和非控制的四個變項。在角色分析裡，我們可藉以了解角色性格與角色互動行為。

㈡實驗法——因果的「觀其所由」

經由嚴謹的控制變項，實驗法供我們角色性格和角色互動行為的因果關係。會心團體和角色扮演的發展，提供了更為生動活潑的實驗效果。

㈢個案研究法——內裡的「察其所安」

周詳而細緻的調查角色塑造的過程。

㈣歷史法

可告訴我們社會角色的歷史背景，社會角色的普遍性通則。

㈤測量法

以客觀的工具來衡量角色，對立角色有不同的角色行為期望。

㈥內容分析法

由傳統的文件分析法發展而來。以定質的定量分析，討論角色內容和角色變遷的過程。

㈦構造類型法

以類型的理論模式，作爲研究的方法和方向。在社會文化對角色的互動方面有極大的貢獻，也是應用得相當多的一個方法。

㈧區位學法

以生態地理的區位劃分，來研究現象的相關。於角色分析中，對社會角色標式化性格對空間的相關，有明確的闡釋。在地域觀念濃厚的中國背景更具發展潛力。

㈨溝通分析法

把角色行爲分成「父母式」、「成人式」和「兒童式」來探討，給角色分析提挈了相當重要的線索。

上述九種方法，除了「觀察法」是一切方法的基礎，存而不論。只有溝通分析法偏於角色本身層面的研究，而其餘七種方法都廣泛的運用在社會層面的研究。

就以溝通分析法而言，仍嫌粗略，沒能把握到角色本身層面的內裡精要。溝通分析法指出，角色源於家庭的三個層面——P（父母式）、A（成人式）、C（兒童式），這是它最大的功勞。但是，它把A⇄A的反應當做最佳而成熟的反應模式；亦即，將人的行爲限於A而不容許P、C的出現，卻造成了嚴重的差誤。因爲：人的感情層面，表示以P→C或C→P的角色行爲模式。人的理智層面，表示以A⇄A（實即P-P，C-C）的角色行爲模式。而人的日常生活中，總以感情的層面爲主帥，即使是理智的層面也須以某種情緒來表達（就算是處理事務，也不一定要A⇄A模式，社會心理學的研究成果可爲證），扼殺了感情層面的角色人（角色人指扮演某角色的人），其後果令人不堪設想。所以，當P→C時則應之以C→P；如屬需要則再應之以A→A。不可於P→C時則斥之以爲

非，而要求A⇄A；甚或自覺P→C爲非，而固守A⇄A。

人的不同情緒面（不斷變化中的情緒面）須以不同的角色模式爲外顯的憑據。但是人際關係中往往要求，於A時空→A角色，B時空→B角色；單一角色的限制，遂使情緒無法表達而壓抑、轉化，導致角色間的衝突。

六、角色的危機

個體關心外界的評價而做自我調適，調適的結果，確立了本身對自己的看法。這個自我，表達、實現於社會，及其後的自覺，則又受外界評價的影響。整個循環圖如下：

整個系統的進行，必須以社會角色爲傳達方式。問題在於，自我意識的過程以外鑠爲主（*The Lonely Crowd*一書，以傳統引導型→內在引導型→他人引導型爲人格的轉化過程，亦爲說明之例）；而外界的評斷又以社會角色的：

- 文化層次和社會位置的高低。
- 功能的發揮與否。
- 內容的相符程度。

爲標的。但是，社會角色並不足以擔當整個的人格。

人格是包含品格的身心整體的總稱。我們相信人格有它的獨特性和持續性，可是，單一面具的扮演（personality源於personna意爲mask）並不能代表人格，也就是說，人格有其中心，隨時、空的不同而以各式各樣的面具表現於外界。並無所謂眞面目、假面目、虛僞或眞實的區別。這種種不同的面具，我們稱其爲（社會）角色。值得注意的是所有角色性格的總和並不等於人格，而且，角色性格也無法相加減。角色靈活的轉換，才是個體於角色系統運行的定律。E. W. Burgess認爲「自我意識即是一個人在社會內的角色概念」，這種倒果爲因的說法，恰好極其明確的描繪出

社會上普遍的病態。

　　如此以偏蓋全、倒果為因的結果，產生了角色的危機。

㈠角色量人的危機

　　相互地把對方定義在狹小的範圍裡，否定了所預期之角色性格以外的人格；以致誤解叢生，無法完全的接受對方。

㈡角色自取的危機

　　把特定的角色性格，看成整個的人格；限制、抹殺了自己而不自知。

㈢角色習慣化的危機

　　經年累月或一輩子，以一刻板的角色性格、角色內容來生活。

㈣角色單調性（唯一性）的危機

　　刻板的角色生活，否定了自己也否定了別人。長久下來，產生了對自己的不滿（其實，可能只是對角色不滿）、不耐，無法接受自我（如：為什麼我命這麼苦？為什麼我必須這樣？為什麼我只能這樣？行屍走肉般地……。這方面用內容分析法和觀察法可獲大量資料），而自怨、自尤、自恨、自殺、以致殺人的後果。衡量角色定義可以發現：角色最大的危機在於──角色剝奪了人的主體性。人的主體性喪失，則受制於時、空與事物。病態角色相互交涉的結果，整個社會裡，角色自身、角色之間以及角色對於社會的衝突乃越演越烈。於此，角色分析的角色本身層面的研究之重要可知。

七、角色的再認識──屬於角色本身層面的

　　由於，鐘錶的報時只能抽象的告訴我們：現在是×時×分，×時×刻到了……等純粹的時間。時間變成了僅是無意義的「沙漏」的過程。所以時間運作的本質，對人和空間的影響常被人們忽略。實際的生活裡，個體對時間的認知，是以空間的事件內容的次序連接，作為參考座標（人＋時間＋空間＝事件）。這是個體意識到

的，可以「度日如年」，也可以「春宵苦短」的「有意義的」時間。

　　以每日爲單位，客觀的空間變化少，而主觀的空間隨著純粹時間的運作不斷地改變。主觀的空間一變，則情緒、動機、心理，以至對時間的認知，對事件的前後定義（attribution theory）也不停的改變。

　　糟糕的是，角色定義時，是以客觀的空間和認知的時間——亦即以事件的由始至末——爲一個單位，此角色試稱之爲「外角色」。雖然個體擁有許多外角色，但在每一認知時間的單位空間內，又有隨純粹時間而轉換的若干主觀空間，此若干的空間又有若干的情緒，必須配對若干角色，此角色試稱之爲「內角色」。也就是說，每一外角色存在的同時，又有若干的內角色存在。

　　角色定義不夠周延，再加上角色制度化和文明變遷的衝擊，個體必須壓抑內角色，且必須表現外角色。眞是危機必於是，衝突必於是啊！情緒不能滿足，無法肯定自己、接納自己，這是時、空之於角色自身的內在衝突。

　　個體對於空間的知覺包括：視覺空間、觸覺空間、聽覺空間、嗅覺空間和四個空間經驗的連結。不同的個體，偏於不同的空間向度。在地域文化因素影響之下，個體對彼此空間的距離、內容的認知，有極爲顯著的差別（霍爾著的《無聲的語言》和《隱藏的空間》有深入的討論）。

　　在角色制度化之下，個體爲求自我實現，更不得不做時、空爭奪競賽。於是空（時）間的隱藏、空（時）間的連結、空（時）間的割離、空（時）間的侵略、空（時）間的剝奪以及空（時）間的放棄，以至於主觀空（時）間的毀滅，甚至於連客觀空（時）間都消失……等。種種情況，穿梭交錯、新來復返。或以聲音、行爲爲工具，或以酒色、人格爲賄賂，或以財勢、名利爲進階；有仁義以進，有巧取豪奪，社會當然不得安寧。人際的衝突，角色的紛淆；社會的雜亂，角色的毀滅；國家的興亡，文明的急勁

衝激，角色人的崩潰；這是時、空於角色人的外在衝突。

　　角色的危機是可怖的，角色分析於角色本身層面的研究，更應積極的發展。爲了調適角色的危機，人爲主體的瞬間的空間切割——內角色的靈活運作——這是本文的建議。

八、結論

　　本文把角色規劃在時、空系統裡探討，並經由人的主體性的究顯，試圖深入了角色分析更內裡的層面。希望在角色成爲存在證據的當代，以時空系統的靈活運用，來面對角色的危機。更願意透過角色的再認識，對於社會學界有關角色的倒果爲因、以用爲本的種種論調，能所攻錯。

小團體動力學

心理學叢書 23

著　　者／林昆輝
出 版 者／揚智文化事業股份有限公司
發 行 人／葉忠賢
總 編 輯／孟　樊
責任編輯／晏華璞
登 記 證／局版北市業字第 1117 號
地　　址／台北市新生南路三段 88 號 5 樓之 6
電　　話／(02)2366-0309　2366-0313
傳　　真／(02)2366-0310
E－mail／ufx0309@ms13.hinet.net
郵撥帳號／14534976
印　　刷／偉勵彩色印刷股份有限公司
法律顧問／北辰著作權事務所　蕭雄淋律師
初版一刷／1999 年 4 月
定　　價／新台幣 330 元
ＩＳＢＮ／957-8637-96-9

國家圖書館出版品預行編目資料

小團體動力學 / 林昆輝著. -- 初版. -- 台北
市：揚智文化，1999[民88]
　　面；　公分. -- （心理學叢書；23）
ISBN　957-8637-96-9（平裝）

1. 社會心理學　2. 團體輔導

541.7　　　　　　　　　　　　　88002212